U0023733

新世紀叢書

當代重要思潮・人文心靈・宗教・社會文化關懷

序言／二〇〇二年

二〇〇一年九月十一日，恐怖份子發動殘酷暴行造成巨大的影響，這就是「九一一」事件。大家一致認爲，全世界已經進入新的時代，也就是「恐怖時代」（age of terror），整個情勢將大大改觀。無疑地，九一一在恐怖主義的記錄中將佔有顯著的地位，不過我們還是應該要審愼思索此一事件。熟悉過去與現在歷史的人都知道，原因不在於此暴行的規模大小，也不在於所選擇的受害人是無辜的。富國與強國經常攻擊殺害其他人，這個引人注目的事件顯示，富強國家以後也不免遭受攻擊，這次事件的結果如何，完全要看富強國家如何解釋，以及如何回應。

對於此事，我們應該認淸幾點事實：⑴「恐怖時代」乃是意料中事；⑵九月十一日所宣稱的「反恐戰爭」（war on terror）也不是什麼創舉，近年來的反恐戰爭幾乎都失敗，對於今天也沒有什麼啓發可言。

關於第一點，雖然沒有人可以確實預測九一一事件，但是可以理解的是，以現在的科技，工業國家遲早會喪失對於暴力行爲的壟斷。在九一一之前，就有人承認「妥善計劃走私（大規模毀滅性武器）到美國，成功率至少百分之九十」。①目前造成威脅的武器有「小型核彈」與「骯髒炸彈」（dirty bomb，譯註：夾帶放射性物質的傳統炸彈）以及各種生化武器，使用這些武器可能不需要特殊的專門技術或是組織。進而，恐怖活動的來源可能難以確認，更別說要去對抗。九一一事件九個月之後，又出現炭疽熱的恐慌，許多分析家認爲這更恐怖，②聯邦調查局報告指出，九一一攻擊的主使與策劃，目前只找出有嫌疑的人。基本上，他們很快就認爲這是歷史上最不尋常的國際調查，他們也知道成果有限；聯邦調查局花了大筆經費調查，雖然查出炭疽桿菌的源頭是美國境內的聯邦實驗室，但在確認散佈者上並無進展。

至於第二點，反恐戰爭並不是小布希總統於九一一事件後宣佈的，他只是重新宣戰。二十年前，雷根與老布希政府就已經對恐怖主義宣戰，相同的辭令，連政府高階的人事也大致一樣。他們宣稱要割去「毒瘤」，以免「現代社會被帶回到野蠻落後」。他們認爲中美洲與中東地中海地區這兩個地方，是「恐怖主義邪惡根源」的兩大中心。他們設法根絕這兩個地區的禍患，成爲這十年來外交政策最重要的工作。以中美洲來說，這些活動很快就造成前所未有的群眾運動。在美國主流社會中有很深的根源，並且開創出新的活動領域；美國在中南半島戰爭期間，以及早期西方國家在世界各地橫衝直撞時，很少人想到我們是生活在一個村子，協助受害者，提供一些最起碼的保護，以免被外國入侵者與當地的夥計國家所破壞。關於雷根政府的反恐戰爭，有許多文章討論。反恐戰爭反對國家所支持的國際恐怖主義，在群衆運動中有其地位，不過在主流思想中還是說不出口的，傳統觀念認爲只有其他人犯下罪行，才會吸引輿論注意，並且引起強烈譴責。以下所述，大都是從一九八○年代對於這問題所寫的文章中摘要③，我相信還是適用於未來的狀況。

美國華府在中美洲的反恐基地是宏都拉斯。在暴力行動最高峰的年代，負責的官員是約翰・尼格彭德（John Negroponte）大使。他是小布希於二○○一年所任命的，當時美國重申「反恐戰爭」，由他來領導這外交工作。在殘酷暴力橫行的期間，雷根的中東特使是國防部長倫斯斐（Donald Rumsfeld），他主導該活動新階段的軍事部份。華府其他重要的策士，也從第一階段的經驗中引進新的「反恐戰爭」。

雷根政府在這兩個地區實施許多恐怖暴行，遠超過他們所宣稱要對抗打擊的程度。在中東，最嚴重的暴行追根究柢是美國與其夥計幹的，他們留下一長串的血腥蹂躪，尤其是在黎巴嫩與以色列軍事佔領區的殘破社區。在華府與其爪牙的恐怖魔掌下，中美洲的遭遇甚至更加淒慘。其中一個目標就是尼加拉瓜，根據法律與正式的條約，當一個國家受到攻擊時只好訴諸於國際機構。世界法庭判決尼加拉瓜勝訴，美國因爲「非法使用武力」與違反條約被判有罪，下令華府停止其國際恐怖犯罪行動，並且賠償巨額的賠款。美國藐視法庭不理會該判決，官方的立場是，其他國家不同意我們，所以我們必須根據「國內司法」爲自己做決定；而這是一場對抗尼加拉瓜的反恐戰爭。在兩個政黨的支持下，政府立即升高罪行。尼加拉瓜向聯合國安理會上訴，安理會決議支持法庭判決並且要求所有的國家遵守國際法律，美國卻予以否決。聯合國大會做出相同的決議，也只有美國反對（再加上一兩個夥計國家）。中美洲各國總統想要達成協議，美國卻暗中破壞，然後進一步升高攻擊行動。該地居民終於屈服了之後，全國媒體雖然知道政府使用恐怖手段，仍然興高采烈地向全世界說「美國取得光榮勝利」，美國人「舉國歡騰」（《紐約時報》〔*New York Times*〕）。

中美洲其他地區的人民沒有軍隊保護自己。尼加拉瓜的恐怖活動已經夠恐怖了，由美國及國際恐怖活動網絡的國家提供武器與訓練的軍隊，帶來的恐怖破壞更是厲害。美國參與的戰爭，手段殘酷野蠻，在斷垣殘壁中留下二十多萬具屍體，以及好幾百萬的難民與孤兒。「反恐戰爭」的主要目標之一是天主教會，因爲天主教會曾經犯下極嚴重的罪行。天主教會放棄爲富人與權勢服務的傳統角色，教會的重要部門採取「窮人優先」。教士、修女以及世俗的工作人員，將窮苦的人民組織起來，希望人民能夠掌控自己的生活。因此這些教士成爲「共產主義者」，所以美國必須滅除他們。保守的樞機主教「爲沒有聲音的人發聲」，結果遭人暗殺，開啓了殘酷的十年，後來又有耶穌會六位領導階層的知識份子遭人殘酷謀殺，這兩起謀殺案都是華府支持的人幹的。那些應該負責的人，對於這些事件沒有多大的興趣，甚至很少人知道被暗殺的知識份子的名字。如果他們是被克里姆林宮所訓練與武裝的精銳部隊轟掉腦袋，而不只是關進監牢與放逐，可以想像我們會有什麼樣的反應，一定會說這是可怕殘暴的行爲。

基本事實可以理解。美國的學校很自傲地宣稱：「在美國軍隊的支持下……解放神學已經慘敗。」全拜美國爲夥計國家的軍人提供訓練之賜。

「美國取得光榮勝利」在各國留下無數死屍，當地人生活在斷垣殘壁中，生態也帶來浩劫。一九九〇年美國再度接管之後，尼加拉瓜成爲西半球僅次於海地的最貧窮國家，碰巧尼加拉瓜又是美國一百年來干預內政與武力侵犯最主要的目標，目前與古巴同樣長期忍受美國的強制禁運。至於該地區其他國家——

聯合國認為，新自由經濟政策，如廢止價格補助與增加營業稅，使得窮人狀況更加惡劣。中美洲四個遭逢旱災的國家，每年每人的社會補助為一百美元，是拉丁美洲平均值（已經夠低的了）的六分之一。這個星期（二〇〇二年六月十一日）聯合國糧食與農業組織在羅馬召開年會，根據所彙整的統計資料，中美洲的飢民，十年來幾乎增加了三分之一，從五百萬人增加到六百四十萬人，而總人口為二千八百萬人。④

聯合國機構正設法挽救，「但是缺乏有效的土地改革，所以這些方法成效有限。」有些人民組織可以領導土地改革，實施對大多數窮人有利的其他方法，但這些組織都被華府的「反恐戰爭」很有效率地摧毀。雖然建立起正式的民主政體，但是大多數理論家對於這種民主政體印象很深。整個西半球的民意調查顯示，對於民主的信心已經衰退，部份原因是民主必須有社會基礎才能發生作用，但是這社會基礎已經破壞，另外一個很可能的原因是，正式民主的組織伴隨著新自由政策，縮小了民主參與的空間。

湯瑪斯・卡羅塞（Thomas Carothers）曾經爲雷根政府的「提升民主」計劃服務，他檢討「拉丁美洲推動民主」計劃，結論是該政策「正直」（sincere），但是卻很奇怪「失敗」了。在華府影響力最弱的地方，儘管雷根政府百般干預，民主卻是最成功的，像是南美洲的南端；在華府影響力最強的地方，就最不成功。卡羅塞認爲原因在於，華府尋求維持「相當不民主的基本秩序」，並且避免「以人民爲基礎的改變……結果是無可避免地只是由上而下有限的民主化改變，以免破壞跟美國長期結盟的傳統權力結構。」卡羅塞反駁自由主義者對於這方法的評論，因爲這方法有「長期的弱點」：沒有可以取代的方法。從來沒有人想到，讓人民在管理自己的事務上，能夠表達自己的意見。⑤

在恐怖主義文化當道之下，「反恐戰爭」的罪行及其後果，並沒有引起太大的關注，除非是有戰略上的考慮。人權組織、教會團體、有時候甚至媒體，也會大幅報導這些事實，但大都是無恥的辯護。關於「反恐戰爭」，這些報導沒有教我們什麼。大多數的報導與歷史脫節，甚至讚美說「我們這時代鼓舞人心的民主勝利」（《新共和》〔*New Republic*〕）。有意義的民主受到威脅，應該進行的改革無助地溺死在血泊中，該地區後退到早年黯淡的生活，大多數人只能痛苦沉默地忍受，外國投資者以及「一向跟美國結盟的傳統權力結構」卻是不斷設法自肥。

借用黑格爾（Hegel）對於較低階者的簡練名詞，這些受害者「只是物」（mere things），他們的生命「沒有價值」。如果他們想要「出頭」，必定會遭受國際恐怖主義找一些冠冕堂皇的理由打壓。如果他們默默忍受，他們的悲情痛苦就被忽略。

這是顯而易見的事實，歷史卻沒有教給我們什麼教訓。

一九九○年代，中美洲開始漸漸不爲世人所注意，但到處還是以恐怖政策爲主，解放神學既已瓦解，美國的軍事行動有了新的任務。海地與哥倫比亞成爲西半球關注的焦點。在海地，整個一九八○年代，美國一直提供大量援助實行國家專政，但在一九九○年出現新的問題。一位頗孚衆望的教士，以壓倒性優勢當選海地第一位民選總統，主要是因爲在貧民區與農村地區大規模動員，這些地區以前都被忽視。這個民主政府很快被軍事政變所推翻，軍人集團得到老布希與柯林頓的暗中支持，立刻以殘酷恐怖摧毀人民組織。民選總統最後復職，條件是遵照惡劣的新自由主義政策，這是美國所支持的候選人所提出的政策，一九九○年選舉時，該候選人只得到百分之十四的選票。海地的狀況比之前更悲慘，華府卻再度爲贏得自由、正義與民主而歡欣鼓舞。

美國政策更顯著的例子就是哥倫比亞，一九九○年代，可怕的犯罪事件迅速增加，哥倫比亞成爲西半球接受美國武器與訓練最多的國家。在這十年的最後階段，政治謀殺每天大約十起（根據哥倫比亞人權組織的估計，可能是兩倍），流離失所的人增加到兩百萬，每年大約增加三十萬人，而且不斷增加中。國務院與蘭德公司（Rand Corporation，譯註：美國著名智庫）跟人權組織一致認爲，百分之七十五到八十的殘酷暴行是軍隊與準軍隊（paramilitary）幹的。準軍隊跟軍方有密切關係，「人權瞭望組織」（Human Rights Watch）將準軍隊稱之爲「第六師」（sixth division），這是因爲有五個正規師。在這十年中，各地的第六師所犯的殘酷暴行維持相當的比例，但是恐怖行動從軍隊轉移到準軍隊，逐漸成爲私有化。這是一種常見的手段，近年來，塞爾維亞、印尼與其他恐怖行動國家，都以「花言巧語推諉」（plausible deniability）掩飾罪行。美國運用同樣的策略，指稱訓練與殘酷暴行是個人行爲，至於在執行上，像是使用化學武器「煙燻」（fumigation），對於大部份的農業社會造成毀滅性影響，則是以毒品戰爭爲藉口。⑥這些事務逐漸轉移給私人公司（MPRI、Dyncorps），由華府提供資金，並且雇用美國軍官，這一套方法可以避免國會的監督，以免被指稱直接涉入國家恐怖行動。

一九九九年，殘酷暴行日益升高，哥倫比亞取代土耳其，成爲全世界接受美國軍事援助最多的國家（除了長期提供軍援的以色列與埃及之外）。土耳其是美國相當重要的戰略同盟國，從一九四〇年代起就接受美國大量的軍事援助與訓練，但是一九八〇年代中期軍援暴增，因爲土耳其開始進行反叛亂行動，目標是命運坎坷、飽受壓迫的庫德族人。一九九〇年代，國家恐怖行動升高，在這個令人毛髮悚然的十年，土耳其壓迫庫德族可說是最惡劣的罪行。這次反叛亂行動以殘暴的野蠻酷刑，殺害數萬人，迫使數百萬人離開殘破的家園。其餘的人等於受到監禁，甚至最基本的權利都被剝奪。⑦國家恐怖行動升高之後，美國對於罪行的支持也增加。土耳其開始鎮壓叛亂行動，柯林頓提供土耳其百分之八十的武器，光是一九九七年所流入的武器，就超過整個冷戰時期的總和。⑧

對於「反恐戰爭」第二階段有許多人發表評論，但是最近相關的歷史卻沒有得到應有的注意，這是值得深思的問題。大衆也沒有注意到，第二階段的恐怖行動是由美國所主導，而美國是唯一受到國際最高機構所譴責進行國際恐怖主義的國家，而且其他恐怖主義國家，如俄羅斯、中國與其他國家，也與美國沆瀣一氣形成結盟，他們很熱切地加入誓言驅逐世界惡魔的領導者，讓他們的恐怖暴行也獲得承認。阿富汗首都喀布爾反抗恐怖的行動，從一個恐怖主義國家（英國）轉移到另一個恐怖主義國家（土耳其），沒有人表示過懷疑。根據國務院與媒體的說辭，土耳其在對抗恐怖主義上有「正面的經驗」，因此有資格擔任這職務。根據布魯金機構（Brookings Institution）的研究，在華府對抗恐怖主義的新戰爭中，土耳其已經成爲最重要的盟國。近年來，土耳其「奮勇對抗恐怖暴力」，「在消除恐怖威脅的全球努力中有其獨特的地位」。⑨

在國家所主導的國際恐怖主義中，華府於「反恐戰爭」兩個階段之間，所扮演的角色沒有太大的改變，對於「反恐戰爭」的反應也是一樣。從幾個例子可以看出來，還有更多的例子也是如此。

跟「反恐戰爭」的第一階段一樣，近年來許多國家支持國際恐怖主義的事跡，人權組織以及其他可靠的資料來源都有掌握，這些組織熱切地尋找這些資料，因爲有些事件符合他們的意識形態。眞相當然不是如此。因此事實被忽略，或是我們追求正義的道路有誤差。一九九〇年代的表現特別令人印象深刻，美國以及在土耳其、哥倫比亞、東帝汶、中東與其他各地的美國盟友，稱讚美國在外交政策上進入「高貴的階段」，以一種「聖潔的熱情」（saintly glow）在外交政策上，成爲歷史上第一個「致力於終結殘忍，達成理想新世界」的領導者，努力奉獻於維持人權與自由的「原則與價值」。這股洪流勢不可擋，由於在這十年內，相同聖潔的人物參與最惡劣的罪行，即使是史威夫特（Jonathan Swift，譯註：《格列佛遊記》作者）也只好閉嘴。⑩

「反恐戰爭」的第一階段在中美洲取得成功，於是對付第二個主要的地區——中東地中海地區，就以中美洲爲範例。在黎巴嫩，巴勒斯坦難民被美國所支持的恐怖行動壓制，黎巴嫩社會即遭受更嚴重的破壞。一九八二年，以色列入侵期間，大約兩萬人被殺，黎巴嫩被佔領多年，佔領期間更多人遭受以色列軍隊與其雇傭兵的殘酷迫害，整個一九九〇年代，以色列多次的入侵，造成數十萬人無家可歸，數百人遭到殺害。根據黎巴嫩政府的報告，一九八二年入侵之後，共有二萬五千人被殺。以色列政府藉口自衛，但是沒有人相信（除了對美國的宣傳）。美國自始至終都給予堅定的支持。

在以色列佔領的地區，整個一九八○年代，恐怖與壓迫不斷升高。以色列限制佔領區的開發，接收有價值的土地與許多資源，進行屯墾計劃，使得當地居民孤獨無助。這些計劃主要是靠美國在軍事、經濟、外交與意識形態上的支持。

在三十五年軍事佔領的初期，戴揚（Moshe Dayan）算是最同情巴勒斯坦人困境的以色列領導人之一，他建議內閣同僚，以色列應該告訴巴勒斯坦人，他們將會「像狗一樣生活，任何人願意的話，都可以離去。」⑪就像許多行動一樣，佔領的標記就是對「阿拉伯仔」（Araboushim）（就像是稱呼黑人爲nigger、猶太人爲kike，有輕蔑之意）給予羞辱與蔑視，必須教訓阿拉伯人，讓他們不敢抬起頭。二十年前，政治科學家培利（Yoram Peri）檢討早期移居者與以色列軍隊的暴行之後，很悲傷地發現，一百萬以色列年輕人中，有四分之三在服役過程中學到一點：「軍隊的任務不只是在戰場上捍衛國家抵禦外敵，也要破壞無辜人民的權利，因爲這些阿拉伯仔居住在上帝賜給我們的土地上。」「這些兩條腿的野獸」（總理比金〔Menahem Begin〕）當時只能「急匆匆地跑來跑去，像是在瓶子裡被噴了殺蟲劑的蟑螂」（參謀總長拉斐爾・埃坦〔Rafael Eitan〕）。埃坦的長官夏隆（Ariel Sharon）才剛入侵黎巴嫩以及幹下薩卜拉（Sabra）與沙提拉（Shatila）難民營的大屠殺，他建議對付示威者的方法是「割下他們的睪丸」。希伯來文主要媒體報導說，著名的政治人物，包括鷹派主戰份子，向總理比金提出報告「詳細描述（以色列軍隊與移民）在佔領區的恐怖活動」。這些活動包括經常進行侮辱，像是強迫阿拉伯仔互相撒尿拉屎，在地上爬行，還要大聲喊著「以色列萬歲」，或是舔地上的泥土。大屠殺紀念日（Holocaust day）時，在自己的手臂上寫號碼，「以紀念在集中營被屠殺的猶太人。」這些行動讓大多數以色列民眾感到羞愧，二〇〇二年四月，夏隆的入侵再度讓他們感到可恥。

拉加・舍哈德（Raja Shehadah）是著名的人權行動家與法律專家，他在二十年前寫過，佔領區的巴勒斯坦人有幾個選擇：「在這種環境下生活，必須不斷抵抗兩種誘惑，麻木絕望地默認獄卒的計劃，或是在痛恨獄卒與囚犯自己中發狂。」唯一的其他選擇，就是成爲*samidin*（譯註，巴勒斯坦文，意指順民），默默忍受，控制自己的憤怒。

波茲・艾福隆（Boaz Evron）是以色列最著名的作家之一，很簡潔地描述佔領的技巧：「緊緊地控制他們，」要他們確實了解「鞭子就在他們的頭上。」這比屠殺更有意義，因爲這樣有文化教養的人可以「平靜地接受一切」，問道：「有這麼恐怖嗎？每個人都被殺了嗎？」

艾福隆尖銳的批評相當中肯，事實一再證明其說法正確。尤其是二〇〇二年四月，夏隆最新的戰爭罪行被親以色列的人士巧妙地說成是，美國以外的世界普遍有根深柢固的反閃族情結。早期大屠殺的證據沒有被發現，但是摧毀葉寧鎮（Jenin）難民營、納布盧斯（Nablus）舊城，以及拉姆安拉（Ramallah）的文化中心與其他平民機構，數十萬無辜的民眾遭受種種懲罰，還有其他瑣碎的事物，受過教育的美國人與許多以色列人都可以「平靜地接受」。如果伊拉克海珊的軍隊在以色列或美國做相同的事情，除了一些情緒激動的反伊拉克的種族主義者之外，相信沒有人會反對。

個案通常比整體概念更可以明顯看出大眾對於恐怖活動普遍的態度。一九八五年十月，「阿奇里勞洛號（Achille Lauro）」郵輪被劫持，美國人利昂・克林霍弗（Leon Klinghoffer）瘸著腿坐在輪椅上被殺害，這是「恐怖主義邪惡折磨」最生動又最令人印象深刻的象徵。恐怖份子宣稱，這次劫持是爲了報復一個星期前，美國支持以色列無緣無故轟炸突尼斯，造成七十五名突尼斯人與巴勒斯坦人死亡，但是這沒有讓暴行緩和下來。夏隆在葉寧鎮難民營屠殺之後，英國記者發現一輛「被輾平的輪椅」，民眾的反應就不一樣了。記者報導說：「該難民營已經完全壓碎，像是卡通影片中被熨斗燙過一樣平坦。在瓦礫中躺著一面破碎的白旗。」瘸著腿的巴勒斯坦人卡默・舒葛葉（Kemal Zughayer），「自己奮力推輪椅上坡時被射殺。以色列坦克很可能輾過他的屍體，因爲朋友發現他時，一條腿與兩條手臂都不見了，臉被撕裂成兩半。」⑫這新聞顯然在美國沒有報導的價值，即使有報導，也可能引起一連串的反閃族控訴，最後只好道歉並且撤回報導。如果被揭露的話，也會說成是正義報復行動中不小心造成的誤殺，跟阿奇里勞洛號暴行不一樣。利昂・克林霍弗留名在恐怖主義的歷史中，但是卡默・舒葛葉之名卻進不了史冊。

這樣的例子不勝枚舉。美國盟邦一定會跟遭受欺壓的阿拉伯仔做區隔，就像幾個世紀以來，不要把人類跟「只是物」搞混了。

以色列前任情報頭子蓋奇（Shlomo Gazit），在早年是軍事機構的資深軍官，他描述一九八五年的佔領是一件「成功的故事」。佔領區的人民沒有引起任何問題，他們是*samidin*，不敢抬頭。主要的目標已經達成：「避免佔領區的居民參與該區未來的政治」，或是「成爲跟以色列合作的夥伴」。因此「絕對禁止任何政治組織，因爲每個人都知道，如果允許政治激進主義與組織，組織的領導人很可能就會參與政治事務。」基於相同的考慮，「佔領區所有的創議以及居民的各種談判努力，都要盡量破壞，不要讓巴勒斯坦的阿拉伯人領袖與外界有任何溝通。」一九七二年，以色列著名的外交家，後來出任總統的哈伊姆・赫佐格（Chaim Herzog）將這個指導原則說得很清楚：「我不否認巴勒斯坦人對於任何事務的地位……但是我當然也無法接受他們是我們的夥伴，我們的國家有幾千年的歷史，我認爲他們對於這塊土地沒有任何貢獻。猶太人這塊土地是不能有任何夥伴的。」⑬

對於認同這種觀點的人來說，如果被噴灑藥物的蟑螂「因爲仇恨變成瘋狂」，開始抬起頭來，甚至於對獄卒進行攻擊，便會出現問題。在這種情況之下，就要施以嚴厲的懲罰，甚至是極端殘忍的方式。在一九八七年十二月巴勒斯坦人第一次抗暴行動（Intifada）爆發之前，佔領區的巴勒斯坦人完全被制服，最後他們抬起頭來，以色列國防軍、邊界巡邏隊（就像是準軍隊）以及屯墾者，他們的恐怖與殘忍終於發作。⑭

美國很少報導此事，媒體與評論也都保持忠誠，華府大言不慚地假裝「沒看見」巴解組織（PLO）與其他人所提出的政治解決方案。最後，變成國際上一大笑柄，華府才同意與巴解組織談判，還很幼稚地虛僞做作一番，知識份子與媒體都沒有感到良心不安，巴解組織受到壓迫，只好逆來順受接受美國的立場。第一次會議（以色列與埃及有報導，但是美國主流媒體沒有）時，華府要求巴解組織取消軍事佔領區內的「暴動」，「我們認爲這是對於以色列的恐怖行動」，目標是「逐漸破壞其安全與穩定」。佔領軍的行爲不是「恐怖主義」，基於美國政府的優先順序，他們的暴力是合法的，就像在黎巴嫩一樣。敢抬起頭的人，就要受到懲罰。總理拉賓（Yitzhak Rabin）告訴「現在就要和平」（Peace Now）的組織領導人，美國與巴解組織「低層次」的協調，目的是要讓以色列有更多的時間，以「猛烈的軍事與經濟壓力」摧毀巴勒斯坦人的抗暴行動，並且跟他們保證，巴勒斯坦人「將潰敗」。

暴力往往可以收到效果。巴勒斯坦人「潰敗」之後，又變成 *samidin*，美國的關心就減輕，再次顯示艾福隆的分析是正確的。

整個一九九〇年代就是這樣的發展，目前是在「奧斯陸和平進程」（Oslo peace process）的架構下。在迦薩走廊，幾千個猶太屯墾者住在有游泳池和魚池的豪宅裡。該地區水資源相當缺乏，他們佔用該區大部份水源，使其農業發展非常成功。一百萬的巴勒斯坦人生活極端淒慘，被監禁在圍牆內，禁止到海邊或是到埃及，通常被迫只能在以色列國防軍所設的界線內走動或游泳，這些界線其實沒有什麼安全功能，只是嚴酷與羞辱的懲罰。如果他們在監牢內想要到處走走，經常就遭到開槍射擊。著名的專欄作家巴尼亞（Nahum Barnea）寫道：迦薩已經成爲以色列「嚴刑峻法的殖民地」（penal colony），是以色列的「惡魔島」（devils island, Alcatraz）。

一九九〇年代，中東與中美洲一樣，情況持續惡化。[15]二〇〇〇年夏天，柯林頓與巴拉克（Ehad Barak）在大衛營提出建議，被譽爲「寬宏大量」，持平而言，只能說他們是有改進。當時，巴勒斯坦人被監禁在西岸兩百多個分散的地區，大多土地狹小。柯林頓與巴拉克很大方地提議將數量減少到三個行政區（canton），有效地將他們彼此分開，以及避開在東耶路撒冷巴勒斯坦人的生活、文化與通訊的中心。巴拉克的外交部長描述奧斯陸進程的目標，是要讓巴勒斯坦「永遠」成爲「新殖民主義的附屬地」（neocolonial dependency），重申三十年前戴揚「永遠」佔領的意見。在迦薩的模式中，二〇〇二年夏天建立一道圍牆監禁居民，居民要去醫院、拜訪親友、上學、找工作、交易農產品，或是在這監牢中尋找其他生存者，必須通過內部的路障，長期接受騷擾與故意羞辱。如果這些方法能夠恢復華府夥計國家所獨享的暴力與恐怖，西岸的政策可以視爲成功。

二〇〇二年中，聯合國世界糧食計劃署（World Food Program）要求贊助一項計劃，讓五十萬名處於飢餓與營養不良的巴勒斯坦人能夠吃飽，因爲「在以色列佔領區越來越多的家庭三餐不繼或是攝取不足」。世界糧食計劃署警告說，由於以色列禁止在「嚴刑峻法的殖民地」上所建立的八個行政區互通商品，因此情況將會日益惡化。⑯

與迦薩模式一樣，西岸的圍牆是「半可透過的」（semi-permeable）。以色列國防軍、猶太屯墾者以及外國觀光客可以自由雙向來往，但是對於統治者眼中「沒有價值」的「只是物」則是無法自由穿越。

既然居民的生命沒有價值，受害者的命運就沒有人注意。如果他們抬起頭來，就要好好教訓他們守規矩。暴力通常是第一個選擇，這也是爲什麼國家主導的國際恐怖主義如此猖獗的原因。如果暴力失敗，就必須考慮其他方式。巴勒斯坦人第一次抗暴期間，即使是對以色列恐怖行動極端支持的人也要求部份撤軍，因爲以色列付出的代價太高。巴勒斯坦人第二次抗暴初期，數百名巴勒斯坦人遭到殺害，還有大規模的集體懲罰，直昇機與其他恐怖攻擊的武器還是源源不絕運來。但是抗暴行動逐漸失控，影響到以色列本身，就有必要採取新的步驟。布希總統甚至宣稱他的「願景」是巴勒斯坦最後終將建國，更值得喝采的是，他提到四十年前南非種族主義者的立場，那些人不是只有建立黑人當家做主的國家「願景」，而是實際上能夠起而行。

最後這個國家應該如何建立，在哪裡建立，都還是問題。衆議院多數黨領袖狄克・亞梅（Dick Armey）說：「許多阿拉伯國家擁有廣大的土地與資產，也有機會可以創造一個巴勒斯坦國」，所以以色列應該「掌控整個西岸」，而「巴勒斯坦人應該離開」。他的對手指出，紐約與洛杉磯有許多猶太人，世界上最富有的國家再吸收幾百萬人應該沒有問題，也可以解決這個問題。在對立的另一端，安東尼・路易斯（Anthony Lewis）讚美拉賓是「不會感情用事的老兵」，願意簽訂奧斯陸協議，是個「有智慧的正人君子」。但是以色列右翼可不像拉賓，「反對任何讓巴勒斯坦建國的方案——即使這個國家又小又窮，沒有軍隊，而且受以色列支配，卻是巴勒斯坦人自己的國家。」這就是「問題的核心」，如果拉賓的崇高願景失敗，和平進程也就結束了。⑰

這時候，國家恐怖行動仍然是受到認可的控制方法。在巴勒斯坦人抗暴行動的第一天，以色列使用美國直昇機攻擊平民目標，造成數十位平民傷亡。柯林頓做出的反應，是在十天內一次運送最多的武裝直昇機，以色列開始使用直昇機從事政治暗殺與其他恐怖行動之後，仍然繼續運補。美國一貫拒絕國際監督人員進入，他們的出現可能會要求節制暴力。二〇〇一年十二月，布希政府再一次否決聯合國安理會要求派遣監督人員的決議案，「恐怖行動進一步升高」（根據總統的說辭，這都是阿拉法特的罪行），國際間企圖阻止以色列違反日內瓦第四公約，美國卻暗中阻撓。總統在有關阿拉伯與以色列衝突的重大政治宣言裡（二〇〇二年六月二十四日），將基本態度表達得很清楚：指導原則是美國的外交政策只承認「領導者，不跟恐怖行動妥協」。夏隆符合這條件，這個事實倒也沒有太多人有意見，不過當總統宣佈他是「和平的人」（a man of peace），有些人想到他五十年來的恐怖殘酷紀錄，就覺得愧疚。照定義來說，沒有美國領導者如此妥協。巴勒斯坦的領導人必須感到滿意，因爲以前美國與以色列聯盟在奧斯陸協議時代，他們的暴力與壓制都能贏得支持。如果巴勒斯坦領導者變更這個任務或是失控，他們就必須被消滅，以其他更可靠的傀儡代替，如果正確的人選可以贏得選舉，那就更好，還可說是「自由」選舉。

關於恐怖行動的基本原則，有些誠實的政治家，如邱吉爾，就很坦率地說出其概要。他在第一次世界大戰前告訴國會說：

我們不是身家清白沒有繼承財產的年輕人。我們對自己專心致志……全世界的財富與交通貿易，我們佔有很大的比例。我們在領土上得到所要的一切，我們的所有權要求必須不受干擾，這些主要是以暴力取得，大都以武力維持，其他人往往認為我們的行為是不合理的。

一九四五年，美國與英國戰勝，邱吉爾從現實的觀察得出正確的結論：

世界的政府必須交給自給自足的國家託管，這些國家不會要求太多。如果世界的政府是在飢餓的國家手中，一直都會有危險。但是我們都沒有理由要求更多。居民以他們自己的方式生活，而且沒有野心，這樣才能和平。我們的力量使得我們在其他人之上。我們就像生活於他們居處中的富人，和平共處。⑱

其他獲得「龐大而且壯麗領地」的人，也不是很客氣，都很了解邱吉爾的原則。甘迺迪與雷根政府被認爲是美國政治光譜的兩個極端，但是在這方面他們其實很像。他們都知道必須訴諸恐怖行動，才能確保富人所擁有的財物不會受到干擾。甘迺迪上任幾個月，就下令必須對於古巴進行「人間的恐怖行動」（terrors of the earth），直到卡斯楚被消滅。甘迺迪任內一直都持續進行大規模的恐怖行動；在他被暗殺前十天，還批准進行新的大規模恐怖行動。理由非常清楚明確，古巴人已經抬起頭來。更糟的是，這是一個「模範以及一大刺激」，鼓勵拉丁美洲其他地區「騷動與劇變」，因爲當地「社會與經濟狀況……與統治威權作對」。卡斯楚做什麼其實不重要，而是甘迺迪的智囊團根據北方巨人主從關係的原則，認爲「該政權的存在……代表對美國的挑戰成功，否定半世紀以來我們在整個西半球的政策。」甘迺迪的顧問警告新上任的總統說，卡斯楚所呈現出來的威脅是「卡斯楚自己掌控事務的想法會擴散開來」，「土地與其他國家財富的分配大都是在有產階級手中……窮人與下層社會的人受到古巴革命的刺激，現在都要求有機會過更好的生活。」⑲

即使沒有這個範例的刺激，「對美國的挑戰成功」也是無法忍受的。大體上來說，「維持可信度」是治國權術的主要原則，也是貫徹政策的標準理由。如果世界受到適當的驚恐，是有益於統治的。雷根的策士警告歐洲，如果他們不以適當的熱情參加華府的「反恐戰爭」，「瘋狂的美國人」可能會「接手掌管一切」。媒體讚美說，這番話成功地鼓勵懦弱的歐洲人站出來。柯林頓的戰略司令部（Strategic Command, STRATCOM）建議，「我們推斷有些人」應該「沒有理性又充滿報復心理」，他們有潛在「失控」的可能性。

著名的國際事務專家警告說，從一九八〇年代以來，許多人認爲美國是「流氓超級強權國家」，對他們的生存是一大威脅。但是如果這能導致害怕與主從關係，那也很好。

當前制定政策的人，有許多是雷根時代的前朝遺老，對於這個立場相當堅定。二〇〇二年四月，沙烏地阿拉伯的王子阿布都拉（Abdullah）訪問美國，促請華府關注由於美國支持以色列的恐怖行動與鎮壓，所導致阿拉伯盟邦的處境艱難。美國很直率地告訴阿布都拉，他的憂慮是沒有必要的，有位官員說：「這個觀念是，如果他認爲美國在沙漠風暴中很強大，那我們現在更是強大十倍。讓他知道，我們在阿富汗正展現出這種能力。」

前國防部資深官員傑・法拉（Jay Farrar），是國際戰略暨研究中心（Center for Strategic and International Studies）負責人，也是中立派的華府智庫，他說出了國防部高層的想法：如果美國「強悍堅定，尤其是在這個區域行動果決，那麼其他地區就會配合我們，對我們的不屈不撓感到佩服，而不會跟我們作對。」⑳

簡而言之，就是滾開。正如總統所說的，不跟我們站在一起的人，就是跟我們作對，你不站在我們這一邊，我們就把你徹底粉碎。所以我們要轟炸阿富汗：讓那些倔強不馴服的人知道，如果有人阻擋我們，我們有能力處理。恐怖主義的後果如何，那就不管了；事實上，美國情報機構認爲轟炸阿富汗，造成蓋達組織（al-Qaeda）四處流竄，並且滋長其他類似組織，威脅反而增加。何況九一一攻擊事件之後九個月，美國情報機構對於他們的起源還不是很清楚，只是「認爲」他們可能接受阿富汗的扶植，完全不知道執行與計劃的詳情。㉑在富國與強國的觀念中，轟炸無辜的民衆就可以伸張正義，美國的領導人則大言不慚宣稱最高的道德原則與國際法律。

從一些跡象可以看出，新的「反恐戰爭」跟以前的很像，國家恐怖行動的許多其他事件沒有獲得正式的歐威爾式的（Orwellian）稱號。儘管如此，還是有很大的差異。目前的反恐戰爭是重新宣戰，是對嚴重的恐怖份子暴行的反應，而不是炮製藉口。但是制度還是很穩定，政策還是一樣的形式，只是對新的情勢做調整。有個穩定的特色就是邱吉爾的教條：富強國家有權力要求保持和平，以享受他們所獲得的，通常是以暴力與恐怖做手段；其他人只要沉默忍受，就可以置之不理，但是如果他們妨害到統治者的生命，「人間的恐怖行動」就會以公平的憤怒降臨他們，除非有力量從內部予以限制。

本書前五章討論關於「反恐戰爭」的第一個階段，時間是雷根與老布希政府的時期。序言與前三章是一九八六年版的《海盜與皇帝》（*Pirates and Emperors*, Claremont, 1986）。第一章討論的是概念架構，在統治教條體系中呈現這些相關問題。第二章以眞實世界的中東恐怖主義爲實例，並且討論「護教學」（apologetics）的形態，恐怖份子利用「護教學」以確保行動不會受阻。第三章討論這幾年來利比亞在教條體系中的角色。第四章出現於一九九一年版本的《海盜與皇帝》（Black Rose, Montreal）；是一九八六年十一月十五日在大學畢業生阿拉伯學會（Arab Association of University Graduates Convention）的演講稿。第五章（一九八九年七月）刊載於亞歷山大・喬治（Alexander George）所編輯的《西方的國家恐怖主義》（*Western State Terrorism*,

1991）。

第六章是「反恐戰爭」的第二個階段，是九一一之後重新宣戰。係根據美國公誼服務委員會（American Friends Service Committee）大會以及二〇〇一年十二月八日在塔虎脫大學（Tufts University）「和平與正義研究計劃」與和平聯盟的演講，講題是：〈九一一之後：和平、正義與安全之路〉。第七章跟第四章一樣，討論美國的中東政策，是我爲羅安・凱瑞（Roane Carey）著作《新暴動》（*The New Intifada*, 2001）所作的序言。

第一章部份曾刊載於一九八六年二至三月號的《優涅讀者》（*Utne Reader*）、《新聞審查索引》（*Index on Censorship*, London, July 1986），以及 *Il Manifesto*（Rome, January 30, 1986）。第二章的摘錄發表於 *Race & Class*（London, Summer 1986），以及 Michael Sprinker 所編輯的 *Negations: Spurious Scholarship and the Palestinian Question*（Verso, 1987）。本章也曾發表於愛德華・薩依德（Edward Said）與克里斯托弗・希欽斯（Christopher Hitchens）所編輯的《歸咎受害者》（*Blaming the Victims*）（Verso,1988）。第三章是從一九八六年夏季號的 *Covert Action Information Bulletin* 所刊載的文章加以修改擴充。這些文章最初的版本發表於 *New Statesman*（London）、*ENDpapers*（Nottingham）、*El Pais*（Madrid），以及義大利、墨西哥、烏拉圭等地。第二章與第三章有部份章節收錄在

我的論文〈國際恐怖主義：印象與實際〉（International Terrorism: Image and Reality），該論文發表於一九八六年四月法蘭克福國際恐怖主義大會上，並且於一九八七年刊載於 *Crime and Social Justice 27-28*，該期刊廣泛討論這些議題。

各章節不恰當與重複之處，皆已修潤刪除。文中所用的「目前」、「最近」等語詞，指的是發表當時。註釋部份保留原貌，不包括許多後來的相關材料。

註釋

① Technical study cited by Charles Glaser and Steve Fetter, "National Missile Defense and the Future of U.S. Nuclear Weapons Policy." *International Security* 26. 1, Summer 2001.

② See Strobe Talbott and Nayan Chanda, *The Age of Terror*（Basic Books and Yale University Center for the Study of Globalization, 2001）.

③ See below, for identification. For more detail and sources not cited here, see the chapters that follow. On international terrorism in the earlier period, see Chomsky and Edward Herman, *The Political Economy of Human Rights*（South End Press, 1979, two volumes）. For general review of the first phase of the "war on terror," see Alexander George, ed., *Western State Terrorism*（Polity / Blackwell 1991）.

④ Andrew Bounds, "How the Land of Maize [Guatemala] became a Land of Starvation," *Financial Times*, June 11, 2002.

⑤ Carothers, "The Reagan Years," in Abraham Lowenthal, ed., *Exporting Democracy*（Johns Hopkins University Press, 1991）; *In the Name of Democracy*（University of California Press, 1991）; *New York Times Book Review*, November 15, 1998.

⑥二〇〇二年五月，我花了幾個小時，聽當地人民與農夫說他們的個人不幸遭遇，當時他們被化學武器「煙燻」驅離，各種莊稼都被燒毀，小孩與土地遭下毒，牲口遭到屠殺，土地上的資源被各國搾取一空，最後，各種生物與傳統農業被摧毀之後，只有靠孟山都（Monsanto）提供的種子從事出口農業。寇卡省（Cauca）的窮苦人民已經成功選出他們自己的省長，是本地的領導人，也許是第一個。社會團體的成功導致準軍事恐怖行動與游擊鎮壓急速增加，咖啡樹叢中只要疑似種植古柯鹼或罌粟就全部摧毀。二〇〇一年，寇卡省在違反人權上獲得第一名，在這個恐怖份子國家這可不是小成就。美國的想法是，美國有權力去摧毀其他國家所種植的作物，只要這種作物是美國不喜歡的，這當然是恐怖主義強權作風。但是奇怪的是，居然沒有人批評。當然，北卡羅來納州與肯塔基州所種植更加致命的作物，是沒有人有權力摧毀的。

⑦二〇〇二年二月，我有機會在庫德族半正式的首都 Diyarbakir，親眼目睹這種效應。就像在哥倫比亞，看見受害者的勇氣實在令人激動，還有支持他們的知識份子不斷遭遇到殘酷的法律，面對這種懲罰實在是相當嚴酷。

⑧ For a review, see my *New Military Humanism*（Common Courage, 1999）, *A New Generation Draws the Line*（Verso, 2000）, and Rogue States（South End Press, 2000）. See Human Rights Watch（HRW）, *The Sixth Division: Military-paramilitary Ties and U.S. Policy in Colombia*（September 2001）. Also *Crisis in Colombia*（February 2002）, prepared by HRW, Amnesty International, and the Washington Office on Latin America for congressional certification hearings, an unusually detailed review of crimes and impunity of the Colombian military. The record was once again ignored by the State Department, which certified Colombia on the basis of the "improvement" in human rights that is routinely visible to the government, though no one else, in client-states. In this case the service was performed by Secretary of State Colin Powell, *Memorandum*, (May 1, 2002) .

⑨ Judith Miller, *New York Times*, April 30, 2000, p. 1 article reporting without comment the latest State Department report on terror, which also singles out two other leading terrorist states (Algeria and Spain) for their achievements in combating terror. Steven Cook, "U.S.-Turkey Relations and the War on Terrorism," Analysis Paper No. 9, *America's Response to Terrorism*, November 6, 2001, Brookings.

⑩ See references of note 8. For more extensive comment on the current phase of the "war on terror," see my *9-11* (Seven Stories, 2001) and my essays in Ken Booth and Tim Dunne, eds, *Worlds in Collision* (Palgrave, 2002) and James Sterba, ed., *Terrorism and International Justice* (Oxford, 2002) .

⑪ Yossi Beilin, *Mehiro Shel Ihud* (Revivim, 1985) , 42; an important review of cabinet records under the Labor Party, For more detail on what follows, see my *Fateful Triangle (FT)* (South End Press, 1983; updated edition 1999) , chapters 4, 5.1, 3, 5.

⑫ Justin Huggler and Phil Reeves, *Independent*,April 25, 2002.

⑬ Beilin, *Mehiro shel Ihud*, 147.

⑭ For reports of shocking atrocities on orders of the high command and with virtual impunity, drawn from the Hebrew press in Israel, see my *Necessary Illusions* (South End Press, 1989) , Appendix 4. 1. Also *FT*, chapter 8, including some personal observations, published in the Hebrew press. See Boaz Evron, *Yediot Ahronot*, August 26, 1988, for a reaction, beginning with some disbelief until he found even more awful confirming evidence in a Kibbutz journal. For extensive discussion and analysis, see Zachary Lockman and Joel Beinin, eds, *Intifada* (South End Press, 1989) ; Joost Hiltermann, *Behind the Intifada* (Princeton, 1991) ; Patricia Strum, *The Women are March-*

ing (Lawrence Hill, 1992) .

⑮ See essays by Mouin Rabbani, Sara Roy, and others in Roane Carey, ed., *The New Intifada* (Verso, 2001) ; and Roy, *Current History*, January 2001.

⑯ Brian Whitaker, *Guardian*, May 22, 2002.

⑰ Armey, CNBC, "Hardball," May 1, 2002. Lewis, "Solving the Insoluble," *New York Times*, April 13, 1998. Rabin rejected the possibility of a Palestinian state, as did Shimon Peres while in office.

⑱ Clive Ponting, *Churchill* (Sinclair-Stevenson 1994) , 132; Churchill, *The Second World War,* vol. 5 (Houghton Mifflin, 1951) , 382.

⑲ Piero Gleijeses, *Conflicting Missions* (University of North Carolina, 2002) , 16, 22, 26, citing JFK, the CIA, and State, from released secret documents; *Foreign Relations of the United States*, 1961-63, vol. XII, American Republics, 13ff.

⑳ Patrick Tyler, *New York Times*, April 25; John Donnelly, *Boston Globe*, April 28, 2002.

㉑ David Johnston, Don Van Natta Jr. and Judith Miller, "Qaeda's New Links Increase Threats From Far-Flung Sites," *New York Times*, June 16, 2002. Chapter 6, note 3, below.

聖奧古斯丁（St. Augustine）說了一個故事——亞歷山大大帝擒獲一個海盜，問道：「你居然膽敢在海上興風作浪？」海盜回答：「那你又怎麼有膽量在整個世界興風作浪？我只有一艘小船，所以被稱爲海盜；你有一支海軍，所以被稱爲皇帝。」

海盜的回答可說是「眞知灼見」，聖奧古斯丁十分認同。國際恐怖主義舞台上的許多小角色，如利比亞、巴勒斯坦解放組織的一些派系，以及其他組織，他們與美國的關係，就如同這個故事所說的一樣。聖奧古斯丁的故事道出了當代西方使用國際恐怖主義概念的意義，並觸及當前令人髮指的所謂恐怖主義事件的本質，以極端的懷疑論來說，乃是爲掩護西方的暴行所精心構築的藉口。

十八世紀末，開始使用「恐怖主義」這個名詞（譯註：terrorism 也有恐怖行動、恐怖統治、恐怖手段之意），主要是指政府有計劃地實施暴力行動，以確保群衆能夠屈服歸順。這個概念顯然對於國家恐怖主義的實行者沒有好處，這些掌權者控制的是思想與表達機制。「恐怖主義」最初的涵義已經捨棄，現在主要是用在個人或是團體的「零售式恐怖主義」（retail terrorism）。①這個名詞曾經用來形容皇帝對其統治的對象和世界的高壓手段，現在只限於指政擊強權的盜賊。不過，也不是那麼絕對。有時候也用恐怖主義來形容敵方的帝王，就看權力與意識形態的需求而轉變。

我們使用「恐怖主義」這個名詞，形容那些威脅或是使用暴力進行威嚇或是強制（通常是爲了政治、宗教或其他目的），無論這是帝王或是盜賊的恐怖主義；而我們自己這樣做就不算是恐怖主義。

對於最近「國際恐怖主義」的概念，這海盜的名言只解釋了一部份。有必要再加上第二個特點：只有「他們」所採取的行動，才叫做恐怖主義，我們的就不算是。雷根政府所推動的「國際恐怖主義」公關活動，就是以此爲指導原則。依照學者的斷言，這個禍患是「蘇聯煽動」的工具，目的是破壞西方民主社會的穩定，所根據的證據就是恐怖主義活動「沒有直接對付蘇聯或是蘇聯的其他衛星國家或附庸國」，「幾乎都是在民主或是比較民主的國家」發生的。②

這個論點沒錯，就定義上來說也合乎事實，因爲「恐怖主義」這名詞是皇帝以及對皇帝忠誠的夥伴所使用的。由於只有「他們那邊」做的才算是恐怖主義，無論事實如何，這個論點必然正確。在眞實世界中，事情卻不是如此。過去數十年來，國際恐怖主義③的主要受害者，是古巴、中美洲與黎巴嫩的居民。但是，照定義來說，他們都不算是。以色列轟炸巴勒斯坦難民營，殺死許多平民，往往連藉口「報復」都省了；或者派遣軍隊進行「反恐」行動，到黎巴嫩鄉村屠殺破壞；或是挾持船隻，將數百人質送入俘虜營，過著恐懼的日子，這卻不是「恐怖主義」；事實上，很少有反對的聲音，即使有人反對，也被皇帝的同路人嚴辭譴責，說他們是「反閃族」與「雙重標準」。媒體異口同聲地稱讚以色列是「關懷人類生活的國家」（《華盛頓郵報》〔*Washington Post*〕），說他們「崇高的道德目的」（《時代雜誌》〔*Time*〕）不停地讓人感到敬畏與佩服。讚賞以色列的人認爲，這個國家「秉持崇高的法律，這法律由新聞工作人員來詮釋」（華特・古德曼〔Walter Goodman〕）。④

同樣地，由中央情報局所訓練的準軍隊，從美國軍事基地出發，轟炸古巴旅館，擊沉漁船，並且攻擊古巴港口的俄國船隻，對穀物與牲口施放毒藥，企圖暗殺卡斯楚等等，在行動高峰時，幾乎每個星期都有出擊任務，而這些都不算是恐怖主義。⑤皇帝與他的夥計進行這許多行動，會議與書籍都沒有提到，媒體輿論也從來沒有嚴加譴責。

皇帝宮廷的標準是很獨特的，這可以從兩方面來說，而且兩者關係密切。第一，他們的恐怖行動不受規律限制；第二，當他們遭受非常嚴重的恐怖攻擊時，甚至需要以暴力的「自衛行動防止進一步攻擊」，他們會採取報復或是預防的行動，或者行動引起可怕的反應，他們會以相同或更嚴重的恐怖攻擊對付其他人。這種恐怖攻擊的意義微不足道，因此幾乎不需要媒體報導，當然也沒人記得。但是，假設利比亞的海軍以東德製造的飛彈攻擊三艘停泊在以色列海法港的美國船隻，擊沉其中一艘，其他兩艘受損。會有什麼反應，想都不用想。回到眞實世界，一九八六年六月五日，「南非海軍攻擊停泊在南安哥拉納米比（Namibe）港的俄國船隻，擊沉其中一艘」，使用的是「以色列製造的天蠍星（加百列）飛彈。」⑥

如果蘇聯對這次攻擊商船的反應，跟美國在相同情況下的反應一樣，按照美國與以色列「報復」的行動反應來判斷，蘇聯也許是轟炸約翰尼斯堡。那麼美國可能會考慮以核子攻擊對付共黨惡魔，認爲這是合法的「報復」。在眞實世界裡，蘇聯沒有反應，這事件也被認爲不重要，美國媒體幾乎很少提起這件事情。⑦

假設古巴於一九七六年底，以反恐怖攻擊的自衛之名入侵委內瑞拉，企圖在古巴的控制之下建立「新秩序」，殺死操縱防空系統的兩百名美國人，並且砲擊美國大使館，最後違反停火協定攻佔卡拉卡斯（Caracas），佔領該地好幾天。⑧回到眞實世界，一九八二年，以色列攻擊黎巴嫩，藉口保護加利利（Galilee）避免受到恐怖攻擊（這是為美國大衆所捏造的，有技巧地造成內部的認可），企圖建立「新秩序」，一切都在美國的控制之下，殺死操縱防空系統的兩百名俄國人，並且砲擊俄國大使館，最後違反停火協定攻佔西貝魯特，佔領該地好幾天。美國若無其事地報導此事，來龍去脈與重要的背景資料則被忽略或者否認。幸好蘇聯沒有任何反應，否則我們今天不會在此討論這件事情。

在眞實世界裡，我們理所當然認為蘇聯與其他敵國，其中大都沒有防衛能力，能夠平靜忍受挑釁與暴力攻擊。但是，如果是皇帝與廷臣受到相同的挑釁與暴力攻擊，將會引發激烈的反應。

這些事件以及無數的其他案例，其中有一些稍後會討論到，充分顯示出美國極端的虛偽，而且還不只是在國際恐怖主義的事件上。舉幾個不同的例子，第二次世界大戰聯軍協議，幾個強權劃分歐洲與亞洲的勢力範圍，並且要求在一定時間內撤軍。我們對於蘇聯在東歐的行為感到憤慨（事實上，簡直是義憤塡膺），但是美國在西方國家根據暫時協議所控制的地區（義大利、希臘、南韓等），所作所為其實也跟蘇聯不分軒輊。蘇聯從伊朗北方延遲撤退，美國也違反戰時協定，沒有從葡萄牙、冰島、格陵蘭以及其他地區撤軍，參謀聯席會議主席與國務院的意見一致，基於「軍事考慮」，認為撤軍是「不可採行的」。西德針對蘇聯的間諜活動，都交給希特勒的高級情報官格倫（Reinhard Gehlen）的掌控之下，他以前爲納粹黨在東歐執行類似的行動，沒有人對此事感到憤慨；直到一九五〇年代初期，中央情報局還派遣幹員與提供補給品協助受到希特勒鼓勵的軍隊，在東歐與烏克蘭作戰，這是「滾回去策略」（roll-back strategy）的一部份，在國家安全委員會的研究報告 NSC-68（一九五〇年四月）⑨中，曾經公佈此事，但沒有人對此事感到憤慨。如果說蘇聯支持受到希特勒鼓勵的軍隊，一九五二年在洛磯山作戰，可能的反應就不一樣了。⑩

這樣的例子不勝枚舉。最惡名昭彰的例子，就是一九七三年有關越南的巴黎和約以及後續的發展，這例子經常被提起，證明共產黨是不可能遵守實踐協定的。事實上，美國被迫簽署和約之後，立刻宣佈否認和約上的每個條款，並違反和約行事，而媒體展現出屈從的奴性，接受美國版本的和約（也就是違反和約的每個條款），認爲這才是實際的內容，所以美國違反和約是「遵守」和約，而共黨對於美國違約的反應，只是證明共黨與生俱來就是背信棄義的。這個例子現在經常被美國拿來做爲在中美洲拒絕談判政治協商的藉口，顯示運作良好的宣傳系統還是很能發揮效用。⑪

一九八一年，雷根就職之後，喊出「國際恐怖主義」（以西方的意識來說），「國際恐怖主義」因此成爲注目的焦點。⑫原因並不難分辨，不過在教條的體系裡還是難以表達。

雷根政府奉行三個相關的政策，都相當成功：⑴從窮人轉移資源給富人；⑵以傳統方式，透過國防部的體系，大規模增加政府部門的經濟，迫使大衆資助高科技產業，以國家保證市場生產高科技的廢物，結果造成由政府補貼私人獲利的計劃，稱之爲「自由企業」；以及⑶大量增加美國進行干預、顚覆與國際恐怖主義（字面上的意義）。這些政策無法跟大衆明說其目的爲何。只有讓大衆感到害怕，認爲我們必須起來自衛，這些政策才能夠執行。

標準的手段就是訴諸於威脅，雷根總統說「邪惡帝國」有個「龐大而殘忍的陰謀」，目的就是要征服全世界；甘迺迪總統也曾經提出一個類似的計劃。⑬但是，對抗帝國本身是很危險的。將沒有防衛能力的敵人說成邪惡帝國的代理人，跟這些人作戰，那就安全多了。這樣的選擇符合雷根議程的第三個政策要點，所追求的目標有獨立的理由：確保華府在「穩定」與「秩序」中掌控全球。謹愼挑選從事「恐怖主義」的海盜，不管是膽敢對抗國際恐怖攻擊的尼加拉瓜或是薩爾瓦多的農民，這些都是比較容易處理的目標，輔以有效率的文宣系統，可以引起國人適當的恐懼感，能夠號召動員國人。

在這個架構下，「國際恐怖主義」取代「人權」，成爲一九八〇年代「我們外交政策的靈魂」。一九六〇年代，道德與知識份子的氣氛低迷，當時稱之爲「越南症候群」，「人權」大幅改善了這氣氛，也克服令人畏懼的「民主危機」。當時爆發的民主危機是一般大衆有組織地從事政治活動，威脅到由菁英階層做決策而大衆給予承認，西方國家稱之爲「民主」的制度。⑭

接下來我要討論的是眞實世界中的國際恐怖主義，重點放在地中海地區。一九八五年，美聯社對報社編輯與廣播電視人員進行意見調查，其中大都是美國人，票選「中東地中海恐怖主義」爲頭條新聞；這次調查是在十月羅馬與維也納機場遭受恐怖攻擊之前進行，如果還有人懷疑「中東地中海恐怖主義」。怎麼可以算是頭條新聞的話，也可能因此消除疑慮。⑮一九八六年年初，中東地中海恐怖主義越來越狂熱，美國於四月轟炸利比亞，至此達到最高點。官方的說法是，這次針對國際恐怖主義的英勇行動達成目標。格達費以及其他主要罪犯現在畏縮在地下碉堡，捍衛人權與尊嚴的勇敢戰士已經將他們制服。儘管這次對抗黑暗勢力獲得偉大的勝利，從伊斯蘭世界散發出來的恐怖主義問題，以及民主國家捍衛文明的價值，應該如何適當的回應，一直是大衆關切討論的最重要議題，許多書籍、會議、論文、社論、電視評論都有討論。任何人或是菁英份子討論此議題所遵照的原則就是：焦點只限盜賊的恐怖主義，皇帝與其夥計的恐怖主義不在討論範圍；只看到他們的罪行，沒有看到我們的。不過，我是不會按照這個準則的。

註釋

①"Origins and Fundamental Causes of International Terrorism," UN Secretariat, reprinted in M. Cherif Bassiouni, ed., *International Terrorism and Political Crimes*（Charles Thomas, 1975）.

② Claire Sterling, Walter Laqueur; see chapter 5. For references and discussion, 參見拙著《走向新冷戰》（*Towards a New Cold War, TNCW,* Pantheon, 1982）, 47f., and my chapter in Chomsky, Jonathan Steele and John Gittings, *Superpowers in Collision*（Penguin, 1982, revised edition, 1984）. For extensive discussion and documentation on the topic, see Edward S. Herman, *The Real Terror Network*（South End Press, 1982）.

③ 有個明顯的類型，就是比較嚴重的侵略行為，像是美國攻擊南越，然後是整個中南半島；蘇聯入侵阿富汗；美國撐腰的印尼與以色列入侵帝汶與黎巴嫩。有時候有些類型比較模糊。

④ *Washington Post*, June 30, 1985; *Time*, October 11, 1982; Goodman, *New York Times*, February 7, 1984.

⑤ See references of note 3, and chapter 5, pp. 130-2.

⑥ *Economist*, June 14; Victoria Brittain, *Guardian*, June 6; Anthony Robinson, *Financial Times*, June 7, 1986, from Johannesburg. BBC World Service 也有報導此事，被擊沉的船隻可能是古巴運送糧食的船。

⑦《紐約時報》、《華爾街日報》、《基督教科學箴言報》、雜誌索引所列名的新聞周刊與其他報紙都沒有刊載此事。《華盛頓郵報》六月八日於十七頁刊登一百二十字來自莫斯科的消息，報導俄國譴責南非的攻擊行為。

⑧這事件的背景是，一九七六年十月，古巴一架民航機在飛航途中被炸毀，七十三人死亡，包括古巴獲得奧運金牌的西洋劍隊（這可以跟巴勒斯坦恐怖主義的巔峰之作「慕尼黑屠殺」事件相比）。追查這次恐怖行動與奧蘭多・波許（Orlando Bosch）有關，他可能是國際恐怖主義的領導份子，曾經接受中情局的訓練，跟對古巴的恐怖戰爭有密切關係，而且跟智利與委內瑞拉的秘密警察「有密切的關係」，他「接受中情局的指導，到今天還維持密切的關係」（Herman, *Real Terror Network*, 63）。美國的反應是什麼？這問題是純理論的，因爲古巴軍隊只要有接近委內瑞拉的跡象，很可能哈瓦納就遭受嚴重攻擊。以色列入侵黎巴嫩，請參見第二章與引用的參考資料。以色列攻擊黎巴嫩的敘利亞軍隊（無緣無故而且沒有預警），在「敘利亞防空區域」大約二百名俄國人死亡，這個數字是 *Aviation Week & Space Technology* 一九八三年十二月十二日公佈的。敘利亞的軍隊在美國與以色列的同意下進入黎巴嫩，後來一九八六年夏天，擬定六年佔領的計劃。這些事件請參考拙著《命運的三角》（*Fateful Triangle*, South End Press, 1983）。

⑨論眞實世界，參見 Gabriel Kolko 的 *Politics of War*（Random House, 1968），儘管以後的學術論文都很有價值，不過這是經典著作而且尚未有人超越；參拙著 *TNCW*，以及《扭轉潮流》（*Turning the Tide, TTT*），South End Press, 1985），以及引用的資料。最近的資料，請參見拙著 *Deterring Democracy*（Verso, 1991; Hill & Wang, 1992），第十一章以及引用的資料。Melvyn Leffler, "Adherence to Agreements: Yalta and the Experiences of the Early Cold War," *International Security*, Summer 1986；Leffler 的結論是「事實上，蘇聯對於〔雅爾達、波茨坦與其他暫時協議〕堅持的模式，跟美國所堅持的模式沒有不同。」應該注意的是，一九四〇年代後期，美國在希臘與南韓進行大規模屠殺行動，這是全世界摧毀反法西斯抵抗計劃的一部份，通常是在納粹黨與日本人的合作之下進行。

⑩解密的蘇聯資料顯示，「美國與英國的情報機構支持烏克蘭與波蘭，早在對德國作戰勝利之前，就對蘇聯軍隊進行地下反抗行動。」牽制數十萬蘇聯軍隊，有數千名軍官遇害，歐洲在納粹統治之下獲得解放也因

此顯著延後，這種恐怖的結果太明顯了，居然沒有人討論。戰後這種情況繼續，沒有太大的改變。Jeffrey Burds, "The Early Cold War in Soviet West Ukraine, 1944-1948," *The Carl Beck Papers* No. 1505, January 2001，匹茲堡大學俄國與東歐研究中心。這些資料可能是到目前為止俄國解密檔案中最重要的秘密，也是最不為人所知的。

⑪ See *TNCW*, chapter 3, and my introduction to Morris Morley and James Petras, *The Reagan Administration and Nicaragua*（Monograph Series No. 1, Institute for Media Analysis, New York, 1987）.

⑫ 以色列為恐怖學專家所召開的一連串會議，在宣傳作業上有明顯的利益。以色列所召開的討論恐怖主義第二次會議，在華盛頓舉行，Wolf Blitzer 發表評論指出，該會議針對阿拉伯的恐怖主義，許多著名的演講者支持以色列的恐怖主義與侵略（尤其是一九八二年的入侵黎巴嫩），「大大提升以色列自己在美國的 Hasbara 活動，每個參與的人都這麼認為」（Blitzer, *Jerusalem Post*, June 29, 1984）。hasbara 這個字的字面上意思是「解釋」（explanation），這是以色列宣傳的用語，其前提是因為在每個問題上以色列的立場都很正確，因此只需要解釋；宣傳則是為了隱瞞。對於這個會議其他的批評意見，請見第三章註⑳。

⑬ 甘迺迪的計劃只限於雷根議程的第二與第三個政策要點；第一要點在國會民主黨的支持下頒佈法案，直接違反大眾的意願，這反映出介於中間的幾年美國力量衰落。以甘迺迪的顧問 Walter Heller 的說法，追求「國內大社會以及國外大設計」，這到現在已經不可行，所以之前的方法必須廢止。關於公眾態度上，參見 *TTT* 第五章，以及 Thomas Ferguson 與 Joel Rogers 於《大西洋月刊》（*Atlantic Monthly*, May 1986）的文章。雷根的計劃與卡特政府後期的計劃（可以說是雷根主義的延伸）之間的關係，參見 *TNCW* 第四章與第五章。亦見 Joshua Cohen 與 Joel Rogers 合著的 *Inequity and Intervention*（South End Press, 1986）。

⑭ 參見 *TNCW*，尤其是第一章與第二章。人權計劃大都是國會的創議，反映公共意識的改變，這有其重要性，儘管人權計劃有其宣傳的目的以及虛偽的利用，跟標準的指控正好相反。參見 Chomsky and Herman

合著的 *Political Economy of Human Rights*，尤其是第一卷。

⑮ *World Press Review*, February 1986.

海盜與皇帝

【目錄】本書總頁數共352頁

思想控制：中東的案例（1986）

Thought Control: The Case of the Middle East

從比較的觀點來看，美國是很少限制表達的自由，雖非獨一無二。但是用來限制自由思想的手段，其範圍與效力也是獨特非凡的。這兩個現象是相互關聯的。自由派民主政治論者長期以來就注意到，在一個人民聲音可以被聽到的社會，菁英團體必須確保這個聲音說得正確。國家越是無法以暴力護衛統治階層菁英團體的利益，越有必要利用「製造共識」（manufacture of consent）的技巧，這是套用六十年前華特・李普曼（Walter Lippmann）的話，或者用美國公關行業之父愛德華・伯內斯（Edward Bernays）所偏好的用詞，他說這叫做「共識工程」（engineering of consent）。

一九三三年出版的《社會科學百科全書》（*Encyclopaedia of the Social Sciences*），拉斯威爾（Harold Lasswell）在「宣傳」（propaganda）這一條目的解釋是，我們千萬不可以屈服於「民主的教條主義，聽任民衆爲自己的利益做最好的判斷」。我們必須找出方法，確定人民能夠爲高瞻遠矚所做的決策背書。統治菁英階層早就知道這一點，所以才會出現公共關係這一行業。使用暴力以保證人民順從的國家，統治者可能傾向於「行爲主義者」的概念：人民順從就夠了，他們在想什麼不重要。至於沒有使用適當手段進行強制的國家，控制人民想什麼也就很重要。①

歐威爾主義與新語言

無論政治立場如何，知識份子普遍都有這種態度，即使狀況改變，在政治光譜上改變他們的立場，通常還是維持這種態度。備受尊重的政治神學家雷茵霍・尼布爾（Reinhold Niebuhr）在一九三二年就曾經提過，當時他是以基督教左派的觀點出發，由於「一般人愚昧無知」，「冷靜的觀察者」有責任提供「必要的幻想」（necessary illusion），讓比較缺乏天賦的心靈逐漸灌輸信心。②列寧主義以及美國社會科學與自由主義者的評論，通常也有類似的教條學說。以一九八六年四月轟炸利比亞爲例，這無疑是美國公共關係的一大成功。在「皮若亞（Peoria）玩得很成功」，而且有「正面的政治影響」應該可以「使得雷根總統在國防預算與援助尼加拉瓜反抗軍（Contras）等問題上對於國會態度更強硬」。根據學院派公共意見專家艾佛瑞・拉德（Everett Ladd）的說法，「這種公共教育活動是治國權術之本」，他還說，總統「必須致力處理民主共識工程」。在公關界與學術圈盛行的歐威爾主義（Orwellism），爲壞蝕民主參與形塑公共政策上的意義提供了說辭。③

當國家政策站不住腳時，「民主共識工程」的問題就更加尖銳，而且議題越是重要，此一問題也更加嚴重。中東政策就是很嚴重的議題，尤其是以阿衝突，一般人都認爲，這個區域衝突的「火藥庫」非常有可能引發強權國家毀滅性的核子戰爭，聽起來似乎有點道理。此外，美國政策對於維持國家軍事對立有實質上的貢獻，而且美國政策是根據不可明說的種族主義的假設，如果挑明了說就無法容忍。大衆的態度與國家政策也有很大的分歧，民意調查通常支持建立巴勒斯坦國家，但是國家政策卻明確排除此一選項。④不過只要政治活動積極，並讓人民持續得到適當訓誡，分歧也不會太長久。爲了確保這種結果，有必要實行美國歷史學家所說的「歷史工程」，他們將這種才華用於威爾遜政府第一次世界大戰時期，這是早期有組織的「製造共識」。達成這種結果有許多途徑。

一個方法是設計適當形式的「新語言」（Newspeak），關鍵性的語辭有一個技術性的意義，而且跟平常的意義不一樣。例如，「和平進程」（peace process），就美國大衆媒體與學者一般地用法，其技術性的意義是指美國政府所提出的和平方案。思想正確的人希望約旦能夠加入和平進程，也就是能夠接受美國的要求。問題在於巴解組織是否同意加入和平進程，或是獲准加入此一和平大典。貴茲曼（Bernard Gwertzman）在《紐約時報》對於「和平進程」寫了一篇評論，標題是「巴勒斯坦人準備好尋求和平嗎？」⑤以「和平」的正常意義來說，答案當然是「是的」。每個人都按照他們自身的意義在尋求和平；例如，一九三九年希特勒也是在尋求他自己所謂的和平。但在思想控制的體系裡，這個問題則另有他義：巴勒斯坦人準備接受美國的和平嗎？這些和平術語否定了巴勒斯坦人民族自決的權利，但是不願意接受這個結果，就技術上的意義又證實了巴勒斯坦人不尋求和平。

值得注意的是，貴茲曼沒有必要問美國或以色列是否「準備好尋求和平」。對於美國來說，當然準備好尋求和平，對於行爲良好的夥伴國家來說，新聞界也認爲一定準備好了。

貴茲曼進一步斷言，巴解組織總是拒絕「與以色列進行任何和平談判」。這是錯誤的。但在報紙刊載所塑造出來「必要的幻想」世界中，這卻是正確的。這些恪盡其職的刊物不是壓抑相關的事實，就是將事實拋入歐威爾的記憶洞（memory hole）裡。

當然，阿拉伯人也有和平方案，包括巴解組織的方案，但它們不是「和平進程」的一部份。因此，《紐約時報》耶路撒冷特派員湯姆斯·佛里德曼（Thomas Friedman）發表一篇評論：〈中東尋求和平二十年〉，將阿拉伯人（包括巴解組織）所提出的和平方案排除在外；也沒有列出以色列的方案，因爲根本沒有眞正的方案提出，這是沒有討論過的事實。⑥

官方的「和平進程」以及阿拉伯人被排除的方案，到底有什麼特色？回答這個問題之前，必須澄清另一個技術性名詞：「拒絕承認主義」（rejectionism）。以歐威爾主義者的用法，這個名詞專門用在否認以色列猶太人民族自決，或是拒絕接受以色列「存在權利」的阿拉伯人，這是一個新奇又巧妙的概念，其作用是阻止「和平進程」納入巴勒斯坦人的方案，凸顯出那些拒絕承認搶奪他們家園的搶匪是「極端主義」；還有那些堅持傳統觀點的人，雖然國家在國際秩序中得到承認，但是他們抽象的「生存權利」則不被承認。

在阿拉伯世界中，「拒絕承認主義」適用於：利比亞、巴解組織少數的「拒絕承認陣線」（Rejection Front）及其他。但是應該注意的是，在官方的「新語言」中，這個名詞有嚴格的種族主義意義。拋棄這樣的假定，我們發現有兩群人宣稱在舊巴勒斯坦這塊土地上有民族自決的權利，土生土長的居民以及取代原住民的猶太移民，而這些猶太移民有時候是以大量的暴力取得土地的。可想而知，原來居民的權利並不比猶太移民少（有些人可能認爲這樣說不過分，不過這問題且先擱置）。如果這樣，那麼「拒絕承認主義」應該用來指稱拒絕其他敵對族群有民族自決的權利。但是在美國教條體系內，此一名詞不能有非種族主義的涵義，否則立刻會被認爲是美國與以色列在領導拒絕承認的陣營。

如此澄清之後，我們才可以問這問題：「和平進程」是什麼？

官方的「和平進程」很顯然是「拒絕承認主義者」，包括美國與以色列兩大政治團體。事實上，他們的拒絕承認是很極端的，巴勒斯坦人甚至不能選擇自己的代表來談判他們命運的事務；在以色列軍事佔領下，不承認他們的地方自治選舉，或是其他民主的形式。在議程中有沒有非拒絕承認主義者的和平方案？在美國教條體系內，照定義來講，答案當然是「沒有」。在眞實世界中，那就不一樣了。此一方案的基本用語是很熟悉的，反映出一種廣泛的國際共識：在西岸與迦薩走廊沿著以色列建立巴勒斯坦國家，而且原則是「最重要的是，確保該地區所有國家的安全與主權，包括以色列在內。」

以上引述的話，是一九八一年二月布里茲涅夫（Leonid Brezhnev）在蘇維埃共黨大會上的演講，表達出蘇聯一貫立場。《紐約時報》摘錄布里茲涅夫的演講，但是這些重要段落卻遭刪除；雷根在高峰會之後的聲明，蘇聯《眞理報》（*Pravda*）曾經做節錄，引起美國人相當憤慨。一九八一年四月，巴解組織全體一致認同布里茲涅夫的聲明，但是《紐約時報》都沒有報導。官方說法則視蘇聯此舉措僅僅是找麻煩和阻礙和平，所以才支持阿拉伯人的拒絕承認主義與極端主義。媒體則是忠實地完成他們該扮演的角色。

另外還有個例子。一九七七年十月，卡特與布里茲涅夫發表聯合聲明，要求以色列與鄰國「終止戰爭狀態，建立正常的和平關係」。巴解組織贊同此聲明，但是在以色列與美國遊說團強烈反應之下，卡特撤回此聲明。一九七六年一月，約旦、敘利亞與埃及支持一項提議，在聯合國安理會下，兩國解決紛爭。這項決議包含聯合國二四二號決議案的重要文字，是相關外交的核心文件，保證該地區每個國家「在安全以及被承認的國界內和平生活」。巴解組織贊同這個提議，根據以色列總統赫佐格（當時出任駐聯合國大使），巴解組織已經「有準備」。差不多全世界都支持，但是美國卻否決了。⑦

這些事情多已從歷史上被抹煞，新聞界與學術界也都忽視不管。塞斯・提爾曼（Seth Tillman）在《美國與中東》（*The United States and the Middle East*, Indiana, 1982）一書中，非常小心地評論，但是甚至沒有提到一九七六年這次國際上的創議。史蒂芬・施皮格爾（Steven Spiegel）在其備受學界推崇的著作《另一個以阿衝突》（*The Other Arab-Israeli Conflict*, Chicago, 1985, p.306）則以某些有趣的評論提及。施皮格爾寫道，美國「否決有利於巴勒斯坦的決議案」，以顯示「美國願意聽巴勒斯坦的意向，但是對於威脅以色列的要求則不會同意。」美國與以色列的拒絕承認主義再清楚不過，美國方面也認爲理所當然，其原則就是威脅到巴勒斯坦的要求都是合法的，實際上都是值得稱讚的，官方的「和平進程」即為例證。在公開討論時，除了沙達特一九七七年訪問耶路撒冷，阿拉伯國家與巴解組織從未改變拒絕與以色列達成任何協議，即為不變的基本說法。只要「歷史工程」的體系運作良好，無論事實如何都不會造成尷尬，甚至連困擾也沒有。

巴解組織與阿拉伯「對抗國家」支持一九七六年的和平方案，以色列對於此事的反應是轟炸黎巴嫩（連藉口「報復」的理由都免了，只有在聯合國安理會才說是因為報復），造成五十多人死亡，並且宣佈以色列不會跟任何巴勒斯坦人討論任何政治議題。這還是拉賓所領導的鴿派工黨政府，拉賓在回憶錄中明確指出，有兩種形式的「極端主義」：比金政府，以及「巴勒斯坦極端份子（基本上就是巴解組織）」的方案，也就是「在西岸與迦薩走廊建立巴勒斯坦主權國家」。只有工黨的拒絕承認主義不是「極端主義」，美國的評論家也認同此一觀點。⑧

媒體是意識形態的匯整

我們注意到另一組「新語言」的概念：「極端主義者」與「溫和主義者」，溫和主義者是接受美國立場的人，而極端主義者就是不接受的人。因此美國人的立場顯然是溫和的，就跟以色列工黨聯盟（廣泛而言）一樣，因爲他們的口徑與美國比較接近。拉賓使用「極端主義者」與「溫和主義者」名詞，行事風格也比照遵行。同樣地，《紐約時報》以色列特派員佛里德曼探討「極端主義者」與其優勢，認爲配合國際輿論贊成非種族主義者也是「溫和主義者」，雖然西方拒絕承認主義陣營的領導人也是恐怖份子的領導人。佛里德曼寫道：「極端主義者總是比較善用媒體。」他說得很對，以色列與美國在這方面顯得無人可比，就如同他自己的文章與新聞報導所顯示的。⑨他的歷史與新聞報導的概念架構，就是極端主義者善用媒體的成功例子，其他還有許多例子。

拉賓對於美國的要求大體遵從，所以贏得「溫和主義者」稱號，《紐約時報》遵照拉賓等人的以色列模式，採取的概念架構將事實與議題搞得令人無法理解。因此很自然地，佛里德曼的評論〈中東尋求和平二十年〉，將美國與以色列拒絕大多數方案的事情略而不提，其實這是歪曲史實。同時，《紐約時報》的編輯讚揚以色列的領導人是「健康的務實主義」，譴責巴解組織阻礙和平之路。⑩

媒體是意識形態體系的匯整，對以色列與美國來說相當重要，但是對阿拉伯極端主義者卻不太寬容。這樣的報導居然沒有人揶揄奚落，也說明教條體系做得很成功。

回到正式的「極端主義者」，一九八四年四月至五月，阿拉法特（Yasser Arafat）提出一系列聲明，要求協商促進雙方承認。美國報紙拒絕刊載此事；《紐約時報》甚至攔截提及此事的讀者投書，而且繼續譴責阿拉法特是妨礙和平解決的「極端主義者」。⑪

這些例子以及更多的例子都顯示出，非拒絕承認主義者的方案得到廣泛支持；除了有些變動之外，大部份的歐洲國家、蘇聯、不結盟國家、阿拉伯主要國家，以及巴解組織的主流，還有美國大多數人的意見（從一些民調來判斷）都予以支持。但是這些方案沒有納入和平進程中，因爲美國政府反對。從《紐約時報》的評論〈尋求和平二十年〉，以及新聞界甚至學術界，都可以看出這現象很普遍。

還有其他事件不適合放入和平進程中。例如，沙達特（Anwar Sadat）於一九七一年二月，配合美國官方政策，提出一項國際承認邊界的完全和平協定，但是以色列在美國支持下予以拒絕，《紐約時報》的評論對此絕口不提。這個方案是拒絕承認主義者提出，對於巴勒斯坦人沒有提供什麼好處。季辛吉在回憶錄中解釋當時他的想法：「除非有些阿拉伯國家願意與蘇聯疏遠，或是蘇聯準備停止其最大化阿拉伯的計劃（maximum Arab program），我們沒有必要修改『靜態現狀』（stalemate）的政策。」就技術上的意義來說，蘇聯是極端主義者，美國的政策跟蘇聯的最大化阿拉伯的計劃相去甚遠。季辛吉說得沒錯，像沙烏地阿拉伯等阿拉伯國家拒絕「跟蘇聯疏遠」，但是他沒有看到，顯然也一直都不知道，這在邏輯上是不可能的：沙烏地阿拉伯跟蘇聯甚至沒有外交關係，也從來沒有。這些令人驚訝的聲明，媒體與學術界沒有予以批判，可以看出他們令人欽佩的紀律，也沒有負責的評論者敢指出，季辛吉的昧於事實與堅持軍事對立，乃是導致一九七三年戰事的主要原因。⑫

沙達特的和平方案已從歷史記載抹煞。⑬標準的說辭是，沙達特是個典型的阿拉伯惡棍，只對殺害猶太人感興趣，一九七三年他企圖摧毀以色列失敗之後，發現自己走的路是錯誤的，在季辛吉與卡特好心監護之下，成爲一位愛好和平的人。沙達特遭到暗殺之後，《紐約時報》刊登兩頁的訃聞，不僅隱瞞事實，還明確地否認事實。說沙達特直到一九七七年訪問耶路撒冷，都不願意「接受以色列是主權國家存在的事實。」⑭《新聞周刊》（*Newsweek*）甚至拒絕刊登其專欄作家喬治・威爾（George Will）駁斥扭曲事實的一封公開信，而研究部門私底下承認他說的都是事實。這種事情層出不窮。

「恐怖主義」與「報復」在教條體系中，也有特殊的意義。「恐怖主義」指的是各種海盜所進行的恐怖行動，尤其是指阿拉伯人。皇帝及其夥伴所進行的恐怖行動，就叫做「報復」或者是「合法預防性打擊以避免恐怖攻擊」。名詞都與事實無關，以下幾章將會討論。

「人質」一詞，就像「恐怖主義」、「溫和主義」、「民主」以及其他政治的名詞一樣，在統治者教條體系中也有其技術性的歐威爾式意涵。按照字典上的詮釋，尼加拉瓜的人民現在已經成爲恐怖行動的人質，而這國際恐怖行動的中心就在華盛頓與邁阿密。這個國際恐怖主義活動的目的，是要尼加拉瓜政府改變行爲，最重要的是，停止將資源轉讓給貧窮的大多數人民，回歸到有利於美國商業利益與當地夥伴的「溫和」與「民主」的政策。有個案例可以說明這是美國以恐怖戰爭對付尼加拉瓜的主要原因，這個案例官方沒有否認，但有點不太能夠公開討論。⑮這是恐怖主義中特別殘酷的行動，不只是因爲其規模與目的，也是因爲所採用的手段，超過平常的恐怖份子在平民中引起的恐怖。恐怖份子殺害利昂·克林霍弗與娜塔莎·辛普森（Natasha Simpson），但是美國與夥計國家訓練與支持的恐怖份子，又幹過多少殘忍酷刑、肢解與強姦，只是記錄通常被消除。美國的政策很清楚，就是持續恐怖攻擊，直到該政府投降或是被推翻，而皇帝的走狗這時候就會說出「民主」與「人權」的話使人寬心。

「恐怖主義」與「人質」最常見的技術性用法，就是限定用在特定階層的恐怖份子行動：海盜的恐怖主義，以及大規模挾持人質的行爲。在中東，炸彈謀殺、海盜行爲、挾持人質、攻擊沒有武裝的村莊等等，如果是由華府或是夥計國家以色列所幹的，只要在教條體系內有合理的解釋，就不算是恐怖主義。

關於恐怖主義欺騙世人的記錄，以後幾章我會討論，這問題對於西方文化的本質很有啓發性。歷史與各種言論將巴勒斯坦人說成恐怖主義者，而以色列則是「報復」，或者有時候進行「合法的先發制人」，偶爾反應過於粗暴令人感到遺憾，任何國家在這種難堪的環境下都會這樣做。教條體系的設計是確定這些結論在定義上是眞實的，無論事實如何，有沒有報導，或者是報導符合教條的需求，或者是偶爾誠實報導，但是接著就被扔進記憶洞裡。由於以色列是非常忠誠又有用的夥計國家，是美國在中東的「策略性資產」，而且當美國政府爲了避免國會的監督，像是在瓜地馬拉進行幾近種族滅絕的行動，以色列也願意承擔。所以不管事實如何，以色列有最高的道德價值，是「純淨的戰爭」（purity of arms），而巴勒斯坦人根本就是極端主義、恐怖主義與野蠻暴行的象徵。

一九七〇年代初期，季辛吉接管中東的決策，維持軍事對抗與季辛吉模式的「靜態現狀」，以色列就在中東與其他地方充當美國的「策略性資產」，這也有助於解釋美國爲什麼對以色列盡力幫忙。⑯如果美國配合國際共識，允許和平解決，以色列將會逐漸跟該地區融合，美國就會失去一個有價值的傭兵國家。對於美國來說，以色列是個附庸國，在軍事上託付重任，技術又先進，以色列的經濟與軍事完全依賴美國，因此願意爲美國做任何服務。

一九八三年，以色列著名的新聞記者丹尼・魯賓斯坦（Danny Rubinstein）訪問美國，他發現所謂「以色列遊說團」的要素有一種利害關係，就是要維持軍事對抗。⑰魯賓斯坦跟猶太人的組織代表開會（B'nai Brith、Anti-Defamation League、世界猶太人會議、Hadassah、各宗派的猶太祭司等），發現根據以色列目前的狀況，他的出現引起很大的敵意，因爲他強調以色列並沒有因爲接管佔領區，而面對許多「政治、社會與道德的破壞」。一位官員告訴他：「我沒有興趣，這樣的辯論我也無能爲力。」魯賓斯坦從多次意見交換中發現，重點是：

> 根據猶太人集團大多數人的意見，重要的是一再強調以色列面臨的外來危險……美國的猶太人集團只需要以色列充當阿拉伯殘暴攻擊的犧牲者。這樣以色列才能得到支持、捐助與金錢。因為以阿人口懸殊，因為以色列有被併吞的危險，所以才能得到捐款？……每個人都知道，美國猶太聯合募捐協會（United Jewish Appeal in America）用以色列的名義勸募，大約有一半的錢沒有交給以色列，而是交給在美國的猶太機構。這不是很可笑嗎？

魯賓斯坦繼續評論募捐協會，他說：

管理嚴格，像是一家很有效率的企業，跟以色列鷹派立場一致。另一方面，他們認為，企圖與阿拉伯溝通、推動與巴勒斯坦人互相承認、溫和主義鴿派，這些都會妨礙募款工作。他們不只是減少轉給以色列的錢，更重要的是，減少猶太社區活動的經費。

如果你經常觀察以色列遊說團推行其思想策略的各種活動，就會了解魯賓斯坦的遭遇。以色列遊說團相當敏銳，一察覺有人提出和解及進行有意義的政治解決，即使是小小的暗示，就會在媒體上刊登措辭強烈的文章與投書，斥責抹黑這些異端邪說者。

魯賓斯坦的評論讓我們注意到另一個歐威爾主義：「以色列支持者」這個名詞，傳統上是用來指那些對於以色列的「政治、社會與道德摧毀」毫無困擾的人（長期來看，很可能也有身體上的破壞），按照以色列鴿派經常提出的警告，這些支持者「盲目愛國主義與狹隘心胸」確實造成以色列「無情不妥協的姿態」。⑱

以色列軍事史學家穆佩樂（Meir Pail）上校（已退役），一再提到類似的觀點，他譴責美國猶太社區對於「猶太要塞國家的偶像式崇拜」，警告說，由於他們的拒絕承認主義「將以色列這個國家轉變成像是神話故事中的戰神」，這個國家將會成爲「錯綜複雜的國家，有南非的種族主義國家結構，以及北愛爾蘭暴力與恐怖行動的社會組織」，「在二十一世紀政治學上有獨創的貢獻：獨一無二的猶太國家，讓每個猶太人引以爲恥，無論他身在何處，而且不只是現在，以後也都如此。」⑲

以自由之名洗腦

同樣地，扮演護衛純粹教條角色的人，對於「猶太復國主義」（Zionism）這個名詞的定義彼此心照不宣，這其實很有趣。例如，我自己的觀點就經常被人譴責爲「反猶太復國主義激進派」（militant anti-Zionism），那些人非常了解我的觀點，我也一再清楚地表達。以色列在國際所認可的國界內，應該遵行國際制度訂定的國家權利，不能多也不能少。任一國家，包括以色列，在法律與執行上有差別對待，給予某類公民（猶太人、白人、基督徒等）特殊地位，使得他們有權利否定其他人，這種歧視的架構應該去除。在此我不打算討論什麼才是「猶太復國主義」，我只是要指出，他們認爲這些觀點是「反猶太復國主義激進派」，因此他們也認爲「猶太復國主義」就是要超越其他國家的權利，必須維持對佔領區的控制，因此禁止巴勒斯坦人任何有意義的自決形式；而且必須維持一個立國基礎是建立在歧視非猶太人公民的國家。聯合國決議案宣稱「猶太復國主義」是種族主義，那些宣稱自己是「以色列支持者」的人，卻又堅持聯合國決議案的合法性，這實在很有趣。

這些問題不只是抽象與理論而已。以色列的種族歧視問題相當嚴重，例如，藉由複雜的法律與行政執行法規，超過百分之九十的土地在組織的控制下，這些組織是爲了「猶太教、猶太種族或是猶太祖先的人」的利益，所以非猶太裔的公民等於被排除在外。歧視的做法相當深刻，甚至不能在國會中提出這問題，國會通過新的法律，禁止提出「否定以色列是猶太人國家」的任何法案。這等於從立法上予以限制，國會如果討論國家的種族歧視，就是違法的，這也有效禁止政黨推動「國家屬於全體公民」的民主原則。⑳

這些新的法律伴隨著「反種族主義」的法案而通過（有四票反對，事實上他們是反對實施的方法），值得注意的是，以色列的媒體與大多數受過高等教育的人，似乎不覺得奇怪。《耶路撒冷郵報》（*Jerusalem Post*）的標題是：「國會禁止種族主義與反猶太復建國主義的法案」——「猶太復國主義」這名詞，沒有負面機刺意味地置入新律法中解讀詮釋。在美國的《耶路撒冷郵報》讀者顯然察覺不出「種族主義」與「反猶太復國主義」以此方式並列有何不妥，正如他們的「猶太復國主義」，是以追求國家民主之名，骨子裡卻是反民主的，兩者間毫無扞格之處。

「反閃族主義」（anti-Semitism）這個概念的巧妙運用也值得注意，例如，用來指那些「反帝國主義的笨蛋」（反閃族主義的變種），那些人反對以色列在第三世界為美國服務所扮演的角色，像是在瓜地馬拉。巴勒斯坦人如果拒絕接受「重新安置與部份遣返」以解決他們的問題，那麼也會被稱之為「反閃族主義者」。一九四八年，以色列軍隊在清理土地行動中於杜耶瑪（Doueimah）村莊屠殺數百人，而迦薩走廊環境就像是索威托（Soweto，譯註：由西南小鎮〔South-western Townships〕字首組成，是南非黑人礦工臨時住宿區，後發展成為最大的黑人都會，也是反種族隔離的中樞）。杜耶瑪殘餘的村民或是迦薩走廊的居民，如果不願意接受「重新安置與遣返」，那就證明他們是受到「反閃族主義」所煽動。㉑回顧過去，只有史達林主義才會有類似的行為，但是美國的知識份子卻認為以色列這樣做也沒什麼，而以色列的鴿派對這種可恥的行為予以譴責。

「以自由之名洗腦」（brainwashing under freedom）這個制度的主要手段，是在可能最自由的國家所發展出來最令人印象深刻的方式，這方式就是鼓勵對於政策議題辯論，但是要在預設的架構下，而這個架構勢與基本的教條相配合。辯論越是激烈，這些前提越能夠逐漸深入人心，使參與者與旁觀者消除疑懼，更有勇氣自我催眠。越戰就是一個例子，意識形態機制允許鷹派與鴿派進行辯論；事實上，不只是允許辯論，一九六八年甚至鼓勵辯論，因爲當時許多美國產業轉而反對戰爭，認爲花費太大，傷害他們的利益。鷹派認爲只要有決心，美國一定可以「保護越南免於遭受共黨侵略」。鴿派質疑其可行性，強烈反對過度使用武力與暴力去追求這個目標。他們爲「錯誤」與「誤解」感到悲傷，認爲我們「正直無私的善心」被誤導（哈佛大學史學家費正清〔John King Fairbank〕，美國亞洲研究主任，著名的學術界鴿派人物），「粗魯地努力去做好事」（安東尼・路易斯，媒體鴿派領導人）。有時候他們會問，到底北越與越共有沒有侵略；他們認爲，也許這項指控被誇大了。

坦白說，越戰的眞相是，美國並非護衛這個「實質上由美國所創造出來的國家」。㉒相反地，美國在攻擊這個國家，從一九六二年起，美國空軍開始轟炸南越，化學武器（落葉劑與破壞農作物的藥物）迫使數百萬人進入營地接受「保護」，以免他們支持南越的游擊隊（美國政府私下承認）。美國暗中破壞政治解決的所有可能之後，就扶持一個已經殺害幾萬名南越人民的附庸政權。越戰期間美國主要的攻擊目標是南越，而且還很成功，到了一九六〇年代後期，將戰火蔓延到中南半島其他地方，徹底破壞南越的抵抗力量。蘇聯攻打阿富汗，我們認爲那是侵略；美國攻打南越，卻叫做「防衛」。一九六四年，阿德雷・史蒂文生（Adlai Stevenson）在聯合國宣稱，這是針對「內部攻擊」的防衛；甘迺迪總統說這是對抗「從內部的攻擊」。

美國對南越進行攻擊，是不容否認的，然而這種想法卻不能夠表達，甚至是無法想像的。主流媒體或是學術界，甚至於和平運動大多數的出版品，都找不到「美國攻擊南越」的任何暗示。㉓

思想控制體系的力量太大，因此北越是否侵略，以及美國在國際法之下是否有權與北越作戰，進行「共同自衛對抗武裝攻擊」，這些都沒有經過辯論。許多學者發表文章辯護相對的立場，在和平運動之下，終於公開進行辯論。成就令人印象深刻：辯論的焦點集中在越南人在越南是否犯下侵略罪，這樣一來美國是否侵略南越就不用再討論了。我參與這場辯論，完全知道這是怎麼一回事，我只能說，國家暴力陷入困境，被效力驚人的宣傳體系所纏住。想要評論美國參與越戰的人，必須是專家才能了解中南半島錯綜複雜的事務。但是這問題是美國的事務，大部份不相干的事務可以略過，就像我們不需要成爲專家也可以反對蘇聯侵略阿富汗一樣。這問題始終有必要進行公開辯論，不過務必了解的是，這樣做是對教條體系做更大的貢獻。簡單說出事實眞相是替代性做法，不過這對美國人來說等於雞同鴨講。

目前對於中美洲的辯論也是一樣。美國在薩爾瓦多的恐怖主義戰爭，有聲望的人都不願意討論此事，好像不存在似的。美國努力「包容」尼加拉瓜，就是可以討論的題材，只是有點限制。我們可以質疑，使用武力「切除癌細胞」（國務卿舒茲說的）是否正當，以及以武力干預桑定政權輸出「無國界革命」是否正當，其實「無國界革命」是國家宣傳體系幻想出來的東西，是新聞記者與其他評論家所炮製出來的名詞。但是，我們無法討論「癌細胞」是否應該割除，以免散佈「傳染」整個地區。政府官員有時候拐彎抹角地承認事實，他們解釋說，美國支持的武裝部隊已經成功地「迫使桑定政權轉移僅有的物資投入戰爭，無法再插手社會計劃。」㉔

一九八六年前三個月，國會進行了激烈辯論，是否要對美國支持的軍隊（這是最熱烈支持的議員私底下的描述）給予援助，從宏都拉斯與哥斯大黎加的美國基地攻擊尼加拉瓜，全國性報紙（《紐約時報》與《華盛頓郵報》）的專欄作家以及特約撰稿人，共發表八十五篇評論美國對尼加拉瓜的政策。眾口一致批評桑定政權，從尖酸刻薄（絕大多數）到溫和批判。這就是所謂的「公共辯論」。桑定政權早年實施社會改革相當成功，這事實不容置疑，卻都沒有人提起。在八十五篇專欄中，只有兩段提及社會改革的事情，而這正是美國攻擊的基本原因，這幾乎不是什麼重大秘密，也都無人提起。

爲桑定政權辯護的人，就會受到嚴厲的譴責（匿名批評讓你沒有機會回應，任何事件都可能出現這種情形），但是這些罪犯並沒有機會表達他們的觀點。樂施會（Oxfam，譯註：爲 Oxford Committee for Famine Relief 的縮寫，也譯爲牛津饑荒救濟委員會）在七十六個開發中國家參與政治領導的工作，以「改善人民的狀況，並且鼓勵他們主動參與開發過程」，結論中也沒有提到尼加拉瓜是「特殊的」（exceptional），樂施會在四個中美洲國家進行工作，「只有尼加拉瓜確實努力處理土地分配不公，並且加強對貧窮的農民家庭健康、教育與農業等方面的服務」，然而反抗軍戰爭終止這些事情，使得樂施會從發展計劃改變爲戰爭救濟。全國性報紙允許討論美國進行割除「癌細胞」，這實在不可思議。對於應該跟邪惡帝國的前哨基地（outpost）戰鬥的正確方式，可以進行辯論，但是在全國性論壇上不能超越所允許的界線。㉕

在獨裁或是軍事統治下的「民主」，政黨的路線方針是很清楚明顯的，不是由「眞理部」（Ministry of Truth，譯註：歐威爾《一九八四》中的國家文宣機器）來宣佈，就是以其他方式表明。而且必須公開遵守，違反的代價可能是坐牢或在恐怖的條件下被放逐。像是蘇聯與東歐衛星國家，經常有駭人聽聞的虐刑、強姦、羞辱與大屠殺，像薩爾瓦多這種典型的美國附屬國也一樣。在自由的社會裡，這些手段就不能用，必須用更巧妙的方法。政黨的路線沒有淸楚表明，而是預先假定。異議人士不會坐牢，也不會被毒打羞辱之後扔到溝渠，但是民衆無法接觸到他們的異議。在主流價値觀之內，他們奇怪的言論幾乎不可能被聽到，甚至也無人能理解。中古世紀認爲有必要嚴肅看待異端邪說，以理性的辯論去了解與對抗。今天有許多人提出許多概念，都被指爲異端邪說，像是「道德等效」（moral equivalence）、「馬克思主義者」（Marxist）、「激進派」（radical）……沒有進一步的辯論與說明，就這樣予以駁斥。這些教條危險又難以表達，甚至成爲少數好戰的「新正統」（new orthodoxies）[26]對抗的目標（正確地說，就是貼上標籤然後以恐怖行動加以壓制），這些少數人霸佔公共意見表達。但是大多數的異議被忽略，所謂辯論只是那些接受信仰教條的人，對於一些狹隘或是不重要的議題發表意見。

美國幾乎沒有新聞檢查，但思想控制卻是個興旺的行業

回到我們目前討論的中東問題，情形也是一樣。我們可以辯論是否應該允許巴勒斯坦人進入「和平進程」；但是美國與以色列領導拒絕承認主義的陣營，持續阻撓任何眞正的「和平進程」，而且往往是以嚴重的暴力手段，這些事情就不允許我們去了解。關於恐怖主義，有位重量級學者警告說，我們應該避免「過度單純化」，

而且應該「探究目前中東與伊斯蘭基本教義的社會與意識形態根源」，這才是引起「棘手問題的眞正根源」；我們應該設法了解是什麼因素導致恐怖份子追求這種可怕的行爲。㉗對於恐怖主義的辯論畫出很清楚的界線：在這一端，有人認爲那只是邪惡帝國與其代理人的陰謀；在另一端，我們發現有人的想法比較公平，避免「過度單純化」，不斷研究阿拉伯與伊斯蘭恐怖行動的內部根源。中東的恐怖主義可能有其他的源頭，也就是說皇帝與其附庸可能介入，可是這些想法都被事先排除；這不是否認，而是這樣才會有難以置信的成果。

自由鴿派的溫和主義者一直扮演重要的角色，設定好我們可以思考的範圍，以確保教條體系的正常功能。

亨利・梭羅（Henry David Thoreau）在他的《日記》（*Journal*）一書說明他不浪費時間看報紙，如是寫道：

> 沒有必要制定檢查媒體執照的法律。有法律就夠了，而更重要的是自律。實際上，社會大眾已經一致同意什麼事情應該表達出來，言論有一定的範圍，超越範圍的人就會被驅逐出去，因此沒有人敢表達其他意見。

他的陳述還不夠精準。哲學家約翰・杜蘭（John Dolan）說：「不是人民缺乏勇氣表達允許範圍之外的思想，而是他們被剝奪思考這種思想的能力。」㉘這才是重點，「民主共識」的操控目的。

威爾遜國際中心的華特・瑞奇（Walter Reich）在《紐約時報》提到阿奇里勞洛號劫持事件，要求以嚴格的司法標準處理「恐怖活動謀殺罪嫌」，無論是執行者或策劃者都一樣：

> 恐怖份子認為自己是被剝奪與受到欺凌的自由鬥士，如果接受這樣的概念而處以較輕的懲罰，那就破壞了司法的基礎。這樣是接受恐怖份子的說辭，他們受到苦難，他們的正義與權利的概念是正當的……巴勒斯坦人以及任何使用恐怖主義以滿足怨恨的組織，應該揚棄恐怖行動，尋找其他方法，採取和解的方式來達成目標。即使受到迫害剝奪者，西方民主國家應該拒絕任何理由的辯解，這樣才能「減少」恐怖主義殘害無辜的責任。

說得非常義正辭嚴，如果這嚴格的法令也能用在自己身上，也用在皇帝與其夥伴，那就可以當眞；如果不行，這些苛責跟世界和平委員會以及其他共產陣線組織談到關於阿富汗抵抗軍的殘酷暴行所用的辭令一樣，陳義過高而不切實際。

台拉維夫大學雅法戰略研究中心（Jaffee Center for Strategic Studies）副主任馬克・海勒（Mark Heller）解釋：「國家所支持的恐怖主義是低度衝突（low-intensity warfare），因此受害者，包括美國，有理由以各種方法反擊。」然後其他「低度衝突」與「國家支持的恐怖主義」的受害者，也有理由以各種方法反擊回去。這些受害者包括薩爾瓦多人、尼加拉瓜人、巴勒斯坦人、黎巴嫩人，以及世界各地被皇帝與其代理人迫害的無數人民。㉙

如果我們接受一項基本的道德原則，這些推論才是眞實，這個原則就是：我們要求別人的標準，也適用在我們自己（認眞說起來，甚至要更嚴格）。但是那個原則，以及採納這個原則之後應該做什麼，一般知識份子卻不是很明白，幾乎沒有人在刊物上表明，只是要求嚴厲懲罰其他人的罪行。事實上，如果任何人要清楚表達這些格言的邏輯推論，可能會被起訴，罪名是煽動暴力份子暴力攻擊美國與其盟邦的政治領導人。

在美國，最質疑的聲音也同意「格達費上校公開支持恐怖主義，簡直就是囂張的魔鬼」，「沒有理由讓兇手逍遙法外，如果你知道他們的主使者是誰。報復將會殺害一些無辜的人民，或者說兇手國家永遠不怕報應，都不是決定性的因素」（安東尼・路易斯）。㉚這個原則完全適用於世界上為數衆多的人民有理由可以暗殺雷根總統與轟炸華盛頓，「即使這樣的報復可能殺害一些無辜的百姓。」如果這裡所舉的例子都無法表明這麼簡單的道理，也沒有人可以理解，那我們認為自己是民主政體，簡直就是欺騙自己。

允許海盜與土匪表達他們的要求與觀念，這樣做是否適當，媒體對於這問題有過激辯。例如，NBC曾經訪問計劃劫持阿奇里勞洛號郵輪的人，播出之後受到嚴厲譴責，因為讓恐怖份子自由表達，而沒有提出抗辯，等於為恐怖份子爭取利益，這跟正常運作社會的一貫要求有很大的偏差。媒體讓雷根、舒茲、比金、裴瑞斯，以及皇帝與其廷臣自由表達「低度衝突」、「報復」或「預防性措施」，也沒有要求抗辯，這應該嗎？允許恐怖份子領導人自由表達，就是為批發恐怖主義做代理？這問題不可以問，如果有人提起，就會以不入流或討人厭來打發。

就「新聞檢查」字面上的原義來說，美國幾乎是沒有新聞檢查，但是思想控制卻是一個很興旺的行業，在一個以菁英決策、公共背書或是順從為基礎的自由社會，思想控制確實是不可少的。

註釋

① On the matters discussed here, see *TNCW*, particularly chapters 1 and 2.

② Cited by Richard Fox, *Reinhold Niebuhr*（Pantheon, 1985）, 138.

③ John Dillin, *Christian Science Monitor*, April 22, 1986.

④ "A majority of Americans across the board favors the Saudi peace plan"（Mark Sappenfield, *Christian Science Monitor*, April 15, 2002, reporting poll results）。二〇〇二年三月，阿拉伯國家採行該計劃，一再重申基於一九七六年之後的國際共識，要求採行兩個國家的政治解決，而華府一再反對。

⑤ *New York Times*, June 2, 1985.

⑥ *New York Times*, March 17, 1985.

⑦ See *TNCW*, 267, 300, 461; *FT*, 67, 189.

⑧ Rabin, *The Rabin Memoirs*（Little, Brown, 1979, 332）。爲了保持他的溫和派立場，拉賓認爲「迦薩走廊與西岸的難民」應該遷移到約旦東部；見 *TNCW*, 234，代表性的談話。關於「轉移」當地居民以解決這個問題的一貫概念，以及目前的不同意見，見 *FT*；例如，種族主義者 Rabbi Kahane 或是民主社會主義者 Michael Walzer，他們建議應該「協助」遷移那些「民族的邊緣人」（marginal to the nation），也就是以色列的阿拉伯人。「民族的邊緣人」這個名詞，將標準的民主原則與主流的猶太復國主義之間的矛盾展露無遺。關於此事的討論，請參見 *TNCW* 與 *FT*，而在美國幾乎無人討論。

⑨ 一九八二年的戰爭，佛里德曼從黎巴嫩提供認眞而專業的報導，有時候也從以色列報導。參見他對迦薩走

廊的報導，April 5, 1986。

⑩ Friedman, *New York Times Magazine*, October 7, 1984, *New York Times*, March 17, 1985; editorial, *New York Times*, March 21, 1985; and much other commentary and news reporting.

⑪ 詳情見第二章，註㊳與內文。關於「和平進程」與「拒絕承認主義」在眞實世界中的意義，以及教條體系如何消除這些事實，詳細討論請見 *FT*。

⑫ For more extensive discussion, see my review of Kissinger's memoirs reprinted in *TNCW*.

⑬ 沙達特的提議是回應聯合國調停者 Gunnar Jarring 的提議，沙達特接受他的提議。以色列正式承認這是認眞的和平提議，但是喜歡擴張領土更甚於和平。二〇〇二年五月二十九日，Jarring 過世時，美國各大報刊登他的訃聞，但是他政治生涯最重要的事蹟卻略而不提，只有《洛杉磯時報》例外，不過卻說錯了，說成雙方都拒絕 Jarring 的提議（Dennis McLellan, June 1, 2002, reprinted in the *Boston Globe*）。

⑭ Eric Pace, *New York Times*, October 7, 1981.

⑮ For discussion, see *TTT* and my essays in *U.S. International and Security Policy: The New Right in Historical Perspective, Psychohistory Review* 15. 2, Winter 1987（Lawrence Friedman, ed.）, and in Thomas Walker, ed., *Reagan vs. The Sandinistas*（Westview, 1987）. Also my introduction to Morley and Petras, *The Reagan Administration.* The record of deceit on these matters is impressive.

⑯ 這些事件，包括「戰略資產」觀念的起源、一九七三年之後的協調導致一九七九年的大衛營協定，以及美國的行動損害一九八二年九月「雷根計劃」與幾個月之後有關黎巴嫩的「舒茲計劃」，請參見 *FT*。事實的眞相當時很明顯，但是媒體與大多數學者的說法卻很不一樣，不過幾年後有部份事實被揭露：參見第二章註㊻與內文。

⑰ Rubinstein, *Davar*, official journal of the Labor Party, August 5, 1983.

⑱ General（ret.）Mattityahu Peled, "American Jewry: 'More Israeli than Israelis'," *New Outlook*, May-June 1975.

⑲ Pail, "Zionism in Danger of Cancer," *New Outlook*, October-December 1983, January 1984.

⑳詳情見 *TNCW*, 247f。關於新的法規，見 Aryeh Rubinstein, *Jerusalem Post*, November 14, 1985。關於以色列的評論，比較以色列的法律與南非的種族隔離政策，見Ori Shohet, "No One Shall Grow Tomatoes...,"*Ha'aretz* Supplement（September 27, 1985），譯文刊載於 *News from Within*（Jerusalem）, June 23, 1986，討論關於土地與其他權利的各種措施，以歧視以色列的阿拉伯公民與佔領區內的阿拉伯人。這權利涉及軍事法規，要求西岸的阿拉伯人必須取得執照才能種植果樹或是蔬菜，種種措施用來讓以色列人以不正當手段接管佔領區的土地。

㉑ Paul Berman, "The Anti-Imperialism of Fools," *Village Voice*, April 22, 1986, citing "an inspired essay" by Bernard Lewis in the *New York Review* expounding this convenient doctrine. For some other ingenious applications of the concept of anti-Semitism. see *FT*, 14f. On the Doueimah massacre. see *TTT*, 76.

㉒ Analyst, *Pentagon Papers*, Gravel edition, Beacon Press 1971, II.22。書中承認，美國的軍事威脅是一九五四年日內瓦會議無法達成政治解決的要素。

㉓ For discussion, see *TNCW* and my *For Reasons of State*（Pantheon, 1973）.

㉔ Julia Preston, *Boston Globe*, February 9, 1986.

㉕有關討論，參見註⑮。問題的重點是國家論壇允許表達的範圍，不是按照他們自己的特性來判斷個人貢獻。

㉖ See, e.g., Timothy Garton Ash, "New Orthodoxies: I," *Spectator*（London）, July 19, 1986. The comical "debate over 'moral equivalence' in the U.S."（in which only one side receives public expression despite elaborate pretense to the contrary）merits a separate discussion.

㉗ Shaul Bakhash, *New York Review of Books*, August 14, 1986.

⑱"Non-Orwellian Propaganda Systems," *Thoreau Quarterly*, Winter / Spring 1984. See my talk to a group of journalists reprinted here, and the ensuing discussion, for more on these topics.

㉙ Reich, *New York Times*, July 24; Heller, *New York Times*, June 10, 1986.

㉚ *New York Times*, April 21, 1986.

2 | *Pirates and Emperors, Old and New*

中東恐怖主義與美國意識形態體系（1986）

Middle East Terrorism and the American Ideological System

一九八五年十月十七日，雷根總統在華盛頓與以色列總理裴瑞斯會面，裴瑞斯告訴雷根，以色列已經準備在中東採取「大膽的步驟」，並且向約旦伸出「和平之手」。大衛・史普勒（David Shipler）在《紐約時報》評論指出：「裴瑞斯來訪之際，美國與以色列關係非常和諧」，他引用國務院一位官員的說辭，描述美國與以色列的關係是「非常緊密與穩固」。裴瑞斯被當成和平使者，受到熱烈歡迎，並且稱讚他「承擔和平的代價，更甚於戰爭的代價。」雷根總統說他跟裴瑞斯討論「恐怖主義的禍害折磨，已經殺害許多以色列、美國與阿拉伯的人民，帶給許多人悲劇」，又說「我們一致認爲，千萬不可因爲恐怖主義而減少我們對中東和平的努力。」①

兩位全世界恐怖活動的領導人交換意見，發表對於「和平」的概念，一位有史威夫特的小說家才華者才做得到的顚倒互換。他們更完全排除前巴勒斯坦原本居民的民族自決權利。一九八五年，裴瑞斯巡視以色列屯墾區時宣稱，約旦河河谷是「以色列不可分割的一部份」，他一貫堅定的立場是「過去是永遠不變的，《聖經》是決定我們土地命運的決定性文件」，一個巴勒斯坦國將會「威脅到以色列立即的生存」。②他對於猶太國家的概念，不只是「威脅」到巴勒斯坦人的存在，甚至是要「消滅」巴勒斯坦人，美國卻稱讚爲溫和。但是這種結論被認爲是不重要的，是在不完美的世界中的小缺點。

現任總統赫佐格於一九七二年提出一個立場，巴勒斯坦人永遠不能「在我們數千年來神聖的土地上，以任何方式成爲夥伴」。雖然以色列鴿派將阿拉伯人較多的西岸地區排除在猶太國家內，以避免他們所謂的「人口問題」，但是裴瑞斯或是以色列其他領導人，都堅守此立場，絲毫沒有退讓半步。大家都接受蓋奇「摧毀所有創議」的判斷，因爲政治行動、民主或是談判，已經是「成功的故事」，而且應該繼續下去。一九七六年一月，巴解組織與阿拉伯國家支持聯合國安理會的決議，以兩國和平解決。但是以色列在美國的支持下，一直維持總理拉賓的立場，那就是：即使巴解組織承認以色列，而且聲明放棄恐怖主義，以色列也拒絕與巴解組織進行任何談判，也不會「與巴勒斯坦人進行任何政治協商」，是不是巴解組織都一樣。巴解組織提出清楚明確的方案，裴瑞斯與雷根都不予考慮，其實他們都知道巴勒斯坦人相當支持此方案，依照一九四七年的猶太復國主義組織該方案也有相同的合法性。根據國際共識，促使兩國互相承認以解決問題的協商，多年來每次都因爲美國與以色列的突然轉向而受阻。③

以恐怖對抗恐怖

要討論「恐怖主義的殘酷折磨」，這些重要的政治實際情況可以提供必要的架構。以美國人所論述的種族主義名詞來說，阿拉伯人的作爲就是恐怖份子行動，猶太人的就不是，就像是「和平」指的是猶太人民族自決的神聖權利，但是巴勒斯坦人提出的方案就不是和平。

裴瑞斯派遣轟炸機攻擊突尼斯，根據以色列記者安農・卡佩里歐克（Ammon Kapeliouk）在現場的報導，造成二十名突尼西亞人與五十五名巴勒斯坦人死亡，隨後裴瑞斯直接到華府與他的夥伴討論和平與恐怖主義。攻擊的目標沒有防衛力量，「有幾十間房屋的度假勝地，度假小屋緊鄰巴解組織的辦公室，即使從近距離都很難分辨」。使用的武器比以前在貝魯特時更精密，顯然是「精靈炸彈」，將目標摧毀殆盡。

建築物遭受轟炸，裡面的人被炸得面目全非，無法辨認。他們拿出一疊死者的照片給我看，告訴我說：「拿去吧！」我將這些照片留在辦公室，全世界的報社沒有一家會刊登這種恐怖的照片。我聽說有個突尼西亞男孩在總部附近賣三明治，被炸得粉身碎骨，他的父親從他腳踝的傷疤認出是他。嚮導告訴我：「有些傷者從瓦礫堆中被找出來，看起來安然無恙沒有受傷。半小時之後，開始抽筋扭曲而癱瘓，最後就死掉。顯然是因為爆炸的震撼力，將他們的內臟震碎了。」④

突尼西亞在雷根的命令下，接納從貝魯特被驅逐的巴勒斯坦人。當時美國支持以色列入侵貝魯特，造成兩萬人死亡，大半個國家被摧毀。美國國防部一位將領對於以色列國防軍（IDF）以及該地區其他軍隊都很熟悉，他告訴以色列軍事記者席夫（Ze'ev Schiff）：「你們是用榔頭打蒼蠅。沒有必要攻擊那麼多平民，你們對於黎巴嫩平民的態度，讓我們感到驚訝。」以色列士兵與資深軍官也都有這種感覺，平民與囚犯所受到的殘忍攻擊與對待，讓他們感到驚駭。⑤不過，八月發生貝魯特爆炸事件之後，對於以色列入侵以及比金與夏隆的殘酷暴行，支持度提升。⑥裴瑞斯是「和平的人」，也是國際上受到尊重的社會主義者，他保持沉默，直到戰後薩卜拉／沙提拉大屠殺，以色列付出的代價越來越高。後來，黎巴嫩的抵抗造成以軍傷亡，以色列在黎巴嫩建立「新秩序」的計劃破滅。該計劃本來是以色列控制南部廣大地區，其餘地區由以色列「長槍黨」（Phalangist）盟軍與特定的穆斯林菁英共治（參見註55）。

安農・卡佩里歐克的結論是，阿拉法特無疑是以色列攻擊突尼斯的目標。有張照片是阿拉法特站在已成廢墟的辦公室中，圖說是：「他們要殺我，而不是要跟我談。」有人告訴卡佩里歐克：「巴解組織希望談判，但是以色列拒絕討論。」這麼簡單的事實，在美國卻被隱瞞，更糟的是，以種族主義為前提而認為這是不相干的。

關於攻擊突尼斯，沒有人認真懷疑美國是否有串通共謀之嫌。美國甚至沒有警告受害的盟邦突尼西亞，殺手已經上路了。以色列的飛機在空中加油並且飛越地中海，第六艦隊與該地區嚴密的監視系統居然無法監測，有人要求國會應該就軍方的無能調查，因為這讓我們及盟邦很容易遭受攻擊。《洛杉磯時報》報導說：「新聞報導現在引用政府消息來源，指出第六艦隊確實知道攻擊即將發動，但決定不通知突尼西亞政府。」倫敦《經濟學人》駐中東記者嘉佛瑞・詹生（Godfrey Jansen）報導：「這個明顯的事實，美國東岸的兩大報《紐約時報》與《華盛頓郵報》以及其他美國報紙都沒有報導，」海外的通訊社如美聯社與合眾國際社也都沒有採用這新聞，他又說：「絕對可以確定美國是被動共謀。」⑦

突尼斯轟炸事件中有一位受害人名叫瑪赫默德・慕格拉比（Mahmoud el-

Mughrabi），一九六〇年生於耶路撒冷，十六歲時已被拘留十二次。倫敦《週日泰晤士報》（*Sunday Times*）調查以色列施行酷刑（一九七七年六月十九日），他是提供消息的人之一，根據以色列猶太人朋友的回憶，「幾年之後，在軍事佔領區狀況逐漸惡化，他覺得無法在此生存，於是設法逃到約旦」。這段話在以色列軍方新聞檢查之下，東耶路撒冷的阿拉伯報紙一直無法刊登出來。⑧當然，這些事實對美國來說沒有意義，因爲《週日泰晤士報》的研究做得非常謹愼，在自由派的《新共和》相當著名，媒體卻大都沒有採用，還有許多阿拉伯人抵抗遭受酷刑，都沒有引起大衆的反應。⑨

美國允許以色列轟炸突尼斯，認爲是對「恐怖攻擊合法的回應」。國務卿舒茲打電話給以色列外交部長夏米爾（Yitzhak Shamir），確認這種判斷，告訴他說，總統與其他人「對於以色列的行動相當同情」。⑩全世界出現不良的反應之後，華府撤回公開支持，但是聯合國安理會譴責這是「武裝侵略的行動」，「公然違反聯合國憲章、國際法與行爲規範」，美國卻又照例棄權。美國的知識份子與文化界認爲，棄權就是一種嚴厲譴責，是另一種「贊成巴解組織」與「反以色列」的姿態，也拒絕對恐怖份子採取強烈攻擊。

有人或許會說，以色列轟炸並不算是國際恐怖主義，而是更嚴重的侵略罪行，像是聯合國安理會就是如此認為。或者有人認為，將別人所設計的「國際恐怖主義」的定義，套用在以色列是不公平的。我們可以參考以色列自己的說辭作為反駁，納坦雅胡（Benjamin Netanyahu）大使在國際恐怖主義大會解釋：「恐怖主義的差別因素，在於有計劃有步驟地故意造成平民死傷，以引起恐慌。」⑪顯然攻擊突尼斯與多年來以色列其他的暴行都符合這個概念，大多數國際恐怖主義則不盡然，包括恐怖份子對於以色列的大部份殘酷攻擊（瑪洛〔Ma'alot〕、慕尼黑屠殺、造成入侵黎巴嫩藉口的一九七八年海路事件），甚至於劫機或一般挾持人質，而這正是他參加會議所討論的議題。

有三名以色列人在賽浦路斯的拉拿卡（Larnaca）被謀殺，襲擊者被逮捕也接受審判，以色列說攻擊阿拉法特的巴解組織總部是為了報復此事。「西方了解巴解組織的外交專家」懷疑阿拉法特知道這次有計劃的任務。「以色列一開始也認為阿拉法特有涉入。」⑫美國為以色列恐怖主義辯護的人向我們保證：「以色列襲擊突尼斯，很精準地擊中應該為恐怖活動負責的人，」他們解釋說無論事實如何，「恐怖暴行較大的道德責任……都在阿拉法特」，因為「他是目前巴勒斯坦暴力的開山祖師。」總檢察長米思（Edwin Meese）對以色列遊說團體AIPAC演講時提到，美國將會要求阿拉法特「為國際恐怖主義負責」，這與事實顯然不符。⑬因此，任何「對抗巴解組織」的行動都是合法的，記錄顯示這些行動包含的範圍很廣。

突尼斯攻擊事件其實吻合以色列早年的作風：直接找容易受傷害的人報復，而不是找犯下暴行的行兇者。對巴解組織的標準譴責是「巴勒斯坦人不直接攻擊有防禦措施的敵人，而是攻擊以色列在義大利、奧地利等地容易下手的目標，」⑭這也是他們邪惡與懦弱本質的表現。以色列的做法一樣，而且更早就這樣做，規模也更大，卻被讚譽爲英雄行爲，是有效率的軍事行動，而且美國盟邦支持這種「純淨的戰鬥」。「報復」這個概念也引發一些問題，應該直接找誰報復。

一九八五年即將結束之際，媒體回顧「一年來國際恐怖主義的腥風血雨」，包括九月二十五日的拉拿卡屠殺，以及十月七日阿奇里勞洛號劫持事件，美國觀光客克林霍弗遭到殘忍殺害。但是，十月一日以色列攻擊突尼斯卻不包括在內。《紐約時報》於歲暮之際回顧恐怖主義，簡略提到突尼斯轟炸事件，不過認爲這是報復的案例，而非恐怖主義活動，將此事件描述爲「拚命的行動，對於巴勒斯坦人的暴力沒有什麼作用，徒然引起其他國家強烈的抗議。」哈佛大學法學教授戴秀維茲（Alan Dershowitz）譴責義大利釋放「據傳主謀阿奇里勞洛號劫持事件的人」，這是與國際恐怖主義共謀。他認爲「如果以色列恐怖份子對其他國家的公民犯下暴力罪行，美國一定也要將他們引渡」，無論是夏隆、夏米爾或是比金。這份聲明刊登當天，裴瑞斯正在華盛頓接受款待，就在突尼斯轟炸事件發生不久，對他努力奉獻和平稱讚不已，認爲在目前的氣氛之下，這樣做是很自然的。⑮

雷根對於恐怖主義的聲明，主流媒體也曾經報導討論，偶爾也有人批評這些人是虛僞的，因爲他們一方面斥責國際恐怖主義，一方面又派遣夥伴國家的軍隊，到尼加拉瓜殺害無辜、嚴刑拷打、破壞摧殘，在薩爾瓦多更是屠殺數萬人，扼殺當地的民主，以杜絕可怕的威脅，由於這些行動被認爲相當成功，因此通常沒有人注意。雷根與裴瑞斯討論和平與恐怖行動之後不久，由一百二十名醫生護士與其他衛生專業人員組成的調查團由尼加拉瓜返國，他們是由美國公共衛生協會與世界衛生組織委派的。調查團的報告指出，診所與醫院遭摧毀，衛生專業人員遇害，城市的藥房劫掠一空，導致藥品嚴重缺乏，小兒痲痺症接種計劃無法施行，暴力行動是在華盛頓與邁阿密的國際恐怖主義中心所策劃的；⑯《紐約時報》駐尼加拉瓜的記者經常配合《眞理報》駐阿富汗的記者，挖掘出尼加拉瓜反抗軍殘酷暴行的證據，這些事實也都被報社所忽略。

襲擊突尼斯是一種虛僞的手段，這種手段一向不容易掌控。假設尼加拉瓜實施報復，轟炸華盛頓，目標是雷根、舒茲與其他國際恐怖份子，「意外地」殺死十萬人。若依照美國的標準，這完全是情有可原的報復行動。拉拿卡與突尼斯交換時，二十五比一的比例都可以接受，不過為了正確一點，我們可以再加一些，至少行兇者將會成為目標，而且誰先發動恐怖行動也沒有疑問，考慮相對的人口數字，正確的死亡數目應該乘上好幾倍。雷根總統在主流報紙嚴厲批評，宣稱：「務必要將恐怖份子與其支持者繩之以法，」⑰這是為任何報復行動提供道德基礎。

裴瑞斯已經將自己塑造成追求黎巴嫩和平的人。⑱他出任總理之後，以色列在黎巴嫩南方佔領區針對平民的「反恐」計劃變本加厲，一九八五年年初的「鐵拳」行動（Iron Fist operations）達到野蠻的最巔峰。柯帝斯・威爾基（Curtis Wilkie）證實其他在現場的新聞記者的報導，他評論說：「有拉丁美洲行刑隊的特色。」例如，以色列國防軍在查拉利亞（Zrariya）村莊北方展開軍事行動，猛烈砲擊查拉利亞及附近三個村莊，以色列國防軍將所有的男人用車子帶走，殺死了三十五至四十人，有些是在車子裡被以色列坦克車輾碎；其他村民遭到毒打或殺害，紅十字工作人員被一發坦克砲彈擊中，有人曾經警告他們離開。官方說以色列軍隊與配備重武器的游擊隊發生槍戰，但是神奇地沒有傷亡全身而退。前一天，邊界附近發生自殺攻擊，十二名以色列士兵死亡，但是以色列否認攻擊查拉利亞做為報復。美國的評論員忠實地報導以色列的否認，認為所說的是事實，他們解釋：「情報顯示該鎮已經成為恐怖份子的基地……至少三十四名什葉派的游擊隊在槍戰中被殺，一個小鎮有一百多人被逮捕遭受審問。」（艾瑞克・布蘭達〔Eric Breindel〕），這顯示什葉派恐怖行動網絡的規模。現場的記者發現，以色列士兵不知道政黨的方針，在城牆上以阿拉伯文寫著「以色列國防軍的復仇」。⑲

以色列在其他地方對著醫院與學校開火，並且搜尋「嫌疑犯」，包括醫院病床上與手術房裡的病患，抓去「詢問」或是送進以色列集中營。還有許多其他殘酷暴行，有位西方外交家在他經常旅行的地區，描述這些暴行更加殘酷，是「預先計劃的殘忍暴行與隨心所欲殺害」。⑳

以色列國防軍在黎巴嫩通訊單位的主官許洛莫・艾亞（Shlomo Ilya）說：「對抗恐怖主義唯一的武器就是恐怖主義，以色列所使用的方法『才能讓恐怖份子了解』，除此之外以色列還有其他選擇。」這並非新的觀念。蓋世太保在歐洲佔領區所作所為也是「有正當理由與『恐怖主義』戰鬥」，克勞斯・巴比（Klaus Barbie，譯註：納粹戰犯）有位受害者胸前釘著一張紙條，寫著：「以恐怖對抗恐怖」。這是以色列恐怖主義集團所使用的名義，德國《明鏡》（*Der Spiegel*）周刊對於一九八六年四月美國轟炸利比亞的恐怖行動，封面故事的標題也是這樣寫著。安理會做成決議，要求譴責「以色列對於黎巴嫩南部平民所採取的行動與措施」，結果遭美國否決，理由是「雙重標準」；珍妮・科派翠克（Jeane Kirkpatrick）表示：「我們不認爲一個不平

衡的決議案，可以結束黎巴嫩的苦難。」㉑

以色列的軍隊遭受抵抗被迫撤退，可是恐怖行動仍然繼續進行。以色列的軍隊與他們的雇傭兵南黎軍（South Lebanon Army），於一九八五年十二月三十一日，「猛攻什葉派穆斯林的村莊（庫寧〔Kunin〕），並且強迫大約兩千名的所有居民離開」，這一年成為「國際恐怖主義血腥的一年」。房屋被炸毀，有些則是放火燒掉，圍捕了三十二名年輕人；村裡的老弱婦孺湧入以色列「安全區」外的一個小鎮，那裡有聯合國部隊的營區。㉒

這份報導是從貝魯特發出，係保守的貝魯特報紙 *An Nahar* 一位新聞記者根據黎巴嫩警察對目擊者所做的引述，以及什葉派阿邁勒（Amal）活動所做的報導。格林伯格（Joel Greenberg）從耶路撒冷提供不同的版本，不是根據任何可確定的資料來源，而是簡單的事實：「兩名黎巴嫩南部軍隊的士兵在村裡被殺害，村民害怕黎南軍隊的報復，紛紛逃入什葉派的村莊庫寧。」㉓

這個對比是很標準的，非常發人深省。以色列的宣傳從這些事情獲得很大的利益，因為媒體過度依賴以色列的通訊記者。這樣就出現兩大優點：第一，透過以色列官方的眼睛，呈現「新聞」給美國的閱聽者；第二，美國的通訊記者很少進行獨立調查，只是依賴當地合作的同業；這樣一來，以色列的宣傳體系以及許多美國成員組織又可以抱怨說，阿拉伯的罪行被忽略，而以色列有任何小缺點，因為報導較多而受到詳細的監督。

按照慣例，歷史總是被寫成巴勒斯坦人實行恐怖主義，然後以色列進行報復

無法以平常的方式管控新聞，有時候會造成問題。例如，一九八二年的黎巴嫩戰爭期間，以色列無法控制在黎巴嫩現場目擊的新聞記者所做的報導。對於被指控製造殘酷暴行與製造「大規模心理戰」，引起以色列強烈的抗議，認為這是世界上根深柢固反閃族意識的象徵；於是以色列成為犧牲者，而不是侵略者。我們很容易就可以看出這些指控是錯誤的，通常只不過是一場鬧劇，而且可以預測媒體將會從以色列的角度看事情，新聞記者要從以色列恐怖轟炸倖存下來也不容易。以色列資料來源的證據通常比美國媒體的報導粗糙，而在美國期刊所刊登的內容往往也比記者實際上的認知更為稀釋。㉔儘管這顯然很荒謬，但是大家認為這些指控很嚴重，媒體對於美國與以色列的觀點如有正確的批評，或是報導無法接受的事實，就會被壓制，這些事情往往被忽略了。有一項研究就很典型，該研究名為「一九八二年黎巴嫩戰爭媒體報導之分析」，包括譴責媒體反以色列的態度，以及一些媒體對這些

指控的辯護，但是對於相反的現象，甚至沒有人提到這些事實，也沒有提出正確批判性的分析。㉕美國的知識份子意識形態相當狹窄，在這種氣氛之下，只能聽到以前的評論。中南半島的戰爭與中美洲的戰爭都可以看到相關的現象，這也是另一種思想控制。

以色列指揮官喜歡將「鐵拳行動」描述爲「恐怖主義」（見前文引述艾亞將軍的評語），其中有兩個目的。第一，約翰・凱夫納（John Kifner）（從黎巴嫩）觀察到「讓居民反對游擊隊，因爲支持游擊隊必須付出太高的代價」；簡而言之，以居民當作恐怖份子攻擊的人質，除非他們接受以色列打算以武力強制實施的安排。第二個目的是使黎巴嫩內部衝突惡化，各自治體發生衝突之後，實施全面的居民交換遷移，從一九八二年起佔領者就不斷煽動衝突。黎巴嫩的通訊員金姆・穆爾（Jim Muir）評述：「有明顯的證據顯示，以色列協助並鼓動喬福（Chouf）地區的基督教徒與穆斯林的德魯茲人（Druze）發生衝突。」南方一位資深的國際援助官員說：「他們以各種骯髒的伎倆鼓動暴亂，但是沒有成功。」「國際救濟團體也都認爲，他們的行爲很邪惡。」「當地有人目睹，以色列士兵經常從附近的基督教地區向巴勒斯坦人的營帳開槍，目的就是要煽動巴勒斯坦人對抗基督徒」，住在基督教村莊的居民指出，以色列巡邏士兵用槍指著基督徒與穆斯林，強迫他們互毆，還有許多「奇怪的羞辱方法」。這個手法終於奏效。以色列的基督教盟友攻擊西頓（Sidon）附近的穆斯林，激起相當大的反應，引發一連串血腥暴力，最後導致數萬名基督徒向外逃跑，許多是逃到以色列控制的南方地區，而數萬名什葉派教徒也在裴瑞斯的鐵拳行動下被趕到北邊。㉖

美國的託辭是，以色列一直有撤軍的計劃，而什葉派的恐怖份子爲了自己的利益，沉溺在阿拉伯式暴力的喜悅中，因此而耽誤撤軍。但是就如金姆・穆爾正確的評述：「這是歷史的事實，如果不是他們有嚴重的傷亡，以色列現在不會撤軍」，撤軍的範圍將視抵抗的程度而定。㉗

以色列高階軍官解釋說，鐵拳行動受害的都是「恐怖份子村民」；這次事件有十三名村民被南黎巴嫩民兵殺害，因此有這樣的評論。以色列戰略研究機構史羅亞研究所（Shiloah Institute）的尤希・歐默特（Yossi Olmert）評論：「這些恐怖份子的行動得到大多數居民的支持。」以色列一位指揮官解釋：「恐怖份子在當地有許多眼線，因爲他們就住在這裡。」《耶路撒冷郵報》的軍事通訊員描述跟「恐怖份子傭兵」戰鬥所面臨的問題：「他們都是狂熱者，跟以色列國防軍對抗時冒著被殺的危險」，以色列國防軍在南黎巴嫩佔領區必須「維持秩序與安全，而居民必須付出代價。」他表示他「很佩服他們做事的方法」。

里昂・維塞爾梯阿（Leon Wieseltier）解釋對抗佔領軍的「什葉派恐怖主義」與巴勒斯坦恐怖主義的差異，兩者都表現出阿拉伯人邪惡的本質：「巴勒斯坦的殺手希望被殺。什葉派的殺手但求一死，」執行任務時「以千年至福說（chiliast）激勵他們」，要將佔領他們土地的軍隊趕出去是很簡單的。他們的「神秘軍隊」阿邁勒從一九七五年創立就已經「接奉神聖任務」，要「摧毀以色列」，這是以色列 Hasbara（譯註：國家文宣機構）體系所炮製出來的說辭。㉘

美國官員與新聞評論也廣泛應用同樣的恐怖主義概念。媒體報導說國務卿舒茲關心「國際恐怖主義」，並未加以評論，結果變成他對於一九八三年十月黎巴嫩美國海軍陸戰隊遭受自殺炸彈攻擊感到憤怒。大部份居民都認爲這些美國軍隊是外國派來的武力，推行以色列入侵所建立的「新秩序」。巴瑞・魯賓（Barry Rubin）寫道：「敘利亞支持在黎巴嫩的恐怖主義，最重要的用途是強迫以色列軍隊與美國陸戰隊撤出」，伊朗與敘利亞都支持「什葉派極端主義團體」在黎南的「恐怖活動」，像是攻擊「以色列支持的黎南軍」。擁護國家恐怖行動、抵抗佔領軍或是當地的傭兵，這些行爲是恐怖主義，應該接受嚴厲的報復。《紐約時報》駐以色列特派員佛里德曼經常描述黎南對以色列軍隊的攻擊是「恐怖份子炸彈攻擊」或「自殺恐怖主義」，他說這是「心理缺陷或是宗教狂熱」的產物。他更進一步報導說，以色列「安全區」的居民違反佔領者的規定，就「當場射殺，有些被槍殺的人是無辜的旁觀者。」但是，這些行動不是國家恐怖主義。他也指出，以色列「千方百計阻止這些新聞外洩」：「沒有記者可以報導自殺攻擊的後續報導，實際上沒有任何相關的資料。」這事實並沒有妨礙他報導的決心，對於佔領者所說的「恐怖份子」的背景與心理狀態，以及引起的騷亂還是做了報導。㉙

雷根與裴瑞斯在歡欣鼓舞的群衆面前，對於他們反抗「恐怖主義邪惡暴行」的原則立場互相表示道賀之意，就在此時媒體報導，黎巴嫩南部又出現另一場恐怖份子行動。當天報紙的新聞標題是：「恐怖份子殺死六個人，摧毀美國在黎巴嫩南部的基督教電台。」㉚爲什麼黎巴嫩恐怖份子要摧毀美國基督教傳教士經營的「和平之聲」？很少人提出這樣的問題，但是讓我們仔細想想，從恐怖主義與報復的概念來搞清楚。

可能的理由之一是，該電台「爲黎南軍講話」㉛，黎南軍是以色列所建立的傭兵部隊，對於「安全區」的居民實施恐怖統治。該電台的位置靠近嘉姆村（Khiam），這點也值得注意。嘉姆有其歷史意義，在黎巴嫩與以色列衆所皆知，美國人就不太清楚。席夫在報導中曾經暗示過，嘉姆村在裴瑞斯的鐵拳行動中飽受蹂躪。他評述以色列於一九八二年入侵黎巴嫩，村內「居民都跑光了」，現在則有一萬多人，黎巴嫩的納巴提亞（Nabatiya）鎮當時只有五千人，現在則有五萬人。席夫說：「如果他們允許極端主義者在社區活動，或是巴勒斯坦人攻擊以色列移民，這些人將會再度被迫放棄他們的家園。」㉜如果他們戲弄以色列國防軍，這將是他們的命運，以軍攻擊黎巴嫩村莊，任意殺害村民，並且破壞「尚未消失的恐怖主義」的防衛，當時「以軍士兵在黎南每天受到騷擾」。㉝

席夫向黎巴嫩人提出警告，也向以色列聽衆提供更好的訊息，但是他沒有解釋，一九八二年時爲什麼納巴提亞的居民減少到五千人，而嘉姆人跡杳然。從一九七〇年代初期，在以色列的砲擊之下，嘉姆的居民被迫離開家園，有數百人死亡，留下的少數人於一九七八年入侵黎巴嫩時，在精銳的哥蘭尼（Golani）偵蒐隊的注視之下，全部被以色列的哈達德（Haddad）民兵殺害。「和平之人」（the man of peace）的解釋是：「成功建立起該地區相對和平，並且防止巴解組織恐怖份子回到該地。」㉞

嘉姆還有一座「神秘監獄」，是「以色列與黎巴嫩南部當地的民兵所建立……根據該地區以前一同坐牢的人以及國際救援組織官員的說法，未經判決的囚犯在此慘遭駭人的鞭笞與電擊。」紅十字會的報告，「以色列人管理這個中心」，以軍不准他們進入。㉟赫洛維茲證實這些報導，又說以色列已經學會「安薩爾（Ansar）集中營教訓」，因此安排黎南軍來管理嘉姆的刑求室，以此扭轉批評的聲浪。之前受監禁的人提出許多遭受酷刑的報告，美國都忽視不管。保羅・凱斯勒（Paul Kessler，法蘭西學院〔collège de France〕及蘇聯猶太人法國醫生委員會〔French Physicians Committee on Soviet Jewry〕的共同創辦人）指出，大多數囚犯「在搜捕行動中被視為嫌疑犯而遭逮捕，或者是村民拒絕與佔領軍合作，尤其是拒絕加入以色列所領導的『黎南民兵』」；有些人被監禁超過一年，未經過起訴或審判。嘉姆是最重要的、但不是唯一的中心。凱斯勒報導黎南軍在「以色列軍官指示下」，對囚犯執行酷刑。㊱

一九八五年十月十七日，嘉姆遭受「狂熱份子」恐怖攻擊事件，跟其他意識形態的恐怖行動已經成為歷史記憶的一部份。

納巴提亞也有更多的故事。《耶路撒冷郵報》兩位記者的報導，六萬名居民有五萬人逃離「大多數是因為害怕以色列砲轟」，這兩位記者到黎巴嫩南部挖掘巴解組織恐怖活動與暴行的證據，沒有什麼發現，反而發現以色列恐怖活動的大量證據。㊲一九七七年十一月四日就發生這樣的砲擊，「以色列所支持的黎巴嫩馬龍派（Maronite）軍隊陣地，以及前線雙方的以色列砲兵連，包括在黎巴嫩的六個以色列防禦據點，以猛烈的砲火轟擊納巴提亞。」攻擊持續到第二天，有三位婦女遇害，並且有多人受傷。十一月六日，法塔（Fatah）游擊隊在奈哈利亞（Nahariya）發射兩枚火箭，兩名以色列人遇害，引發一場砲戰，第二次火箭攻擊又殺死一名以色列人。「接

著以色列發動空襲，殺死七十人，幾乎都是黎巴嫩人。」㊳

以色列發動這次交戰，幾乎引發一場大戰，幾天之後，埃及總統沙達特以此爲理由，提議到耶路撒冷進行訪問。㊴

這些事件以不同的形態進入歷史記憶，不只是新聞界，學術界也是一樣。艾德華．哈雷（Edward Haley）寫道（沒有舉出證據）：「爲了阻撓和平會議，巴解組織於十一月六日及八日，發射卡秋沙（Katyusha）火箭攻擊以色列北方的奈哈利亞村莊，有三個人遇害，」並且引起十一月九日「以色列無可避免的報復」，「泰爾（Tyre）附近與南方的兩個小鎭」有一百多人死亡。㊵按照慣例，歷史總是被寫成巴勒斯坦人實行恐怖主義，然後以色列進行報復，也許報復進行得太過於嚴厲。在眞實世界裡，事實往往不是那樣，不可小看研究中東恐怖主義的意義。

西方媒體很少關注納巴提亞所受的摧殘，不過還是有些例外。一九七五年十二月二日，以色列進行攻擊，以色列空軍轟炸城鎭，使用殺傷性武器、炸彈與火箭，殺死十幾個黎巴嫩與巴勒斯坦平民。㊶這次空襲並沒有引起太多人關切，也許是因爲明顯的「報復」：也就是說，對安理會報復，因爲安理會剛通過敘利亞、約旦、埃及與巴解組織所支持的和平方案，這在第一章討論過。

故事千篇一律。一九八六年年初，全世界的焦點都注意阿拉伯世界狂熱份子的恐怖活動，媒體報導說以色列的坦克向黎巴嫩南部的斯瑞法（Sreifa）村莊開火，目標是三十間民宅，以軍宣稱「武裝的恐怖份子」從這些房屋向他們射擊。當時以軍正在尋找兩名以色列士兵，這兩名士兵是在黎巴嫩的以色列「安全區」被「綁架」。聯合國和平部隊報告指出，以色列軍隊在這些行動中「簡直抓狂」，封鎖整個村莊，阻止聯合國部隊送水、牛奶與柑橘給正在接受「訊問」的村民。其實這些男男女女的村民正被以軍與當地的傭兵折磨，而以色列國防軍則袖手旁觀。以色列國防軍離去時，帶走許多村民，包括懷孕的婦女，有些被帶到以色列，這更是違反國際法，房屋被摧毀，財物被掠奪或毀壞，裴瑞斯則說以軍在搜尋被綁架的士兵，「表現出我們尊重人命與尊嚴的態度」。[42]

一個月之後，三月二十四日，黎巴嫩電台報導，以軍（以色列國防軍或是黎南的傭兵）砲轟納巴提亞，造成三死二十二傷，「白天市中心的市場裡群眾正在購物時，砲彈突然炸毀市場。」這次攻擊是爲了報復黎南以色列傭兵遭到攻擊。什葉派的阿邁勒領袖發誓說：「以色列移民與設施將會遭受強烈抵抗。」三月二十七日，一枚卡秋沙火箭擊中以色列北方的校園，造成五人受傷，引起以色列攻擊西頓附近的巴勒斯坦難民營，造成十死二十二傷，以色列北方的指揮官透過以色列軍方的電台宣稱，以色列國防軍尚未確定這枚火箭是什葉派或是巴勒斯坦游擊隊所發射的。

四月七日，以色列飛機轟炸同一難民營以及鄰近的村莊，造成二死二十傷，以方宣稱恐怖份子是從該地出發，打算殺害以色列平民。㊸

以色列從皇帝那兒繼承恐怖主義、酷刑與侵略的權力

所有的這些事件，電視台只報導火箭攻擊以色列北方，並且表示出極度悲憤，譴責這是「恐怖主義邪惡暴行」。當時因為精心設計尼加拉瓜「入侵」宏都拉斯，引起大衆情緒爆發，所以沒有注意到中東的情勢。其實尼加拉瓜軍隊是執行合法權力，追擊驅逐領土內美國人所派遣的恐怖份子，希望在衆議院表決援助尼加拉瓜反叛軍之前顯示力量。恐怖主義國家唯一嚴重的問題，是代理軍隊能否確實完成主人交代的任務。㊹相對地，以色列不是因為執行合法的追擊驅逐權力而砲轟城鎮與難民營。以色列做為一個夥計國家，從皇帝那兒繼承恐怖主義、酷刑與侵略的權力。尼加拉瓜是美國的敵國，顯然缺乏防衛自己國土抵抗美國國際恐怖主義的權力。結果是以色列的行動應該被忽略，或是解釋成合法的報復，而國會則譴責「尼加拉瓜的馬克思與列寧主義」，認為他們對地區的和平與穩定有很大的威脅。

一九八二年六月，以色列入侵黎巴嫩事件也做了適當的消毒處理。裴瑞斯寫道，

「加利利和平」（Peace for Galilee，譯註：加利利位於巴勒斯坦北部）行動是「爲了確保加利利不再遭受卡秋沙火箭攻擊」。艾瑞克．布蘭達解釋：「一九八二年以色列入侵主要的目標，當然是保護加利利地區……以免遭受卡秋沙火箭攻擊與黎巴嫩的其他砲擊。」《紐約時報》的報導告訴我們，入侵是在「巴解組織游擊隊攻擊以色列北部的屯墾區之後才開始的」，以色列領導人「說他們要結束以色列北方國界附近的火箭與砲彈攻擊」，這件事情「以色列軍隊已經花了三年時間在黎巴嫩」。亨利．卡姆（Henry Kamm）補充：「幾乎整整三年，奇利雅希默那（Qiryat Shemona）的居民再也不必睡在防空洞裡，小孩出外上學或是玩耍，大人也不必擔心。俄國製的卡秋沙火箭多年來隨時攻擊這座靠近黎巴嫩國界的村莊，自從一九八二年六月以色列入侵黎巴嫩，火箭就不再來襲。」佛里德曼評論：「如果火箭再度落到以色列北方國界，以色列民眾將會被激怒」；「……現在沒有火箭落到以色列北部……如果以色列北方國界重新出現大規模的攻擊，（贊成在黎巴嫩駐軍）的少數人就會再度變成多數。」佛里德曼寫過一系列以色列人辛勤努力、受苦受難的報導，他說：「加利利和平行動，也就是以色列入侵黎巴嫩，原本的目的」是要保護公民不受巴勒斯坦槍手的攻擊。政治人物經常詳細述說相同的道理。布里辛斯基（Zbigniew Brzezinski）寫道：「叙利亞增強軍事力量，以及黎巴嫩利用巴解組織來對抗以色列，促使一九八二年以色列入侵黎巴嫩。」雷根顯示出另一種道德上的卑怯，要求我們「記住一點，以色列入侵是因爲巴勒斯坦人與巴解組織侵犯北方邊界，進入貝魯特，一萬名巴勒斯坦人將貝魯特搞成廢墟」，而不是他所支持的轟炸機。㊺

這些事件的報導，生動地描述加利利居民在卡秋沙火箭任意攻擊之下所受的折磨，將使用俄製武器的巴勒斯坦狂熱者，塑造成以俄國爲基礎的國際恐怖主義網絡的中堅，迫使以色列入侵並攻擊巴勒斯坦難民營與其他目標。其他國家爲了保護人民，避免遭受恐怖份子殘酷攻擊，也都會這樣做。

我要再度強調，實際上不是如此。大衛・史普勒寫道：「從一九七八年以色列入侵黎南到一九八二年六月六日這四年間，以色列北部遭受黎巴嫩各種形式的攻擊，總共造成二十九人死亡，包括砲擊與恐怖份子越界攻擊，」但是一九八二年入侵前一年，「邊界相當平靜」。㊻這篇報導很不平常，至少說出一半的事實。雖然巴解組織在以色列入侵前一年相當克制，沒有越界採取行動，其實邊界並不太平靜，因爲以色列恐怖行動仍然持續，殺死許多居民；所謂邊界「平靜」，只是美國種族主義者所使用的名詞。史普勒與他的同僚都沒有想到，雖然從一九七八年起，以色列北部有二十九個人被殺，但是以色列在黎巴嫩的轟炸也殺死數千人，美國幾乎絕口不提，只說是「報復行動」。

一九七八年的轟炸，是大衛營「和平進程」的主題。而「和平進程」讓以色列可以攻擊北方鄰國，在佔領區自由擴展接管與進行壓制。阿拉伯主要的威懾力量（埃及）現在不涉入衝突，美國的軍事援助就迅速增加。威廉・鄺特（William Quandt）進一步指出：「（一九八一年到一九八二年）以色列計劃入侵黎巴嫩對付巴解組織，似乎與以埃和約的強化同時發生。」應該強調的是，大衛營協定的顯著意義，雖然美國當時難以表達，稱職的美國記者應該很清楚。史普勒在以色列接受訪問時說：「在以色列這一邊，和約似乎設定了黎巴嫩戰爭的情勢。埃及不再是對抗的國家，以色列覺得可以在黎巴嫩發動戰爭，在簽訂和約之前以色列是不敢這樣做的……諷刺的是，沒有和約的話，黎巴嫩戰爭就不會發生」；這是很出乎意料的結果，但確實如此。㊼就我所知，他擔任駐以色列特派員五年，一直到一九八四年六月，這期間他並沒有在《紐約時報》上發表如此言論，以後也沒有。

史普勒又說：「我認爲沒有此一和約，以色列人將不會強烈反對戰爭。」他當時在以色列，不可能不知道「強烈反對戰爭」是一種宣傳手法，目的是要重新塑造「美麗以色列」的形象。事實上，直到戰後發生薩卜拉—沙提拉屠殺事件，反對的聲音都還很小（美國支持戰爭的人見苗頭不對也棄船落跑，杜撰出「早就反對」的虛僞歷史，就像在中南半島的戰爭一樣），而且後來佔領的代價越來越高。㊽

回到眞實世界，先想想「加利利和平」行動的背景。美國安排好一九八一年七月停火，儘管以色列不斷挑釁，包括一九八二年四月底的轟炸，殺死二十多人，以及炸沉漁船等，希望用來做爲計劃入侵的藉口，但是巴解組織還是遵守停火安排。唯一的例外是五月以色列轟炸之後有小規模的報復，以及六月以色列對黎巴嫩進行猛烈轟炸與地面攻擊造成許多居民死亡之後的反應。以色列這些攻擊是「報復」阿布・尼達爾（Abu Nidal，譯註：阿布尼達爾組織〔Abu Nidal Organization〕的領導人，該組織又稱法塔革命會議、阿拉伯革命旅，或穆斯林社會主義革命組織）在倫敦企圖刺殺以色列大使，其實尼達爾也是巴解組織的仇敵，他在黎巴嫩甚至連辦公室也沒有。以意圖行刺爲藉口，其實早就計劃入侵。

《新共和》告訴我們，聯合國主持交涉的布萊恩・厄夸特（Brian Urquhart）的成功「微不足道，例如一九八一年，他協調巴解組織在黎巴嫩南部停火。」㊾這份嚴格的政黨路線期刊應該偏好「忘記」事實，本來不足爲怪，但是如此容易忘記事實，確實值得注意。

一九八一年七月的事件，也是相同的模式。五月二十八日，席夫與埃胡德・雅利（Ehud Ya'ari）寫道，總理比金與參謀總長拉斐爾・埃坦「帶領他們的國家向黎巴嫩戰爭又更接近，這個行動是精心策劃達成此目的」；也就是說，他們轟炸黎巴嫩南部的「巴解集中地」（這個名詞通常是用來指稱以色列的攻擊目標），違反了停火協議。席夫與埃胡德．雅利繼續指出，空中與海上攻擊持續到六月三日，「巴勒斯坦人的回應極爲謹愼，唯恐激烈的反應引起以色列猛烈的地面行動。」再度達成停火協議，七月十日以色列又重新轟炸，再度違反停火。這一次巴勒斯坦人有反應，以火箭攻擊引起北加利利恐慌，接著以色列猛烈轟炸貝魯特與其他平民目標。到七月二十四日宣佈停火之際，大約四百五十名阿拉伯人死亡，幾乎全都是黎巴嫩公民，另外有六名以色列人死亡。㊿

這次事件大家記得的，只是北加利利遭受巴解組織恐怖份子以卡秋沙火箭攻擊的苦難，最後引起以色列報復，於一九八二年六月入侵黎巴嫩。有時候甚至認眞的記者，他們不是政府的傳聲筒，也認爲這就是事實。艾德華．華許（Edward Walsh）寫道：「一九八一年一再以火箭攻擊，使得奇利雅希默那再度陷入包圍，」他描述說「心煩意亂的父母」與一九八一年「附近巴勒斯坦人基地連續轟擊與猛烈的火箭彈攻擊」所造成的恐怖活動，沒有再進一步說明這裡到底發生什麼事情。柯帝斯．威爾基是美國在中東比較有懷疑精神與敏銳的記者，他寫道：「一九八一年，奇利雅希默那在巴解組織毀滅性的砲火下，俄製的卡秋沙火箭像雨一般落下，當地居民如果不撤離，就只好連續八天八夜躲在防空洞裡」；他也沒有再進一步說明，爲什麼會有「毀滅性的砲火」，或者貝魯特與其他平民地區的人民遭受以色列轟炸，數百人被炸死，他們的心情到底又如何？51

從這些例子可以進一步了解美國意識形態體系中的「恐怖主義」與「報復」的概念，才能解釋爲什麼主要的犧牲者卻沒受到重視。

只要沼澤消失，自然就沒有蚊蟲

官方的說法是，「以色列北部邊界的火箭與砲擊」因爲「加利利和平行動」而結束（《紐約時報》），這根本是錯上加錯。第一，除了以色列恐怖攻擊行動與挑釁之外，邊界在入侵前一年很「平靜」；一九八一年七月，大規模的火箭攻擊是對以色列恐怖行動的反應，而以色列恐怖行動比起巴解組織的反應還猛烈一百倍。第二，火箭攻擊以色列是在入侵結束之後不久，從一九八三年年初開始的，然後持續下去。一群意見不同的以色列記者報導說，一九八五年九月的兩個星期，十四枚卡秋沙火箭攻擊加利利。此外，戰爭之後幾個月，在西岸「恐怖份子攻擊」增加百分之五十，從黎巴嫩戰爭之後到一九八三年底，增加百分之七十，到一九八五年，成爲嚴重的威脅。巴勒斯坦的社會與政治體系遭受如此的殘酷暴行與破壞，這樣的結

果也不足爲奇。㊷

一九八二年的入侵，眞正的原因不是北方加利利受到威脅，消毒過的歷史才這樣說，眞正的原因正好相反。希伯來大學教授波拉斯（Yehoshua Porath）是以色列的巴勒斯坦問題專家（按照以色列的說法，他算是「溫和派」，支持工黨的巴勒斯坦人「約旦解決方案」），他在入侵行動不久就提出一套解釋。他認爲，入侵的決策「是因爲巴解組織遵守停火決議」。這對以色列政府是「名符其實的大災難」，因爲這威脅到迴避政治解決的政策。他繼續指出：「政府希望打擊巴解組織，讓巴解缺乏後勤與領地的基地，只好回到早期的恐怖主義；巴解在全世界到處放炸彈、劫持飛機、謀殺許多以色列人」，然後「將會失去所獲得的政治合法性」，並且「減少與巴解組織代表談判的危險」，否則會威脅到以色列兩大政治團體共同的政策，那就是對於所佔領的土地保持有效控制。㊸

以色列領導人重視的是美國的民意，美國是唯一重要的國家，以色列現在選擇成爲夥伴國家，爲美國的利益而服務。他們抹煞歷史眞相，將以色列的侵略與暴行說成是恐怖份子造成的結果，一切都歸罪於阿拉伯人的個性與文化，甚至是阿拉伯人種族上的缺點。隨後美國對於恐怖主義的評論，相當精準地達成這些期望，這是耶路撒冷與華盛頓的國家恐怖份子在宣傳上的一大手法。

以色列的基本要點大家都很清楚。總理夏米爾在以色列電視台宣稱，以色列進行戰爭是因爲有「可怕的危險……不只是軍事上的，也是政治上的」。以色列傑出的諷刺作家麥可（B. Michael）寫道：一旦我們先下手爲強「消除政治上的危險」，「軍事危險或是對加利利有危險這個藉口就沒有說服力」；現在，「感謝上帝，沒有人再提起。」專欄作家亞隆・巴查（Aaron Bachar）評論說：「以色列領導人的心情很容易理解。阿拉法特一直被指控跟以色列達成某種政治和解，在以色列政府眼中，這可能是最嚴重的威脅」，包括以色列的工黨與利庫黨（Likud）。新聞記者也是歷史學家的邦尼・摩里斯（Benny Morris）評述道：「巴解組織在北方邊界整整一年停火，對於以色列許多挑釁完全不理會（故意要挑起巴解組織在北方開火）。」他繼續指出，對以色列國防軍的高級軍官而言，「基於巴解組織對以色列以及以色列佔領區是政治上的一大威脅，所以戰爭是不可避免的」，因爲「佔領區內外的巴勒斯坦人都希望巴解組織所領導的民族主義能夠成熟發展。」就像每個頭腦清楚的評論員一樣，他揶揄關於擄獲武器與巴解組織軍事威脅的虛僞言論，並且預言「一九七〇年代以色列轟炸黎巴嫩南部，西貝魯特的什葉派有許多是來自該地的難民，他們應該還記得一九八二年六月到八月以軍的長期圍攻」，這是長期以來「什葉派恐怖主義對抗以色列目標」的反彈。[54]

在右派方面，利庫黨國會議員奧爾默特（Ehud Olmert）評論說：「巴解組織對於以色列的危險，不在於巴解的極端主義者，而是以色列所認爲的溫和派阿拉法特堅持最後的目標，這才有可能毀滅以色列」（以色列前總理大衛・本—古里安（David Ben-Gurion）掌權時，從沒忘記最後的目標是擴張「猶太復國主義的抱負到極致」，包括周圍大部份國家，以及「聖經上所說的邊界」，從尼羅河到伊拉克，至於原有的居民就要設法遷移）。西岸的前任行政首長米爾森（Menachem Milson）教授宣稱：「認爲巴解組織對以色列的威脅主要是軍事方面，那就錯了，其實是在政治與意識形態方面。」國防部長夏隆在入侵之前解釋：「西岸很平靜，必須破壞黎巴嫩的巴解組織」，他的極右派支持者參謀總長埃坦在戰爭之後也說，這場戰爭很成功，因爲嚴重削弱巴解組織的「政治地位」以及「巴解組織爲巴勒斯坦建國所做的努力」，同時強化以色列能力以「阻止任何這樣的目的」。以色列軍事史學家烏利・米須坦（Uri Milshtein，支持工黨的「約旦解決方案」）對此聲明做了評論，他說夏隆與埃坦入侵的目標是：「建立黎巴嫩與中東的新秩序[55]」，「將幾個阿拉伯國家加速沙達特化（Sadatization）」，「以保障將（西岸）的朱迪雅（Judea）與沙瑪利雅（Samaria）合併到以色列」，而且「這可能是解決巴勒斯坦問題的一個方案」。

以色列國會議員安隆・魯賓斯坦（Amnon Rubinstein）在美國相當受到稱讚，因爲他是自由主義者也是鴿派。魯賓斯坦寫道，即使「多少」有遵守停火（指的是巴解組織有遵守，而不是以色列），入侵黎巴嫩還是「有正當理由的」，因爲有潛在的軍事威脅：黎巴嫩南部的武器與軍火最後將會用來對付以色列。從這些說辭的涵義，可知巴解組織對於以色列潛在的軍事威脅。㊺

安隆・魯賓斯坦希望雷根政府能夠淸楚宣佈政策，將一九八六年四月轟炸利比亞說成是「防止未來攻擊的自衛」，以取得正當理由。

美國支持以色列暴行的人偶爾也知道相同的道理。在入侵之前，《新共和》的編輯馬丁・裴瑞茲（Martin Peretz）附和夏隆與埃坦，催促以色列應該在黎巴嫩給予巴解組織「持續的軍事挫敗」，「讓西岸的巴勒斯坦人淸楚知道，他們尋求獨立的奮鬥過程還要再延緩許多年」，這樣「巴勒斯坦人將會成爲另一個分裂的民族，就像庫德族人或是阿富汗人。」民主社會學家邁可・沃爾茲（Michael Walzer）看到巴勒斯坦阿拉伯的解決方案，也是以色列內部的解決方案，將「國家的邊境」予以轉換（基本上，這是種族主義者拉比・卡哈內（〔Rabbi Kahane〕的立場）（見第一章註⑦），他在戰後於《新共和》上解釋說：「我當然樂見巴解組織在政治上的失敗，在正義戰爭的理論下，我相信有限的軍事行動。」㊼

在這些問題上，看到以色列極右派與美國左派自由主義者意見融合，實在很有意思。

簡而言之，戰爭的目標是政治，佔領土地是主要的目標之一，在黎巴嫩建立「新秩序」是另一個目標。宣稱要保護邊界免於恐怖主義，則是宣傳的手法。如果巴勒斯坦恐怖主義重新抬頭，那就比較好。如果不能將責任都推給阿拉法特，至少可以將他污名化，指責他是「當代巴勒斯坦暴力的創始者」（《新共和》），所以他政治解決的努力都被抹滅。

巴解組織的政治基礎被摧毀，但是並沒有因此解決政治的問題，所以還是有必要提高警覺，與巴解組織戰鬥到底，並護衛美國與以色列所尋求的和平，而這和平受到阿拉伯拒絕承認主義的阻撓。因此，一九八四年四月到五月，阿拉法特在歐洲與亞洲發表一系列聲明，要求與以色列談判，推動互相承認。這個提議立刻遭到以色列拒絕，美國也不予理會。合衆國際社有一篇阿拉法特提議的報導，《舊金山觀察報》（*San Francisco Examiner*）當作第一版特別報導，此事地方報紙則沒有顯著報導。全國性報紙直接封鎖這新聞，幾個星期之後《華盛頓郵報》才揭露此事。《紐約時報》甚至禁止刊登有關此事的讀者投書，繼續指責阿拉法特不願意追求外交對話。一般而言，越是有影響力的刊物，越是壓制事實，基於美國政府對這問題的立場，這是很自然的姿態。58

某些以色列人當然知道阿拉法特的立場。前任軍事情報局局長哈卡比（Yehoshaphat Harkabi）將軍，他是阿拉伯人，多年來以鷹派著稱，他指出「巴解組織希望政治解決，因爲巴解知道其他方案很可怕，會導致全面毀滅。」「阿拉法特就跟胡笙以及西岸的阿拉伯人一樣，害怕無法和解，害怕以色列跟所有的鄰國鬧翻，包括巴勒斯坦在內。」因此，「阿拉法特對於以色列採取比較溫和的態度。」㊾

這些觀察強調幾個重點：⑴想要認眞處理恐怖主義，就必須了解其重要的政治背景；⑵「恐怖主義」是其他人所犯的罪行，我們自己所犯下相同甚至更壞的行爲就不算是「恐怖主義」，也就是說，巴勒斯坦人是恐怖份子，但是以色列或美國的罪行就不是；⑶「恐怖主義」與「報復」是宣傳所用的名詞，而不是敘述。最重要的是，情緒激動的人以仔細挑選阿拉伯人的恐怖行動來煽動，無論是巴勒斯坦人、黎巴嫩什葉派、利比亞人、敘利亞人，甚至是義大利人，從一九七九年起，只要能夠算是阿拉伯人的就當作恐怖主義；這樣就可以達成特定的政治目標。越是深入探討，就更加證實這結論。

再來討論報復。一九八一年之後，什葉派第一次以火箭攻擊奇利雅希默那是在一九八五年十二月。距離殘酷的軍事佔領已經超過三年，一九八五年年初，在裴瑞斯的鐵拳行動期間，火箭攻擊達到最高峰。偶爾有佔領軍殘酷暴行的報導，但是沒有將完整實情表達出來，因爲沒有將每天的實際情形報導出來；以軍在佔領區的暴行也是偶爾報導，沒有完整將殘酷侮辱、高壓統治、壓搾廉價勞工（包括兒童）、粗暴控制政治與文化生活，以及延緩經濟發展的情形公諸於世。茱麗·佛林特（Julie Flint）曾經敘述，在火箭攻擊前一個月，什葉派「在黎巴嫩南部一個村莊的生死故事」，提供一個比較有啓發的景象。根據官方的歷史（見註㊲），在黎巴嫩南部只隸屬於巴解組織的期間，位於納塔比亞附近的卡法羅曼尼（Kfar Roummane），曾經是「有八千人口的富裕農業小鎮」。經過《紐約時報》所稱的自巴解組織統治「解放」之後，被「以色列與其黎巴嫩代理人南黎巴嫩軍所建造的兩座巨大防禦工事」所包圍，從這兩個防禦工事不斷有狙擊與砲擊，「有時候從清晨到黃昏，有時候只有幾個小時」，造成許多傷亡，導致六千人逃亡，全鎭四分之三斷垣殘壁無法居住，宛如「死城」，廣闊的區域只見光禿禿的山坡，僅剩下厭惡政治的農民，根本沒有抵抗活動的跡象。⑥⓪

撇開裴瑞斯與拉賓的鐵拳行動所造成的殘酷謀殺不論，奇利雅希默那的砲轟是「無緣無故的恐怖主義」或是「報復」？

看看恐怖份子的生活，也是很有啓發性。《華盛頓郵報》曾經做過恐怖主義的系列報導，訪問過一位恐怖份子。他在以色列監獄服刑十八年，選擇他是因爲「從倫敦到科威特的許多恐怖份子，他在許多方面可說是最典型的」。「他的生活相當悲慘（父親死於一九四六年耶路撒冷爆炸），再加上發現信仰體系（馬克思主義），使得他投入冷血政治謀殺的世界中。」「殺死他父親以及其他九十個人的炸彈，是愛剛猶太復國主義（Irgun Zionist）地下組織所放的，該組織由比金領導，設於英軍總部，也就是現在的大衛王旅館（King David Hotel）」㉛。他說他在西岸以軍佔領區，看到「巴勒斯坦難民營的實際狀況，有人跟他介紹馬克思主義」。佔領區的眞實狀況辛酸殘酷，不只是難民營，從全國性媒體的社論之外，我們可以知道佔領是「未來合作的模式」以及「阿拉伯與以色列共存的實驗」。㉜解釋不是要合理化，但是有些名詞像是「報復」，如此輕率使用，是會引起一些問題。

一九八五年十月五日，埃及士兵卡哈特（Suleiman Khater）在西奈海邊殺害七名以色列觀光客。埃及媒體報導，他的母親說她「很高興這些猶太人死了」，他所住的巴赫巴克（Baher al-Bakr）村子，有位醫生描述說，這次槍擊是對埃及與以色列之間「虛假的和平」發出警告。爲什麼對於不可說的罪行有這種驚人的反應？幾天前的轟炸突尼斯可能提出一個理由，但也可能有其他理由。一九七〇年，以色列的軍機轟炸巴赫巴克，殺死四十七名學童，在這次「消耗戰」中，以色列密集轟炸，有些深入埃及，使得蘇彝士運河區有一百五十萬居民離鄉背井，由蘇聯駕駛員操控的米格機在埃及內部防衛，被以色列新獲得的幽靈式噴射戰鬥機在埃及領土上擊落，差點引起全面大戰。[63]

有些事情也許錯過，《紐約時報》駐以色列記者枯燥乏味地報導說：「卡哈特行動的動機是民族主義與反以色列」[64]，如果狀況顛倒的話，有些事情就不會被如此忽略。

大衛・赫斯特（David Hirst）評論說：「（以西方的觀點來說）黎巴嫩是國際恐怖主義主要的中心，或者說眞正重要的中心。黎巴嫩不僅培養自己的恐怖份子，也是外國恐怖份子溫暖的家」，無論是「只知轟炸、謀殺、屠殺與毀損，生活充滿了仇恨、恐懼與不安全」的巴勒斯坦人，或者是家園被美國所支持的以色列入侵而摧毀的黎巴嫩人，這些族群的年輕人，心中有個堅定的信念：「美國傳統上就與以色列合夥，在雷根政府之下，更是前所未有的密切合作。美國堅持要維持目前秩序，這是讓人無法忍受的，所以要採取任何方法去破壞。也許巴勒斯坦人從事恐怖主義的動力是最強的，但是從這些引人注目的事件，也可看出黎巴嫩人、阿拉伯人或者什葉派，也有強烈動力從事恐怖活動。」

哈卡比（Yehoshaphat Harkabi）說出一個重點：「關於巴勒斯坦人自決，要提出一個高尙的解決方法，這也是解決恐怖主義問題的方法。只要沼澤消失，自然就沒有蚊蟲。」⑥⑤

美國與以色列大規模地實施恐怖主義與侵略，對於赫斯特所描述的狀況當然有推波助瀾之效，這是可以預見的，也許他們是故意的。這兩個恐怖主義國家對於結果想必很滿意，因此繼續堅持他們的拒絕承認主義與暴力。他們所實施的小規模恐怖主義也引起適當的恐懼感，造成當地居民移動，達成他們所想要的結果。在教條體系中，這些都是必要的。

恐怖行動有個特色，行兇加害的人通常說這是「報復」（或者是美國與以色列的恐怖主義來說，是「預防措施」）。因此，轟炸突尼斯被說成是對拉拿卡謀殺的報復，說突尼斯轟炸的犧牲者跟拉拿卡暴行有任何關聯，根本就只是藉口。拉拿卡的暴行也是以「報復」之名，因為以色列挾持從賽浦路斯到黎巴嫩的船隻。⑥⑥以色列宣稱是報復，美國就認為是合法的，但是對於拉拿卡報復，美國予以漠視或嘲笑，差別就在於意識形態與規範。

撇開對恐怖份子暴力的合理化解釋，就事實的記錄來看，多年來以色列確實經常在海上劫持與綁架。美國對於這些罪行不太注意與不關心，但如果是阿拉伯人下的手，就會引起群情激憤。事實上，以色列高等法院還對於這些劫持行動發出許可證，因此被視為沒有報導的必要。如果被監禁的阿拉伯人，以他在以色列領海之外被逮捕而提起上訴，高等法院的判決是：「判刑與監禁的合法性，不因爲以任何方法將嫌犯帶回以色列領土而受到影響」，並且再一次認爲，以色列法院可以對於在以色列境外犯下罪行的人處以徒刑。法院對此案件發表聲明，基於「安全理由」，有必要將上訴人監禁。⑰

翻開歷史記錄，根據以色列國會（Knesset）議員〔退休將領〕裴磊（Mattityahu Peled）所說的，一九七六年，以色列海軍開始逮捕黎巴嫩穆斯林所屬的船隻，然後交給以色列的盟友黎巴嫩基督教民兵，穆斯林則被殺害，以破壞巴解組織與以色列的和談步驟。拉賓總理承認這事實，但是說這些船隻是在和談之前逮捕的，國防部長裴瑞斯則拒絕發表評論。一九八三年十一月，一次交換俘虜之後，《紐約時報》有一篇十八段的封面故事報導，提到說有三十七名阿拉伯囚犯，被關在惡名昭彰的安沙（Ansar）牢房，「是最近被以色列海軍所逮捕，當時他們正從賽浦路斯要前往的黎波里（Tripoli）。」⑱按照相同的邏輯，英國軍隊可以在一九四七年於美國或是在公海上綁架猶太復國主義者，不需要以支持恐怖主義予以起訴或審判，就將他們關到牢裡。

一九八四年六月，以色列在距離黎巴嫩海岸五哩的海上，以機關槍劫持一艘往返於賽浦路斯與黎巴嫩之間的渡輪，強迫開往海法，有九個人被監禁，其中八人是黎巴嫩人，一人是敘利亞人。審訊之後釋放五個人，四個人繼續羈押，包括一名女性，以及一名從英國回到貝魯特休假的學童；兩星期之後，有兩個人獲釋，其他人的命運如何就不得而知。這件事情被認爲沒有什麼，甚至要從報紙尋找這些被挾持旅客的下場都很難。倫敦《觀察家報》（*Observer*）暗示這是一種「政治動機」：強迫旅客使用基督教馬龍派的喬尼葉（Jounieh）港的渡輪，不要使用從西貝魯特穆斯林所經營的渡輪，或者是對黎巴嫩發出訊息，黎巴嫩「沒有力量」，只好遵從以色列的條件。黎巴嫩譴責這是「海盜行爲」，嘉佛瑞・詹生說這是以色列「許多國際凶狠暴行又一樁」。他又說：「爲了炮製沿海有恐怖份子的謊言，以色列轟炸的黎波里外海的一座小島，說那是巴解組織海上活動的基地」，他斥責這根本就是「荒謬」。黎巴嫩警方說有十五人死亡，二十人受傷，二十人失蹤，全都是黎巴嫩的漁民，以及在桑尼（Sunni）童軍營活動的小孩，該童軍營是遭受「最猛烈轟炸的目標」。㊉

《紐約時報》報導以色列「攔截」（正確的說法應該是劫持）渡輪的新聞，加以評述說，「一九八二年戰爭之前，以色列海軍經常攔截從泰爾與西頓港口出入的船隻，並且搜查有沒有游擊隊」，《紐約時報》照舊全盤接收以色列的說辭。如果是敘利亞以相同的藉口「攔截」以色列平民船隻，可能觀感就很不一樣了。同樣地，一九八六年二月四日，以色列劫持利比亞的民航機，美國也默不吭聲接受，只評論說這是因爲錯誤情報所引起的失誤。⑩一九八五年四月二十五日，幾名巴勒斯坦人在往返黎巴嫩與賽浦路斯的平民船隻上被綁架，送到以色列秘密地點，其中一人後來在以色列電視台接受訪問，成爲以國衆人皆知的事件，並且向高等法院法官上訴，因爲認爲還有其他人仍在監禁中。⑪

這些案例大都是因爲附帶評論，我們才得以獲知，其實沒有引起任何人的注意關心，也不會有人注意到有一篇報導說，以色列跟叙利亞進行換俘，釋放一批阿拉伯「安全囚犯」，實際上他們「是德魯茲（Druze）的居民，他們的村莊在戈蘭高地，該戰略要地已經被以色列併呑」。⑫以色列任意劫持船隻進行綁架，只要是「恐怖份子目標」就可以轟炸，這已經被認爲是以色列的特權，無論事實如何，美國的輿論都可以接受。

以色列攻擊貝魯特北方的黎波里外海的小島，造成黎巴嫩漁民與童子軍喪生，我們可能對此新聞多看幾眼。這種新聞得不到媒體的重視，但是媒體對於以色列恐怖暴行都是這樣，這還不是最嚴重的。巴勒斯坦人進行攻擊的話，那就不一樣了。沒有比一九七四年瑪洛的恐怖暴行更恐怖的了，當時戴揚不顧默德加・顧爾（Mordechai Gur）將軍的反對，不與恐怖份子談判，拒絕釋放巴勒斯坦犯人的要求，結果在一場交戰之下，有二十二名民兵的年輕人被殺。⑬但是我們要問，爲什麼殺害黎巴嫩童子軍的暴行就比較不嚴重；其實更加嚴重，因爲行兇的是「關心人類生活的國家」（《華盛頓郵報》），「有崇高的道德目標」（《時代雜誌》），在歷史上也許是獨一無二的。⑭

在瑪洛攻擊前兩天，以色列戰機轟炸黎巴嫩村莊艾卡費（El-Kfeir），造成四人死亡。根據艾德華・沙特（Edward Said）所言，瑪洛攻擊之前，以色列連續幾個星期以凝固汽油彈（napalm）轟炸黎巴嫩南部的巴勒斯坦難民營，造成兩百多人死亡。當時以色列在黎巴嫩南部執行大規模的焦土政策，以空軍、砲兵與砲艇進行攻擊，再加上突擊隊利用砲彈、炸彈、殺傷性武器與汽油彈，可能造成數千人死亡（西方國家可能不在意，所以沒有正確的統計數字），數十萬人被迫往北逃亡到貝魯特周圍的貧民窟。⑮沒有人關心，也很少人報導。恐怖主義的年度報告對此事隻字未提；甚至於好像沒有發生一樣。對於一九七〇年代初期，巴勒斯坦人的恐怖攻擊仍然嚴厲譴責（當然完全正確），並且以此證明無法將巴勒斯坦人視爲談判的對象，即使談的是巴人自己的命運。同時，媒體經常遭受譴責，說是過度批評以色列，甚至「偏袒巴解組織」。這種宣傳手法，實在很不符合比例原則。

以色列有些被尊稱爲溫和派的領導人，他們對於這些事件的解釋，值得我們注意。像是前駐美大使拉賓，以色列在黎巴嫩的暴行最嚴重的時候，也就是一九七八年大衛營之前，當時他是總理，他說：「我們無法忽略黎巴嫩南部居民的困境……協助該地區的人民，避免被充滿仇恨的恐怖主義者所蹂躪，這是我們人道主義的責任。」⑯翻閱拉賓的回憶錄，不會覺得這些字句有什麼錯誤。這是以意識形態來建構歷史，西方世界反阿拉伯種族主義可謂根深柢固。

環球航空劫機事件

還應該注意的是，並非以色列獨享海盜與劫持的權利。一九八五年十月的阿奇里勞洛號劫持案，塔斯社（Tass）的報導加以譴責，也控訴美國虛僞，因爲有兩個人劫持蘇聯的民航機，殺害一名空中小姐，其他機組人員受傷，但是美國給予庇護，並且拒絕引渡。⑰

這案子知道的人不多，指控美國虛僞似乎有些法律依據。這案子也不是獨一無二，國務院的法律顧問亞伯拉罕•索法（Abraham Sofaer）評述說：「一九五〇年代，雖然美國強烈反對劫機，美國與西方盟邦卻拒絕捷克、蘇聯、波蘭、南斯拉斯與其他共黨國家的要求，不願交出劫持飛機、火車與船隻逃亡的人。」索法指出，一九六〇年代後期與一九七〇年代初期，「劫機蔚爲風潮」，美國開始重新檢討政策，並且聲明「劫機是嚴重的問題，而且威脅無辜旅客的安全，再也無法坐視忍受。」⑱劫機者開始直接對美國與其盟邦下手，劫機行爲也成爲恐怖主義，而不再是抵抗壓制的英雄行爲。

提到中東第一次劫機，大家也許不是那麼熟悉，那是一九五四年十二月以色列所幹下的。叙利亞一架民航噴射機被以色列戰鬥機攔截，強迫在呂大（Lydda）機場降落。參謀總長戴揚的意圖，是要「挾持人質，要求被監禁在大馬士革的以色列俘虜獲釋」，總理夏瑞特（Moshe Sharett）在個人日記中這麼寫著。這些俘虜是以色列士兵，他們到叙利亞從事間諜任務被捕；二十年後，這讓我們回想起，是戴揚下令進行拯救行動，導致瑪洛的以色列年輕人喪生，當時這些年輕人也是被劫持爲人質，希望以此交換以色列釋放巴勒斯坦囚犯。夏瑞特私下記載：「無論如何，我們沒有正當的理由奪取這架飛機」，「美國國務院認爲我們的行動在國際事務上史無前例，他也沒有理由去懷疑。」但是，這件事情在歷史中消失不見，所以，以色列駐聯合國大使納坦雅胡，現在是受人欽佩的國際恐怖主義評論員，在全國性電視台上指控巴解組織「發明」劫機，甚至殺害外交人員，完全不怕自相矛盾。⑲

談到殺害外交人員，我們可能只想到一九四八年，聯合國調停人員貝納多特

（Folke Bernadotte）被納坦雅胡的直屬長官、外交部長夏米爾所領導的恐怖份子團體暗殺。該團體有三名主管，其中一位下令暗殺（第二位現在已死，第三位曾經是以色列媒體著名的評論員）。大衛・本—古里安一位密友私下承認，他就是殺手之一，但是本—古里安保守秘密，而且以色列政府安排越獄，必須負責任的人也安排出國。猶太復國主義史學家瓊・金奇（Jon Kimche）根據目擊證人的描述，寫道：「沒有出現全國性的強烈抗議或是決心要抓到兇手」，而且「沒有太多道德憤慨」。「大多數人的態度，好像一名猶太人的仇敵死在路邊。」這次暗殺「之所以受到譴責、遺憾、悲悼，是因爲迫使以色列反省，而且使得外交工作更加困難；而不是因爲訴諸暗殺本身是錯誤的。」[80]

爲國奮鬥的恐怖份子得到尊敬，這是當然的，美國也是如此。至於敵人的行爲，則是「恐怖主義的邪惡暴行」。

阿奇里勞洛號被劫持是爲了報復轟炸突尼斯，該事件之後，劫船成爲西方國家關心的重大問題。路透社做過一項研究，結論是「從一九六一年起，劫船事件屈指可數」，所舉的例子都是穆斯林幹的，以色列劫船則不列入。[81]

只要是自己的朋友劫持飛機輪船，就不算是恐怖主義，其他行爲也都不算。法國情報人員炸毀綠色和平反核抗議船「彩虹戰士號」，造成一人死亡，聯合國大使珍妮・科派翠克解釋說，這不算是恐怖主義，他說：「法國顯然沒有攻擊平民與旁觀者的意思，也沒有要造成殘廢、痛苦與死亡的意圖」。這番話等於爲其他恐怖份子開脫責任。《亞洲華爾街日報》有篇社論，標題爲〈密特朗最好的時光〉，該社論指出：「綠色和平的活動基本上是暴力與危險的……法國政府準備使用武力去對付彩虹戰士號……建議政府行事的優先順序應該循規蹈矩。」《紐約時報》的大衛・郝思格（David Housego）評論一本有關此事的書，他批評法國政府「大錯特錯」；「沒有必要」炸毀這艘船，法國可能「反對的聲浪一樣，卻搞得聲名狼藉」。由於這些「錯誤」，因此郝思格下結論說：「很難不歸咎於（國防部長）荷努（Hernu），也很難責怪紐西蘭將法國官員禁錮。」[82]郝思格討論此事跟水門案的比較，沒有提到有一點很像：「錯誤」行爲與微罪，卻造成嚴重的社會動盪，媒體見獵心喜，國會與媒體都忽略尼克森政府與其前任政府被揭露出來的更嚴重犯罪行爲。[83]皇帝可以豁免於被指控進行恐怖主義或其他罪行，他的盟友也享有相同的特權。他們的罪行最壞也只是「錯誤」。

在這方面應該頒贈僞君子獎給舒茲。他極力主張「積極」打擊恐怖主義，對於「對一個人來說是恐怖份子，對另一個人而言卻是自由鬥士」這種說辭，他描述這是「陰險狡詐」：

自由鬥士或是革命份子不會炸毀非戰鬥人員搭乘的巴士；恐怖份子殺手才會。自由鬥士不會暗殺無辜的商人或是劫持無辜的人；恐怖份子殺手才會……阿富汗抵抗外敵的鬥士不會摧毀村莊或是殺害無助的人。尼加拉瓜反抗軍不會炸毀學校校車或是大規模處死平民。

事實上，舒茲指揮尼加拉瓜的恐怖份子，他自己也知道，這些人專門以酷刑、強暴、殺戮等方式殘害平民，他們的暴行都有記錄可查，只是大家都忽略也很快就忘記了，甚至爲恐怖主義者辯護的人都否認（見註⑯）。阿富汗的抵抗戰士也採取殘酷暴行的手段，如果攻擊阿富汗的是美國人或以色列人（這時候美國人就是「解放者」，進行的是「自衛」），這種抵抗行爲在西方一定會引起強烈譴責。在舒茲發表這段談話幾個月前，他在安哥拉的UNITA（譯註：安哥拉武裝叛變團體）朋友還誇耀擊落一架民航機，造成二百六十六人死亡，並且釋放二十六名被扣留九個月之久的人質，其中包括二十一名葡萄牙、西班牙與拉丁美洲的傳教士；他們也宣佈「城市恐怖行動的新計劃」，根據美聯社的報導，盧安達發生一起爆炸案，一輛滿載炸藥的吉普車在市中心引爆，造成三十人死亡，七十多人受傷。他們也逮捕歐洲的教師、醫生與其他人士為人質，根據媒體報導，大約有一百四十多名外國人，包括十六名英國技術人員。若納斯・薩文比（Jonas Savimbi，譯註：UNITA 領導人）宣稱，「除非柴契爾首相承認他的組織，否則絕不釋放人質。」類似行動繼續進行，像是一九八六年四月，有家旅館被炸，造成十七位外國平民死亡，另有多人受傷。珍妮・科派翠克在「保守政治行動」（Conservative Political Action）大會上慷慨激昂地發表，薩文比是「這時代眞正的英雄，他在這個大會上誓言要攻擊在他國土上的美國石油設施，贏得熱烈的喝采」，這個計劃是要殺害美國人，卻沒有激起美國訴諸「防止未來攻擊的自衛」的教條。但是美國用這相同的教條去轟炸「瘋狗」格達費，南非的傭兵於一九八五年五月在安哥拉北部被俘虜，當時他們的任務是破壞這些設施以及殺害美國人，但是美國卻沒有轟炸約翰尼斯堡。恐怖國家必須運用微妙的判斷。⑧④對於舒茲而言，薩文比符合自由鬥士的資格。科派翠克與其他恐怖組織領導人與贊助者，主要是因為「UNITA 是南非夥伴團體中最常用來暗中顚覆其他鄰國。」⑧⑤

至於舒茲的尼加拉瓜反抗軍，他們主要的工作是以所有平民為人質，將人民置於殘酷的恐怖威脅之下，迫使政府無法努力滿足大多數貧民的需求，改走「溫和」與「民主」的政策，以滿足美國生意人與當地合作夥伴的需求，在美國的保護下，成為循規蹈矩的國家。但是在恐怖份子領導人與護教者猖狂的風氣下，像舒茲這種聲明說得理直氣壯。

挾持人質完全是恐怖主義。以色列從黎巴嫩撤退時，將大約一千二百名俘虜移往以色列，其中大部份是黎巴嫩的什葉派，這毫無疑問是嚴重的國際恐怖主義行動。以色列違反了國際法，還解釋說將會釋放這些人「依照黎巴嫩南部的安全狀況而定，沒有特定的時間表」，也就是說，這些人將會成爲人質。黎巴嫩南部與附近地區的「安全地區」，在以色列及其傭兵所管理的居民，如果「行爲良好」，這些人質才可能釋放。瑪麗・麥葛洛莉（Mary McGrory）的評論跟一般人的觀點不同，她說這些人是：「關在以色列監獄的人質，他們不是犯人，逮捕他們是要當作保險，以防以色列最後從黎巴嫩撤退時遭受攻擊。」事實上，以色列沒有意思要從黎巴嫩撤軍，以色列仍然維持此「安全地區」，甚至部份撤軍也是黎巴嫩抵抗所贏來的成果。一九八三年十一月，一百四十名俘虜被秘密移送到以色列，這違反了安沙戰俘營關閉之後（結果只是暫時關閉），與紅十字會所達成的交換釋放俘虜的協議。這種殘忍暴行的情景，在當地服務或旅行的以色列人經常描述爲「集中營」，對於這種野蠻行爲感到厭惡。甚至拒絕紅十字會探視這些俘虜，直到一九八四年七月才解禁。以色列國防部發言人納克曼・沙伊（Nachman Shai）指出，到一九八五年六月仍在獄監禁的七百六十六人中，有四百人是因爲「恐怖活動」而被逮捕，所謂「恐怖活動」

是指抵抗以色列的軍事佔領；而「其他遭逮捕的人是因爲進行政治活動或組織活動，意圖暗中破壞以色列軍隊在黎巴嫩的存在。」⑧⑥

以色列答應六月十日釋放三百四十名人質，「但是最後時刻以安全爲理由而取消釋放，沒有完整解釋原因。」⑧⑦四天後，黎巴嫩什葉派的人，據報導是以色列所拘禁人質的親友⑧⑧，劫持環球航空公司 TWA 847 班機，挾持人質要求以色列釋放人質，引起美國另一波同仇敵愾的虛僞論述，顯然是以種族主義爲基調，對於媒體允許劫機者有機會解釋他們的立場也大加譴責，認爲這樣違背自由社會的戒律。美國媒體對於以色列的綁票者就沒有如此特殊對待，通常當作「新聞」處理，也很樂意爲他們傳播訊息。

媒體往往被譴責「支持恐怖主義」，因爲允許恐怖份子表達他們的立場；雷根、舒茲、伊利艾特・阿伯拉姆斯（Elliott Abrams，譯註：布希總統特別助理兼民主人權和國際事務高級主管）與其他恐怖主義的領導人或贊助者，他們經常出現媒體，表達他們的訊息，沒有任何人提出反駁或批評，這就是新聞報導與評論在概念與前提上的基本結構。

TWA 847 班機的劫機者發表聲明，希望被以色列劫持的人質能夠安全獲釋，媒體嗤之以鼻。按照美國的說法，這些人不是人質，因爲是被「我們這一邊」所挾持的。什葉派荒謬的言行很容易就被揭發。著名的評論家佛洛拉・路易絲（Flora Lewis）解釋：「這是什葉派激進分子的特色，讚美殉教者，不在乎他人的生死，關心的只是『送回』俘虜的時間」，認爲較低階層的人不會感受到痛苦。《紐約時報》編輯沒有引用證據就宣稱：「上個星期（也就是在環球航機遭劫機前幾天），以色列已經計劃對新懷忿恨的什葉派讓步，但是因爲聯合國軍隊有幾位芬蘭籍的士兵在黎巴嫩被綁架而延誤。」《紐約時報》在九十個字的新聞報導中注意到芬蘭的指控，「以色列軍官眼睜睜看著黎巴嫩民兵毆打被綁架的芬蘭士兵，這些芬蘭士兵是在黎巴嫩爲聯合國服務，南黎巴嫩軍隊以鐵棍、水管與槍托毆打他們，但是以色列軍官沒有伸出援手。」《紐約時報》嚴厲斥責說：「此事有許多的罪行」，時報譴責劫機者、希臘當局（因爲他們散漫），甚至美國——因爲「去年劫機事件殺害兩名美國人的兇手，伊朗給予庇護，而美國沒有因此懲罰伊朗」（見註⑰）。但是以色列挾持人質卻不算這類罪行。⑱

學術聲望甚高的普林斯頓大學的中東歷史學者柏納・路易士（Bernard Lewis），明確地指出「劫機者或是幕後主使者非常清楚地知道，以色列已經計劃釋放什葉派與其他黎巴嫩受監禁的人，這種公然挑戰的行爲，只會使人質的釋放延後，不會加速。」他們進行「挑戰美國，羞辱美國人」，因爲他們知道懶散的媒體會「提供他們無限的宣傳，甚至某種形式的贊助。」這是素有聲望的學者在聲譽卓著的期刊上所發表的言論，因此對於統治階級的知識份子文化產生一些深刻的理解。什葉派要求以色列釋放所扣留的人質，《新共和》的編輯駁斥其訴求的理由「完全是廢話」：「劫機、綁架、謀殺與屠殺，都是什葉派與其他派別在黎巴嫩玩弄政治的手法」，「每個人都知道」只要以色列認爲情況良好並且準備妥當，以色列就會安排時間釋放所監禁的俘虜。雷根總統的虛僞則是更上一層，他解釋說，恐怖主義的「眞正目標」是要「將美國從這世界上趕走」。諾曼・波德霍雷茲（Norman Podhoretz）指出，使用武力可能造成美國人質死亡，譴責雷根總統「爲了護衛國家榮譽，犧牲生命（別人的生命）」。紐約市長愛德華・科克（Edward Koch）要求轟炸黎巴嫩與伊朗，其他人也紛紛表達英勇的姿態。⑽

同時，謹慎的讀者可能從人質危機的新聞報導中發現，二千名黎巴嫩什葉派教徒，包括七百名兒童，在以色列的南黎巴嫩軍隊砲擊下離鄉背井，搭乘聯合國維和部隊的吉普車，竟然遭受槍擊，聯合國發言人指出，當時「以色列軍隊與基督教領導的民兵，正聯合掃蕩今天南黎巴嫩的村莊，並且逮捕十九名什葉派的男人。」⑾

劫機事件之後，以色列開始根據自己的時間表釋放人質，也許是因爲環球航空劫機事件引起國際上對於以色列自己的綁架行爲更加注意，因此釋放人質的速度也加快進行。七月三日，有三百人開釋，美聯社報導說，這些人遭受酷刑毒打與飢饉，《紐約時報》的佛里德曼卻只聽到「以色列人對我們很好……。」雷根寫信給裴瑞斯，「指出貝魯特人質危機增強兩國的關係」，沒有提到其他「人質危機」，官方的歷史已經將這些事件抹銷。92

以色列的行動其實就是挾持人質，就因爲以色列是造成全球動亂的皇帝的夥計，所以沒有受指責。但是我們必須一再強調，按照現代政治歐威爾概念的本質，一些最極端的例子，像是尼加拉瓜或是南黎巴嫩，以全國人口爲人質，以確保遵從外國主子的命令，這樣的例子卻不算是「恐怖主義」與「人質」。

「外科手術」轟炸的受害者不是人

還是以中東爲例子，我們應該承認，國際恐怖主義的組織者就某些程度而言對這些事件相當了解。一九七〇年代，以色列對於南黎巴嫩猛烈攻擊，以色列外交官艾伯・伊本（Abba Eban）（他被認爲是鴿派領導人物）的解釋是：「前景看好，最終還是會實現，有影響力的人會施加壓力終止仇恨。」這句話說白了就是：「黎巴嫩南部的人被劫持當作人質，以此對他們施加壓力，強迫巴勒斯坦人接受以伊本爲代表的工黨政府所要求的現況」，伊本早就宣稱巴勒斯坦人在任何和平協議中「沒有角色地位」。⑬參謀總長顧爾（Mordechai Gur）在一九七八年解釋說：「三十年來……我們跟住在鄉村與城市的人作戰。」他指出，像是轟炸約旦的依爾比德（Irbid）市，造成約旦河谷數萬人離鄉背井，以及蘇彝士運河一百五十萬居民被迫離開，這些事件都是計劃挾持平民爲人質，以防止對於以色列以武力進行政治解決進行抗爭，然後拒絕任何和平解決的可能方案，例如沙達特於一九七一年提出完整的和平條約，由國際承認埃及與以色列的國界，目的就是要維持現狀。以色列經常對於沒有自衛能力的平民實施「報復」，這些平民跟恐怖份子根本沒有關係（這些平民爲了報復以色列的恐怖主義，結果演變成惡性循環）。這也反映相同的概念，一九五〇年代初期本—古里安曾經提出一句名言：「反應是沒有效率的」（reaction is inefficient），除非精確瞄準目標：「如果我們認識這家人——（我們必須）無情打擊，婦孺老弱也包括在內。」⑭

對於以色列戰爭的了解，顧爾與軍事將領都有相同的認識。一九八五年年初鐵拳行動時，國防部長拉賓警告說，「以色列跟埃及進行消耗戰，必要時將會執行約旦河焦土政策」。他又說：「比起一九八二年，黎巴嫩的恐怖行動更加嚴重」，什葉派恐怖份子現在令西歐感到恐懼（卻沒有解釋爲什麼在一九八二年以色列入侵之前，黎巴嫩不會令西歐感到恐懼），所以，以色列必須在南部維持一個「我們可以介入的地區」。退休的傘兵部隊指揮官都比克・塔馬利（Dubik Tamari），曾經下令以飛機與大砲轟平安涅希衛（Ain el-Hilweh）的巴勒斯坦難民營，以拯救他所指揮的部隊的性命（這又是一樁「純淨的戰爭」謊言）。他認爲這個行動有其正當性，因爲「以色列從一九四七年就一直屠殺平民」，「故意屠殺平民」是「許多目的之一」。[95]

塔馬利引述一九五三年攻擊吉比亞（Qibya）的例子，當時夏隆的一〇一部隊到村民家中殺害大約七十名阿拉伯村民，宣稱是報復恐怖份子攻擊，其實這些村民跟恐怖份子沒有關係；本—古里安在以色列廣播電台謊稱，阿拉伯村民是被以色列平民殺害，這些以色列平民被阿拉伯恐怖行動激怒，「大多數是來自阿拉伯國家的難民以及納粹集中營的劫後餘生者」，否認以色列軍隊涉入，認爲這是「胡說八道」。這眞是無恥的謊言，甚至於將以色列屯墾區的人置於冷血屠殺的報復威脅之下。很少人知道，在吉比亞屠殺一個月之前，戴揚派一〇一部隊驅趕阿薩茲瑪（Azzazma）與塔爾賓（Tarbin）的貝都因人越過埃及邊界，這項驅趕行動從一九五〇年進行，而且是在停火不久就開始。一九五四年三月，阿薩茲瑪部落的人在東納吉夫（Negev）突襲一輛巴士，十一名以色列人被殺害（「無緣無故的恐怖主義」），以色列就攻擊毫無關係的約旦村莊納哈林（Nahaleen），殺死九名村民（「報復」）。一九五三年八月，夏隆的一〇一部隊在迦薩走廊的布瑞格（al-Bureig）難民營殺死二十個人，其中三分之二是婦孺，說是爲了「報復」滲透。㊿

這種「報復」（以色列）與「恐怖行動」（巴勒斯坦人）的循環，可以一步一步追溯到好幾年前，這種名詞的運用是宣傳伎倆，而非事實的陳述。

在此要指出，竄改歷史對自己有利，其實是很有效的。因此，佛里德曼評論「以色列的反恐怖主義」策略時，他寫道：「第一階段，從一九四八年到一九五六年，可以說是透過報復反恐怖主義的時期，或者稱之爲負面回饋時期」，雖然「這些報復至少有一件，因爲牽涉到平民傷亡，因此很有爭議性」，所指的應該是吉比亞屠殺事件。學術界討論恐怖主義，往往沒有什麼不同。㊾

一九八五年初，以色列軍隊在黎巴嫩南部的鐵拳行動，也是遵照伊本所訂下的指導原則。在恐怖行動的威脅下，平民被當成人質，以保證他們接受以色列在黎巴嫩南部與佔領區所主導的政治安排。這警告依然有效，平民還是人質；但是沒有人注意到超級強權贊助這些行動，並且禁止任何有意義的政治解決方案。

大規模的恐怖主義，包括挾持人質，如果得到幕後老闆的允許，是不會遭受譴責的，小規模的恐怖主義也是一樣。舉幾個其他的案例來說，一九八三年十一月到十二月，以色列「清楚表明，只要以色列俘虜的命運仍在未定之天，就不允許阿拉法特的軍隊撤離該城（黎巴嫩北部的的黎波里，叙利亞支持的軍隊正在攻擊他們）。」因此，以色列轟炸所謂的「游擊隊位置」，打算載運撤出效忠阿拉法特軍隊的希臘船隻，也被阻止出航。Druze 發言人報告說，空襲與猛烈砲轟貝魯特東邊「據傳是巴勒斯坦基地」時，有一家醫院被炸，在的黎波里，一艘已經損毀的貨船被直接命中而沉沒」，還有「一艘貨輪被擊中爆炸，陷入一片火海」。98

平民與外國船隻都被當作人質，以確保以色列入侵黎巴嫩時被俘虜的人能夠獲釋。對於這種更上一級的殘酷暴行，美國完全沒有批評。

以色列在黎巴嫩與地中海任意進行攻擊，完全不受指責。一九八五年七月中，以色列戰機猛烈轟炸的黎波里附近的巴勒斯坦難民營，至少殺死二十人，大多數是平民，包括六個十二歲以下的兒童。「的黎波里的難民營有兩萬五千多名巴勒斯坦人，下午兩點五十五分攻擊之後，有好幾個小時這裡硝煙密佈，灰塵瀰漫」，這是爲了報復幾天前在黎巴嫩南部以色列的「安全區」內，有一個跟叙利亞有關的組織發動兩起汽車炸彈攻擊。兩星期後，以色列砲艇在距離西頓港口一哩之處，攻擊宏都拉斯籍的貨船，希臘船長說，該船運送水泥，遭受三十發砲彈攻擊後起火燃燒，後來民兵反擊，岸上也遭到轟炸，造成平民受傷。第二天以色列砲艇擊沉一艘漁船，其他三艘也受損，西頓的國會議員要求聯合國阻止美國支持以色列的「海盜行爲」，主流媒體甚至連報導也免了。一九八四年一月，以色列對於貝卡（Bekaa）山谷巴貝克（Baalbek）附近的「恐怖份子設施」，進行所謂的「外科手術」，造成一百人死亡，大多是平民，有四百人受傷，包括一百五十名小孩在校舍裡被炸傷，媒體也都沒有報導。被炸的「恐怖份子設施」還包括一所清眞寺、一間旅館、一家餐廳、商店與其他建築，有三座黎巴嫩村莊與巴勒斯坦難民營遭到攻擊，貝魯特的新聞報導指出，有一座牛市與工業園區也遭受攻擊，數十間房屋毀損。路透社記者在遭受轟炸的村莊報導，第一波轟炸之後十分鐘又有第二波，「傷亡人數因此增加」，因爲大家正要開始從傾頹的建築物中挖掘死者與傷者。他看到醫院裡「有許多小孩」，還有人看到父母急忙衝到學校尋找自己的小孩。黎巴嫩什葉派的領導人譴責「以色列野蠻行爲」，描述這攻擊是針對「無辜平民、醫院與作禮拜的場所」，企圖「讓黎巴嫩人感到恐怖」。但是沒有人評論這事件，絲毫不影響以色列是「關懷人類生活的國家」（《華盛頓郵報》）的地位，所以我們可以再一次得到結論，這次「外科手術」轟炸的受害者不是人。⑲

我們可以想像，如果巴解組織或是敘利亞對於台拉維夫附近的「恐怖份子設施」實施「外科手術攻擊」，造成一百位平民死亡，四百多人受傷，包括一百五十名小孩在學校被轟炸，那麼西方國家，包括「親阿拉伯國家」的媒體，會有什麼反應。

美國的標準說法是，以色列的暴力行爲也許有時候太過分，不過都是對阿拉伯暴行的「報復」。以色列跟美國一樣，有較廣泛的權力：有權實施恐怖攻擊，以消除潛在的敵對行動，以色列鴿派的國會議員魯賓斯坦稍早之前就爲黎巴嫩戰爭如此辯稱。以色列軍隊在黎巴嫩巡邏時，實施他們稱之爲「預防性射擊」，以機關槍掃射各地形地物，導致愛爾蘭維和部隊封鎖道路以表示抗議。以色列攻擊黎巴嫩經常被描述爲「預防性，不是懲罰性」，例如，一九七五年十二月二日，三十架以色列戰機空襲與砲轟巴勒斯坦難民營與附近的村莊，顯然是報復安理會決定要討論一項和平方案，根據以往的歷史，這項和平方案被美國否決。⑩同樣地，一九七三年二月，以色列空降部隊與兩棲作戰部隊攻擊黎巴嫩北方的的黎波里，根據黎巴嫩官方報導，造成三十一人死亡（大多是平民），毀損教室、診所與其他建築物，以色列的理由是「對於恐怖份子企圖攻擊以色列海外設施的計劃，採取先發制人」。⑪

這種模式經常被運用，而這個藉口也被接受，再一次反映出，以色列的地位是有利用價值的夥計國家，而犧牲遇害的人則是低賤沒有價值。

猶太人民族運動及國家，寫下恐怖暴行的紀錄

前面所提到的案例發生的那天，一架飛往開羅的利比亞民航機，在距離開羅兩分鐘航程的地方，因爲沙塵暴而迷航，結果被以色列擊落，造成一百一十人死亡。美國政府對於受難的家屬表示同情，但是媒體發言人「委婉地拒絕跟記者討論政府對此事件作何感想」。以色列將責任推給法籍駕駛員，《紐約時報》也忠實地跟進，接受以色列的說辭，認爲駕駛員知道以方命令他降落，卻採取「高度可疑」的入侵行動。蘇聯擊落韓航KAL 007班機，⑽也是持相同的理由。因此，以色列的行動「是最惡劣的……這種痲木不仁的行爲，即使以阿拉伯以前的野蠻行爲當作藉口都不可原諒。」

以色列總理梅爾（Golda Meir）表達官方的反應：「以色列政府對於死難者深表哀悼，很遺憾利比亞駕駛員沒有根據國際慣例對於警告做出回應」，裴瑞斯也補充說明「以色列的行爲符合國際法」。以色列謊稱該駕駛員未經認可駕駛噴射客機。阿米朗・科翰（Amiram Cohen）詳細分析以色列的反應（在蘇聯擊落韓航KAL 007班機之後），他評論說：「禁止媒體刊登被擊落飛機與死傷者的照片，禁止記者到比

爾雪巴（Beersheba）的醫院採訪生還者」，故意散播不正確的資訊（disinformation）。以色列的媒體駁斥國際上的反應，認爲歐洲的抗議是「反閃族主義的精神在作祟」，實際上是一種反射作用，如果有人膽敢提起或是批評以色列的罪行，美國的反應也是一樣。以色列媒體堅持「以色列沒有責任」，「應該怪罪的是（法籍）駕駛員」。科翰發現，「媒體被動員起來」堅定支持以色列行爲的正當性。揑造許多事證之後，以色列承認「有判斷上的錯誤」，「基於人道的考量」同意從優撫恤死難者家屬，但是否認有任何「罪行」或是以色列有任何責任。⑩³

這事件在美國很快就事過境遷，很少人批評犯罪的兇手。四天後梅爾總理到美國訪問，媒體很少問她尷尬的問題，回國時美國還送她軍機當作禮物。一九八三年九月，俄國人擊落KAL 007班機⑩⁴，同時華盛頓的UNITA朋友宣稱擊落兩架民航機，反應就不一樣了。「國際恐怖主義」有什麼條件，其實也不難分辨。

以色列的恐怖主義記錄，可以回溯到以色列建國之初，甚至於更早。包括一九四八年七月，在立達（Lydda）與拉姆勒（Ramle）屠殺兩百五十位平民，並且殘忍驅逐七萬人；一九四八年十月，在希伯倫（Hebron）附近的杜耶瑪屠殺數百名沒有抵抗能力的村民，以色列國際宣傳機構宣稱這是執行「土地淸理作業」，至今仍然這麼說，阿拉伯人在領導人的呼籲之下只好逃離；一九五六年，佔領迦薩走廊之後，以色列國防軍殺害數百名巴勒斯坦人；在吉比亞、卡夫卡森（Kafr Kassem）進行大屠殺，以及一連串的暗殺行動；一九四八年戰爭之後不久，將數千名貝都因人趕出非軍事區，一九七○年代初期，又將數千人驅離西奈半島東北部，摧毀他們的村莊，開放給猶太籍移民；可謂罄竹難書。受害者都是「強硬支持巴解組織的人」，也就是恐怖份子。因此，《哈雷茲》（*Ha'aretz*）的編輯休肯（Gershom Schocken）寫道：「夏隆從一九五○年代初期，就以殘忍無情對付巴解組織強硬派而聞名」，這裡指的是一九五三年，他在布瑞格與吉比亞屠殺平民（巴解組織尚未成立）。黎巴嫩與其他地方的死者也都是「恐怖份子」，因此非殺不可，否則一個奉獻於「純淨的戰爭」，又被美國「親阿拉伯」媒體讚譽為「高度法治」的國家，是不可能殺害這些平民的。

恐怖份子的領導人都得到獎勵。一九八一年，美國當代最主要的恐怖份子擔任總統職務，這時候的以色列總理與外交部長也都是惡名昭彰的恐怖份子。猶太國家最高職務的人，曾經於一九四八年一次清理土地的行動中屠殺數十個人，當時他在黎巴嫩一個城鎮駐守清真寺，他很快就獲得赦免，所有的犯罪紀錄都被抹銷，並且給予他律師執照，因為他的行為「沒有任何污名」。(105)

對美國人實施恐怖主義，甚至也是可以忍受的。一九五四年，以色列恐怖份子攻擊美國在埃及的設施（也是公共場所），企圖使美國與埃及的關係惡化，並且破壞當時秘密進行的和平談判，當時都沒有人注意，也很少人還記得。一九六七年，以色列轟炸機與魚雷艇企圖在公海上擊沉美國間諜船「自由號」（Liberty），甚至對救生艇射擊，不讓任何人逃離，造成三十四名船員喪生，一百七十一人受傷，這是二十世紀承平時期美國海軍最嚴重的不幸事件，但是只推說「失誤」，這顯然太荒謬了，但是幾乎沒有人知道此事。⑩同樣地，以色列軍隊在西岸與黎巴嫩南部虐待美國人，媒體也幾乎沒有注意，以色列予以否認，美國駐以色列大使也根本不管，⑩這是因爲受害人是阿拉伯裔的美國人，所以情有可原。

以色列的恐怖主義的紀錄，甚至還包括早期對猶太人，最令人訝異的是，居然沒有影響以色列在美國的聲譽，這在歷史上是前所未有的。每次新的恐怖主義行動，如果不是沒人注意，就是很快被忘記，或說成暫時的行爲偏差，替以色列解釋說，因爲大敵當前所以暫時偏離正義。同時，媒體經常被指責有「雙重標準」，忽略阿拉伯的罪行，卻對以色列採行不可能的標準，著名的學者嚴肅地告訴我們說：「西方許多公衆人物，甚至有些西方國家政府（當然，都沒有指名道姓）」鼓勵巴解組織摧毀以色列。⑩美國各黨派的政治人物以及知識份子，除了少數例外，都一致認爲巴勒斯坦恐怖主義與其阿拉伯盟邦，在克里姆林宮的慫恿之下，不斷地殺害猶太人與摧毀以色列，拒絕考慮任何政治解決方案，這才是以阿衝突不斷的根本原因，而以色列是可憐的犧牲者。對美國而言，應該鼓勵對抗「邪惡的恐怖主義暴行」，無論是中美洲、黎巴嫩或任何地方。

猶太人民族運動以及從這運動發展出來的國家，寫下恐怖暴行的紀錄，但是他們主導西方國家輿論，因此不受譴責。對美國人而言，回想「希特勒選擇讚美美國……解決土著民族的問題」⑩⑨，那就夠了。今天在中美洲，有許多人生活在希特勒的規範下，而美國卻支持。但是，最近「文明國家」對於「恐怖主義」的批判，卻帶有明顯的虛偽特質，只有正派人士才會對此表示輕視。

註釋

① *New York Times*, October 17, 18, 1985.

② *Ha'aretz*, March 22, 1985; for other sources, see *FT*, 54, 75, 202.

③ Herzog, Yossi Beilin, *Mechiro shel Ihud*（Tel Aviv, 1985）, 147. Gazit, *Hamakel Vehagezer*（Tel Aviv, 1985）, quoted in *Al Hamishmar*, November 7, 1985. Rabin, *Washington Post*, December 6; *Newsweek*, December 15, 1975; *TNCW*, 267-8. When I refer to Reagan, I an speaking not of the symbolic figure but of the policy-makers and PR specialists of the Administration.

④ *Yediot Ahronot*, November 15, 1985.

⑤ Ze'ev Schiff, *Ha'aretz*, February 8, 1985; see *FT* for testimony from participants, not reported in the U.S., and for denial of the facts by apologists for Israeli terror, on the grounds that media are anti-Semitic and "pro-PLO" while "Arabs exaggerate" and "no onus falls on lying" in "Arab culture"（Martin Peretz; the latter insight in *New Republic*, August 29, 1983）.

⑥ See note 48, below.

⑦ Godfrey Jansen, *Middle East International*, October 11, 1985, citing *LAT*, October 3.

⑧ It appears in *Against the Current*, January 1986.

⑨ Cf. *FT*, 127, 176.

⑩ Bernard Gwertzman, *New York Times*, October 2, 7, 1985.

⑪ Beverly Beyette, *Los Angeles Times*, report on International Conference on Terrorism, *Los Angeles Times*, April 9, 1986.

⑫ Edward Schumacher, *New York Times*, October 22, 1985.

⑬ *New Republic*, October 21, 1985, January 20, 1986; Associated Press, April 4, 1986.

⑭ Robert McFadden, "Terror in 1985: Brutal Attacks, Tough Response," *New York Times*, December 30, 1985.

⑮ UPI, *Los Angeles Times*, December 28, 1985; McFadden, "Terror in 1985"; Dershowitz, *New York Times*, October 17, 1985. Alexander Cockburn, *Nation*, November 2, 1985, the sole notice of the shameful hypocrisy, to my knowledge.

⑯ Ross Gelbspan, *Boston Globe*, December 16, 1985。關於反抗軍的暴行，見 Americas Watch 的定期報導與其他詳盡的探討研究，其中包括 *Report of Donald T. Fox, Esq. And Prof. Michael J. Glennon to the International*

Human Rights Law Group and the Washington Office on Latin America, April 1985。他們引用國務院一位高層的話，描述美國的態度是一種「故意忽略」。媒體與其他人也都忽略這些可怕的記錄，甚至護教論者則是斷然地否認西方國家有這種殘暴的行爲（沒有提出證據），如 Robert Conquest, "Laying Propaganda on Thick," *Daily Telegraph*（London）, April 19, 1986。Conquest 跟我們保證，樂施會與其他人的指控不僅是錯誤，也是「愚蠢的」。Conquest 以揭發共黨罪行而聞名，對於否認的人則是加以譴責。參見 Gary Moore, *National Interest*, Summer 1986，有類似的資料；或是 Jeane Kirkpatrick（*Boston Globe*, March 16, 1986），她告訴我們「尼加拉瓜反抗軍努力避免傷害平民，而且記錄良好，跟桑定政權對於異議份子與反對人士的制度化殘暴行爲，簡直不能相提並論」；可比較的謊言與爲蘇聯殘酷暴行的系統辯護，在媒體將無法忍受。亦見註㊹，與第三章註⑭。平常的程序不是要否認，而只是忽略西方代理國家或夥計國家的殘酷暴行。舉幾個例子，包括相當引人注目的謊言，見 *Political Economy of Human Rights*, vol. II；我的"Decade of Genocide in Review," *Inside Asia*（London）, February-March 1985（reprinted in James Peck, ed., *The Chomsky Reader*（Pantheon, 1987）, and "Visions of Righteousness," *Cultural Critique*, Spring 1986; Christopher Hitchens, "The Chorus and Cassandra," *Grand Street*, Autumn 1985。

⑰ *New York Times*, June 29, 1985.

⑱ 還有在以色列。他獲得權力之後，虐囚、拘留、違反國際法的驅逐、封閉房屋等事件就增加，以前工黨政府所做的事情，美國的左派—自由派輿論大都讚美，但是在 Menachem Begin 時，就減少或是暫時取消讚美。Danny Rubinstein, *Davar*, February 4, 1986; Eti Ronel, *Al Hamishmar*, June 11, 1986。關於虐囚，參見 *Ha'aretz*, February 24, 1986, and Ghadda Abu Jaber, 1985 *Policy of Torture Renewed*, Alternative Information Center, Jerusalem, February 1986; *Koteret Rashit*, May 7, 1986。亦見 Amnesty International, "Town Arrest Orders in Israel and the Occupied Territories, " October 2, 1984。

⑲ Curtis Wilkie, *Boston Globe*, March 10; Julie Flint, *Guardian*（London）, March 13; Jim Muir, *Middle East International*, March 22; Breindel, *New York Times* Op-Ed, March 28; Nora Boustany, *Washinston Post*, March 12, 1985. A photo of the wall graffiti appears in Joseph Schechia, *The Iron Fist*（ADC, Washington, 1985）.

⑳ *Guardian*（London）, March 2, 6, 1985.

㉑ Ilya, *Jerusalem Post*, February 27, 1985; Magnus Linklater, Isabel Hilton and Neal Ascherson, *The Fourth Reich*（Hodder & Stoughton, London, 1984, 111）; *Der Spiegel*, April 21, 1986（see chapter 3）; *New York Times*, March 13, 1985.

㉒ Ihsan Hijazi, *New York Times*, January 1, 1986; Hijazi notes that the reports from Israel differed.

㉓ *Christian Science Monitor*, January 30, 1986.

㉔ For detailed examination, see *FT*. Or compare, for example, what appeared in *Newsweek* with what bureau chief Tony Clifton describes in his book *God Cried*（Clifton and Catherine Leroy, Quartet, 1983）, published in London. Or consider *My War Diary* by Col. Dov Yermiya, one of the founders of the Israeli army, published in violation of censorship in Israel（see *FT* for many quotes）and later in English translation（South End Press, 1983）, but entirely ignored in the media, though it is obviously a work of considerable importance. There are numerous other examples.

㉕ Landrum Bolling, ed., *Reporters Under Fire*（Westview, 1985）. Included, for example, is a critique of the media by the Anti-Defamation League of B'nai Brith and other accusations which barely rise to the level of absurdity（see *FT* for analysis of these documents）, but not a study by the American-Arab Anti-Discrimination Committee that presents evidence of "a consistent pro-Israeli bias" in press coverage of the war.

㉖ Kifner, *New York Times*, March 10; Muir *Middle East International*, February 22, 1985; Mary Curtius, *Christian*

Science Monitor, March 22; Jim Yamin, *Christian Science Monitor*, April 25; Yamin, interview, *MERIP Reports*, June 1985; David Hirst, *Cuardian*（London）, April 2; Robert Fisk, *Times*（London）, April 26, 27; *Philadelphia Inquirer*, April 28, 1985. On Israeli efforts to fuel hostilities in the Chouf region from mid-1982, see *FT*, 418f.

㉗ *Middle East International*, March 22, 1985.

㉘ UPI, *Boston Globe*, September 22, 1984; Olmert interview, Al *Hamishmar*, January 27, 1984; Hirsh Goodman, *Jerusalem Post*, February 10, 1984; Wieseltier, *New Republic*, April 8, 1985; on Hasbara, see preface, note 15.

㉙ Don Oberdorfer, "The Mind of George Shultz," *Washington Post Weekly*, February 17, 1986; Rubin, *New Republic*, June 2, 1986; Friedman, *New York Times*, February 16, 1986。Rubin 跟 Wieseltier 一樣，宣稱敘利亞所支持的「恐怖主義……不只是對西方追求和平失敗而發出憤怒的吶喊，也是企圖要共同阻擋民主，」因爲「幾乎任何可以想到的解決方法，敘利亞政府都無法接受。」Rubin 知道敘利亞支持外交解決，這跟國際共識很接近，但是因爲他們跟美國的拒絕承認主義有隔閡，這些解決方法是「不可理解的」，而且不算是「外交的選擇方案」；見第一章。關於黎巴嫩的看法，見第五章註㉒。

㉚ *Los Angeles Times*, October 18, 1985.

㉛ *New York Times*, October 18, 1985.

㉜ Ze'ev Schiff, "The Terror of Rabin and Berri," *Ha'aretz*, March 8, 1985; also General Ori Or, commander of the IDF northern command, IDF radio; FBIS, 15 April, 1985.

㉝ Gershom Schocken, editor of *Ha'aretz, Foreign Affairs*, Fall 1984.

㉞ Shimon Peres, *New York Times*, July 8, 1983. On the atrocities in Khiam, see *TNCW*, 396-7; *FT*, 191; Yoram Hamizrahi, *Davar*, June 7, 1984; press reports cited in the Israeli Democratic Front publication *Nisayon Leretsach-Am Bilvanon: 1982*（Tel Aviv, 1983）.

㉟ Jim Muir, *Sunday Times*（London）, April 14, 1985; *Christian Science Monitor*, April 15, 1985; Joel Greenberg, *Christian Science Monitor*, January 30, 1986; Sonia Dayan, Paul Kessler and Géraud de la Pradelle, *Le Monde diplomatique*, April 1986; Menachem Horowitz, *Ha'aretz*, June 30, 1986.

㊱ *Information Bulletin 21*, 1985, International Center for Information on Palestinian and Lebanese Prisoners, Deportees, and Missing Persons, Paris. *Israel & Palestine*（Paris）, July 1986）. On IDF-run prisons in Lebanon, see *FT*, 23ff.

㊲ Benny Morris and David Bernstein, *JP*, July 23, 1982; for comparison by Israeli Journalists of life under the PLO and under Israel's Christian allies in Lebanon, a picture considerably at variance with the standard U.S. picture, see *FT*, 186f. Particularly significant is the report from Lebanon by Israeli journalist Attallah Mansour, of Maronite origin. For more on Nabatiya, see *FT*, 70, 187.

㊳ *Economist*, November 19, 1977.

㊴ John Cooley, in Edward Haley and Lewis Snider, eds, *Lebanon on Crisis*（Syracuse, 1979）. see *TNCW*, 321; *FT*, 70, 84.

㊵ Edward Haley, *Qaddafi and the United States since 1969*（Praeger, 1984）, 74.

㊶ James Markham, *New York Times*, December 4, 1975.

㊷ AP, *New York Times*, February 21; Julie Flint, *Guardian*（London）, February 24; Ihsan Hijazi, *New York Times*, February 28; AP, February 20, 1986. The only detailed account in the U.S., to my knowledge, was by Nora Boustany, *Washington Post*, March 1, though with the IDF role largely excised, possibly by the editors, since reporters on the scene knew well what was happening-including murder of fleeing villagers by Israeli helicopter gunships, beating and torture in the presence of Israeli officers, etc., as some have privately indicated.

㊸ Ihsan Hijazi, *New York Times*, March 25; Dan Fisher, *Los Angeles Times*, March 28; Associated Press, April 7; Hijazi, *New York Times*, April 8, 1986.

㊹ See, for example, Robert Leiken, "Who Says the Contras Cannot Succeed?," *Washington Post*, July 27, 1986-dismissing without argument the extensive record of atrocities by the terrorists he supports on the usual style of apologists（see note 17）, and with the Maoist prattle familiar from his writings. See my introduction to Morley and Petras, *The Reagan Administration*, and chaper 3, note 3; and my *Culture of Terrorism*（South End Press, 1988）, 205-6, 213.

㊺ Peres, *New York Times*, July 8, 1983; Breindel, *New York Times*, Op-Ed, March 28; *New York Times*, September 16, 1983, June 3, 1985; Kamm, *New York Times*, April 26,1985; Friedman, *New York Times*, January 9, February 20, February 18, 1985; Brzezinski, *New York Times*, October 9, 1983; Reagan, press conferences, *New York Times*, March 29, 1984, October 28, 1983. See also the remarks by Rabbi Alexander Schindler, President of the Union of American Hebrew Congregations（Reform）: the PLO "threatened to destroy what was left of Beirut rather than surrender"; sending the Marines to oversee their departure instead of permitting Israel to finish the job was "surely the most ignominious" assignment the Marines were ever given（UPI, *Boston Globe*, October 28, 1984）. These intriguing illustrations of religion in the service of state violence are omitted from the *Times* account the same day.

㊻ *New York Times*, June 7, 1983.

㊼ Quandt, *American-Arab Affairs*, Fall, 1985; Hillel Schenker, Interview with David Shipler, *New Outlook*（Tel Aviv）, May 1984.

㊽反對派的工黨支持戰爭，部份原因是民意調查的結果顯示，有百分之九十八的利庫黨與百分之九十一的工

黨支持者認爲這是合理的。八月中，貝魯特遭受可怕的轟炸，戰爭也結束了，比金與夏隆的民意支持率也從最高的百分之八十二與百分之七十八，在 Sabra-Shatila 屠殺之後，下降到百分之七十二與百分之六十四。見 *FT*, 251-62, 394; 378f。

㊾ Philip Weiss, New *Republic*, February 10, 1986.

㊿ Schiff and Ya'ari, *Israel's Lebanon War*（Simon & Schuster, 1984）, 35; John Kifner, *New York Times*, July 25, 1981. Schiff and Ya'ari 宣稱「儘管花了許多力氣才準確地確定目標與直接攻擊，還是造成一百多人死亡」，包括三十名「恐怖份子」。Schiff-Ya'ari 的書部份是從希伯來原文翻譯的，根據 Ya'ari 的說辭，大約百分之二十的原文被以色列審查員刪除（*Kol Hair*, February 2, 1984），美國學者 Augustus Norton 引述一位「受尊敬的記者——跟作者沒有關係」的話，大約百分之五十被刪除（*Middle East Journal*, Summer, 1985）。尼加拉瓜在美國代理人軍隊的攻擊之下，該地的新聞檢查在美國引起很大的憤慨。當然，以色列最極端的新聞檢查是直接針對阿拉伯人，也包括以色列公民。小的案例請參見 *FT*, 139f., 與 *TTT*, 73f.。詳細比較以色列與尼加拉瓜的新聞檢查，以及在較小的威脅之下更糟的美國記錄（最高法院法官 Brennan 指出），參見我的 *Necessary Illusions*（South End Press, 1989），第五章與附錄，以及附錄 II.2。

51 Walsh, *Washington Post Weekly*, March 4, 1995; Wilkie, *Boston Globe*, February 18, 1985.

52 *FT*, 448, 440, citing Israeli press; *News from Within*（Tel Aviv）, October 1, 1985; *Yediot Ahronot*, November 4, 1983.

53 *Ha'aretz*, June 25, 1982; see *FT*, 200f., for further quotes and simlar analyses by other Israeli commentators.

54 B. Michael, *Ha'aretz*, November 13, 1983; Bachar, *Yediot Ahronot*, November 11, 1983; Morris, *JP*, June 5, 1984.

55《新共和》一向小心翼翼爲以色列辯護，以防「許多媒體人相信猶太國家的諸多不好反映」，該刊物譴責《華盛頓郵報》「合作誹謗」，報導夏隆企圖在黎巴嫩建立他所謂的「新秩序」（希特勒的用語）（Martin

Peretz, *New Republic*, March 18, 1985; *New Republic*, March 19, 1984）。這句話確實是希特勒說的，夏隆也使用，以色列的評論也都用。在裴瑞斯譴責郵報正確報導實情的一個月之前，右翼的報紙 *Yediot Ahronot* 刊登一則新聞，標題爲「夏隆事先宣佈『新秩序』的計劃」，這是美國大使 Morris Draper 引述夏隆在洛杉磯一場猶太聯合會不公開的會議上的話（February 23, 1984）。這個用法是很標準的；其他例子見 *FT*，以及其他《新共和》小心避免以色列的案例（e.g., 215f., 258f.）。

(56) Olmert, *Ma'ariv*, November 22, 1983; Milson, *Koteret Rashit*, November 9, 1983; Sharon, cited by Ze'ev Schiff, *Ha'aretz*, May 23, 1982; Milshtein, *Hadashot*, September 26, 1984; Rubinstein, *Ha'olam Haze*, June 8, 1983. On Ben-Gurion's aspirations before and after the state was established, see *FT*, 51, 160f.; Shabtai Tevet, *Ben-Gurionand the Palestintian Arabs*（Oxford, 1985）and the review by Benny Morris, *Jerusalem Post*, October 11, 1985.

(57) *FT*, 199, citing an interview in *Ha'aretz*, June 4, 1982; *FT*, 117, 263.

(58) *Nouvel Observateur*, May 4; *Observer*（London）, April 29; *Jerusalem Post*, May 16; *San Francisco Examiner, May 5; Washington Post*, July 8, 1984. See my "Manufacture of Consent," December 1984, published by the Community Church, Boston, and my "United States and the Middle East "*ENDpapers*（UK）, Summer 1985, for further details. On earlier Israeli determination to evade a political settlement, with regular U.S. support, *see FT* and Beilin, *Mehiro shel Ihud*.

(59) *Ha'aretz*, September 29, 1985（cited by Amnon Kapeliouk, *Le Monde diplomatique*, November 1985）; *Koteret Rashit*, October 9, 1985.

(60) Julie Flint, *Guardian Weekly*, January 19, 1986.

(61) *Post* 並沒有將這件事情描述爲「恐怖份子領導人」Menachem Begin 所做的「恐怖行動」。Haganah 顯然有參與；見第五章註㉞。

⑥② Christian Williams, Bob Woodward and Richard Harwood, "Who Are They?" *Washington Post*, February 10, 1984; editorial, *New York Times*, May 19, 1976。關於眞相，見 *TCNW, FT*。某些人權組織的行爲在這方面值得注意，爲了確保不會有不愉快的資訊，國際人權同盟暫時取消以色列的分會資格，因爲以色列執政的工黨企圖以粗暴手段摧毀該組織，以色列法院迅速予以阻止；參見我的 *Peace in the Middle East?*（Pantheon, 1974, 196-7）, *FT*, 142, 178。這種行爲如果施加在其他國家，將會引起激憤，但是並沒有影響國際人權同盟的關注。同樣地，人權資訊的期刊 *Human Rights Internet* 只有報導，對於違反人權沒有評論申述，讓 Anti-Defamation League 對於有關以色列的指控做反映，其他國家是不會這麼做的；因此共黨當然沒有空間對於蘇聯的指控做出反應。

⑥③ *New Outlook*, Tel Aviv, October 1985; *Davar*, July 18, 1985。軍事歷史學家 Uri Milshtein 寫道，跟標準的報導正好相反，是以色列引起衝突，造成「損耗戰」，以坦克砲轟埃及陣地，數十名士兵死亡；*Monitin*, August 1984。

⑥④ Thomas Friedman, *New York Times*, January 31, 1986.

⑥⑤ Hirst, *Manchester Guardian Weekly*, April 20, 1986; Harkabi, quoted by Amnon Kapeliouk, *Le Monde diplomatique*, February 1986.

⑥⑥巴解組織宣稱，被殺害的三名以色列人涉及這些行動，如同以色列記者 David Shaham 所說的，這是相當難以置信的指控（John Bulloch, "PLO Victims were Mossad Agents," *Daily Telegraph*（London）, October 3, 1985; Shaham, *Al Fajr*, November 29, 1985）。

⑥⑦ *Ha'aretz*, June 12, 1986. The report gives no indication that a trial took place.

⑥⑧ *FT*, 77; David Shipler, *New York Times*, November 25, 1983; *New York Times*, January 26, 1984。一九八九年，《華盛頓郵報》刊登一則有關被政府拘留的巴勒斯坦囚犯釋放的故事，許多人「住在有爭議的Negev帳棚

城市」。故事不經意提到，「同時，在破曉之前，以色列海軍攔下一艘從黎巴嫩開往賽浦路斯的船，逮捕十四個人，宣稱可能是恐怖份子」，將他們帶往以色列「調查」。以色列和平組織Dai l'Kibbush報導說，一九八六年至八七年，以色列軍事法庭將十幾個從海上或是在黎巴嫩綁架過來的人定罪，說他們是「非法組織的成員」，但是沒有反以色列的行動或是計劃。這些被綁架的巴勒斯坦人，以色列宣稱他們屬於巴解組織，而被綁架的黎巴嫩人，以色列則說他們是Hizbullah組織，至少有一個人是什葉派組織Amal，這些組織在黎巴嫩都是合法的組織。Linda Gradstein, *Washington Post*, April 6, 1989; "Political Trials," Dai l'Kibbush, Jerusalem, August 1988, *News from Within*, December 14, 1988。

(69) *New York Times*, June 30, July 1; *Boston Globe*, July 1,4, 12; *Middle East Reporter*（Beirut）, June 30; *Observer*（London）, July 1; Jansen, *Middle East International*, July 13, 1984.

(70) Thomas Friedman, *New York Times*, February 5; the U.S. "refrained from making a judgment on the Israeli action"（*New Yory Times*, February 5）; also Norman Kempster, *Los Angeles Times*, February 5, 1986.

(71) *News from Within*（Jerusalem）, November 1, 1985.

(72) *Los Angeles Times-Boston Globe*, June 29, 1984. On the severe repression in the Golan, see *FT*, 132f.

(73) See Uri Milshtein, *Monitin*,August 1984, for a recent account.

(74) See preface.

(75) *FT*, 188f.

(76) *Rabin Memoirs*, 280-1.

(77) *New York Times*, October 12, 1985。*Times* 同時譴責伊朗，「因爲一九八四年十二月，劫持科威特民航機並且殺害兩名美國人的劫機犯，還沒引渡或是接受懲罰」，也要求西方國家杯葛利比亞，如果格達費繼續「庇護劫機者」。*New York Times*, 社論 May 14, 1986。至於劫持蘇聯民航機的劫機犯在美國得到庇護，類似案例從來就沒有提到，或是華盛頓的夥計國家以色列許多劫機與海盜的行爲，也都絕口不提。

(78) Abraham Sofaer, *Foreign Affairs*, Summer 1986.

(79) Livia Rokach, *Israel's Sacred Terrorism*, a study based on Moshe Sharett's personal diary（AAUG, 1980, 20f.）; "Sixty Minutes," CBS, 7 p.m., January 19, 1986.

(80) Sune Persson, *Mediation and Assassination*（London, 1979）; Michael Bar-Zohar, Ben Gurian: a Biograp（Delacerte, 1978）, 180-1; Stephen Green, *Taking Sides*（Morrow, 1984）, 38f.; Kimche, *Seven Fallen Pillars*（Secker & Warburg, 1953）, 272-3. Similarly, the assassins of Lord Moyne, from the same terrorist group, were honored by commemorative stamps, along with other terrorists; *FT*, 166.

(81) *Globe & Mail*（Toronto）, October 9, 1985.

(82) *New York Times*, September 27, 1985, 一張照片說明，沒有新聞故事；*Asian Wall Street Journal*, August 22, Alexander Cockburn 引用於 *Nation*, September 2, 1985; *New York Times Book Review*, July 20, 1986。法國是另一個恐怖主義國家，法國對於紐西蘭採取暴行或是懲罰行動，以「報復」紐西蘭企圖逮捕恐怖份子，根本就沒有人抗議。相反地，在跟紐西蘭達成和解之後，巴黎有一篇報導說，「我們需要的不是自我批評，而是愛國主義。以法國的觀點來看，因爲逮捕兩名間諜，並且非法拘留，紐西蘭與其總理 David Lange 已經成爲流氓，此地共同的觀點認爲，這些犯罪行爲是爲了國家利益。關於綠色和平成員死亡或是侵犯紐西蘭主權的事實，法國媒體很少報導。」儘管社會主義政府承諾，如果有「犯罪行爲」將採取「法律行動」，「唯一的法律行動是嚴辦幾名法國政府官員，因爲他們將資料洩漏給媒體」，「沒有任何公開的調查」（*New York Times*, July 30, 1986）。這艘船被擊沉之後，巴黎有一場示威運動，由一百五十人及一位著名的知識份子 Réne Dumont 所組成。雖然媒體來了不少，但是電視與報紙對這件事情卻沒有報導，包括社會主義報社 *Libération*。*Le Monte* 直到活動開始舉行之後，才有四行文字的聲明。法國的綠色與和平組織「對於是否要去挑戰綠色和平事件在法國所流露出來的大衆沙文主義，都感到猶豫」，社會主義黨的國會對於Hernu部長給予「英雄式的歡迎」，其實Hernu應該對這件暴行負責（Diana Johnstone and Elizabeth Schilling, *In These Times*, October 23, 1985）。法國對付綠色和平的恐怖主義，一開始是一九七二年綠色和平第一次抗議法國在太平洋殖民地進行核子試爆，綠色和平號被一艘法國掃雷艇撞上，幾乎沉沒，突擊隊員「登上綠色和平號，用橡膠警棍粗野圍毆綠色和平號的指揮 David McTaggart 與另一名男性船員，差點將他們打瞎了眼」（James Ridgeway, *Village Voice*, October 8, 1985, 蘇聯也曾經騷擾綠色和平號）。

⑧③ See my articles "Watergate: A Skeptical View," *New York Review*, September 20, 1973; editorial, *More*, December 1975; and introduction to N. Blackstock, ed., *COINTELPRO*（Vintage, 1976）. Extended version of the introduction, "Domestic Terrorism," *New Political Science 21.3, 1999.*

⑧④ 關於這會議，見 Shultz, *Boston Globe*, June 25, 1984; *New York Times*, June 25, 1984, December 30, 1983; Associated Press, *Boston Globe*, April 23, 1984, *New York Times*, April 1, 1984; *International Herald Tribune*, May 5, 1986; Colin Nickerson, *Boston Globe*, February 3, 1986。關於被捕的南非突擊隊員的詳情，見 *Africasia*, July 1985，在美國這事件大都被忽略。民航機方面，見*Boston Globe, New York Times, Washington Post*, November 11, 1983; *Boston Globe*, February 21, 1984。韓航 007 班機被蘇聯擊落，引起大衆情緒爆發，光是一九八三年九月，*Times* 的密集報導的索引就有整整七頁，相對之下，這些事件因此幾乎沒人注意。結果，尤其是在九一一恐怖攻擊之後，中央情報局因爲號召對俄國人作戰（不是協助阿富汗，這是合法的），在招募、組織與訓練的形象上有很大的改變。賓拉登等人不再是「在道德上相當於國父」（Ronald Reagan; 見 Samina Amin, *International Security* 26.5, Winter 2001 / 2）。他們在俄羅斯的恐怖行動嚴重到幾乎令俄羅斯與巴基斯坦發生戰爭（John Cooley, *Global Dialogue* 2.4, Autumn 2000）。

⑧⑤ Barry Munslow and Phil O'keefe, *Third World Quarterly*, January 1984。雷根時代，南非蹂躪鄰國，造成一百

五十萬人死亡，以及六百多億美元的破壞損失，但是華盛頓繼續支持，並且譴責曼德拉的 ANC 是全世界「惡名昭彰的恐怖團體之一」。Joseba Zulaika and William Douglass, *Terror and Taboo*（Routledge, 1996）, 12. 1980-88 record, Merle Bowen, *Fletcher Forum*, Winter 1991。一九八五年，國會授權對南非國際制裁（無視於雷根的否決），美國對南非的貿易仍然增加，見 Gay McDougall, Richard Knight, in Robert Edgar, ed., *Sanctioning Apartheid*（Africa World Press, 1990）。

(86) Dan Fisher, *Los Angeles Times*, June 21; McGroy, *Boston Globe*, June 21; David Adams, *New Statesman*, April 19; *New York Times*, June 21, 1985。關於 Ansar，見 *FT*, 231f.; interview, *Hotam*, April 11, 1986。關於巴勒斯坦人與黎巴嫩人被拘留，見 Amnesty International, "The detention of Palestinians and Lebanese in the military prison of Atlit"〔在以色列〕18 April 1984，這些被拘留的人從黎巴嫩南方轉過來，單獨監禁不能與家人或是紅十字會通訊，律師或是任何有關拘留與非法移置於以色列的證據，以色列全都否認。

(87) *Los Angeles Times*, July 1, 1985.

(88) David Ignatius, *Wall Street Journal*, June 18, 1985.

(89) *New York Times*, June 21, June 18, July 1, 1985.

(90) Bernard Lewis, *New York Review*, August 15; *New Republic*, July 8; Reagan, Address to the American Bar Association, July 8（*Boston Globe*, July 9）; Podhoretz, *Los Angeles Times*, June 26; *New York Times*, July 2, 1985.

(91) Thomas Friedman, *New York Times*, June 23; *New York Times*, June 19, 1985.

(92) Associated Press, *Boston Globe*, July 4;Friedman, *New York Times*, July 4; *Boston Globe*, July 4, 1985.

(93) John Cooley, *Green March, Black September*（Frank Cass London, 1973） 197; see *FT* and Beilin, Mehiro shel Ihud, for many similar statements.

(94) *FT*, 181-2.

(95) Rabin 國會演講，*Hadashot*, March 27, 1985; Tamari 訪問，*Monitin*, October 1985。關於士兵的認知，見 *FT* 摘錄翻譯自以色列報紙，這跟 *Hasbara* 所提供的資料不同（見前言註⑮）。或是傘兵 Ari Shavit 談論一九七八年入侵黎巴嫩，刊載於 *Koteret Rashit*（May 13, 1986），可以補充軍事指揮的討論內容，回想重武裝部隊砲轟村莊，「肅清敵人該地不會有戰爭」，他「有一種入迷狀態」，但是比較像是「遠足」。

(96) Rokach, *Israel's Sacred Terrorism*; Uri Milshtein, *Al Hamishmar*, September 21, 1983; Kennett Love, *Suez*（McGraw-Hill, 1969）, 10f., 61-2.

(97) *New York Times*, December 4, 1984. On the scholarly record, see *TNCW*, 331.

(98) *Los Angeles Times*, November 24; *Boston Globe*, December 19; *New York Times*, December 20; *Boston Globe*, December 20, 1983.

(99) *Globe & Mail*（Toronto）, July 11; *Boston Globe*, July 24; *New York Times*, July 24; *Boston Herald*, July 25, 1985; *New York Times*, January 5, 6; *Boston Globe*, January 5, 6, 1984.

(100) See chapter 1. James Markham, *New York Times*, December 3, 1975, reporting 57 killed based on Palestinian and Lebanese sources; see text at note 41. *New York Times*, March 23, 1985; *New York Times*, December 4, 1975.

(101) *Time*, March 5. 1973; *New York Times*, February 22, 1973, giving the figure of 15 killed.

(102) 利比亞航機事件沒有證據，但是蘇聯所說的可能正確，雖然對這殘酷暴行顯然沒有提供合理的說辭：見 R. W. Johnson, *Shoot-Down*（Viking, 1986），這項研究特別對於美國政府的謊言詳細查究。Joel Brinkley 寫說這本書有「瑕疵」，因爲「以刺耳的語調鄙視」雷根政府的重要人物（*New York Times Book Review*, July 20, 1986）。Douglas Feaver 宣稱 Johnson「以不實的資訊敗壞他的理論，這些都很容易查核」，指出在第二頁他所引用 International Civil Aviation Organization 的報告，只是一部份而已（*Book World, Washington Post Weekly*, July 7, 1986）。Johnson 所引用 Feaver 的句子在 p.234。

⑩③ *New York Times*, February 22, 23; 社論，February 23; February 25, 26, 1973. Amiram Cohen, *Hotam*, February 10, 1984。韓航 007 班機事件時，又想起這事件，引起錯誤的宣稱以色列「立刻接受責任」與「付出賠償」：Michael Curtis，信件，*New York Times*, October 2; Martin Peretz, *New Republic*, October 24, 1983。

⑩④ 比較這兩起事件的反應，見 Robert Scheer, *Guardian Weekly*, September 25, 1983；其他類似事件的討論，見我的"1984: Orwell's and Ours,"*Thoreau Quarterly*, Winter / Spring 1984 and "Notes on Orwell's Problem" in *Knowledge of Language*（Praeger, 1986）。

⑩⑤ 關於 Lydda-Ramel 爆炸事件，見 Benny Morris, *Middle East Journal*, Winter 1986；其他案例，見 *FT, TTT*。Schocken, *Foreign Affairs*, Fall 1984。關於一九四八年 Moshe Dayan 組織暗殺巴勒斯坦政治領導人，見 Uri Milshtein, *Al Hamishmar*, September 21, 1983; *Hadashot*, January 11, 1985。最近發現的一九四八年六月三十日以色列情報報告，指出有三十九萬一千名阿拉伯難民（聯合國提出分割建議，其中十五萬二千人來自劃分給以色列以外的地區），至少百分之七十是因爲猶太軍事行動而流亡（主要是 Haganah / IDF），包括直接驅逐，Benny Morris 在分析中指出，這個數字顯然低估了。報告也指出，阿拉伯領導人曾經努力遏止難民流竄。他也指出，「情景就像是出埃及記的續集」，從七月到十月，「又是另外一番景象」；「四八年六月之後，有許多是有計劃的驅逐」（*Middle Eastern Studies*（London），January 1986; interview with Haim Bar'am, Kol Ha'ir, May 9, 1986）。

⑩⑥ 回顧以色列幾個版本（包括唯一出現在美國重要期刊，Ze'ev Schiff 與 Hirsh Goodman 在 *Atlantic Monthly* 可恥的掩飾手段），參見 James Ennes, "The USS Liberty: Back in the News," *American-Arab Affairs*, Winter 1985-86。也許最有趣的是當時的幕僚長 Yitzhak Rabin，他形容這次攻擊船隻是「整個活動中最令人擔憂的發展」，讓他感到「十足地恐怖」。他認爲六月七日（其實是發生在六月八日）的事件是令人無法置信的錯誤，這也許是這次攻擊隱匿的理由：爲了掩飾美國在停火之後入侵敘利亞的計劃。Rabin, *Memoirs*,

108f。在他的回憶錄中，備受尊敬的學者Raymond Garthoff跟情報機構關係密切，他個人也有這方面的經驗，寫道：「我們的軍事與情報機構全體一致認爲，這是以色列深思熟慮而且無緣無故的海空攻擊，但是詹森總統決定接受以色列遲來的道歉，並且宣稱這是因爲錯認美國船隻，這個藉口實在不具可信度。」*A Journey Through the Cold War*（Brookings Institution, 2001）, 214。

⑩⑦ 關於黎巴嫩南部的例子，見 Mark Bruzonsky, *Middle East International*, May 16, 1986; also *Boston Globe*, April 15; David Shipler, *New York Times*, April 16, 1986。關於新墨西哥商人 Mike Mansour 入獄二十二天，他宣稱遭到刑求，並且被強迫簽署自白書，不過他拒絕，見 *Houston Chronicle*（AP）, May 18,（UPI）May 21, 1984。

⑩⑧ Rober Tucker, *Commentary*, October 1982.

⑩⑨ Dario Fernandez-Morera, *History of European Ideas*, vol. 6, no.4, 1985.

美國魔鬼論中的利比亞（1986）

Libya in U.S. Demonology

在美國的教條體系中，要說「邪惡恐怖主義暴行」的象徵，沒有人比得上阿拉伯世界中的「瘋狗」格達費（Muammar Qaddafi）；利比亞在他的領導下，成為最典型的恐怖國家。

利比亞確實是恐怖主義國家，但在國際恐怖主義的世界裡，只是個小角色

將格達費領導下的利比亞描述為恐怖國家，其實也不為過。根據國際特赦組織最新的報告，回顧利比亞恐怖主義的主要活動，到一九八五年為止，有十四名利比亞人被這個恐怖國家所殺害，其中四名是在國外。①這種情緒性指控其實有其他目的，一九八六年四月，美國一位資深情報官員發表聲明，直到「最近幾個星期，格達費利用人民，主要是暗殺利比亞異議份子，」證實了利比亞的紀錄。②這位情報官員繼續指出：「幾個星期前，格達費做了一個明確的決策，要以美國人為目標。」這個決策是美國人自己想像的，雖然沒有確實的證據，美國人在西德拉灣（Gulf of Sidra）事件之後就這麼認定，當時美國的空軍與艦隊在利比亞外海擊沉利比亞的船隻，造成許多人死亡。利比亞如果決定這樣做，也是完全合情合理的，按照美國領導人與許多值得尊敬的評論家的教條，這樣做值得讚賞，而且還嫌太晚了。

美聯社報導，利比亞的恐怖份子從一九八〇年代初期開始殺戮，當時卡特總統正注意薩爾瓦多恐怖份子戰爭日益升高，荷西・拿破崙・杜亞迪（José Napoleon Duarte）加入，當作掩護讓武器流到殺手的手中。利比亞殺死十四名本國公民，以及少數其他人，而美國的薩爾瓦多夥計政權則殺死五萬多名公民。樞機主教羅米羅（Romero）被謀殺之後，里維拉・達瑪斯主教（Rivera y Damas）繼任，他於一九八〇年十月描述，七個月的恐怖統治是「對付沒有自衛能力平民的種族滅絕戰爭」。③執行這些必要瑣事的安全部隊受到杜亞迪的歡迎，幾個星期之後，因爲他們「英勇的服役陪伴人民對抗顚覆行動」，雖然他承認「大衆是跟游擊隊站在一起」，當時這行動是在卡特與杜亞迪的聯盟下開始的。杜亞迪宣誓成爲軍人集團的總統時，對於大屠殺的兇手表示讚賞，企圖讓謀殺四位美國女教徒的行動有正當性。雖然珍妮・科派翠克與亞歷山大・海格（Alexander Haig）都爲這罪行辯護，不過一般認爲這行爲是不正確的。同時媒體跟大衆保證說：「一九八〇年因爲政治死亡的人數估計約一萬人，大多數是政府軍隊所殺害，或是與政府有關的非正規軍」（《華盛頓郵報》），後來又默默承認，當時卡特政府的官員通知媒體說「百分之九十的暴行是安全部隊幹的」，不是如同媒體所報導的「失控的右翼團體」。④卡特與雷根在薩爾瓦多的恐怖行動，從一開始杜亞迪的主要角色就是確保屠殺不會受到阻礙，一方面否認有殘酷暴行，或以受害者是「共產黨」來爲暴行做辯護。他殘酷攻擊平民，企圖摧毀一九七〇年代在教會自助團體、農民團體、工會與其他「平民組織」所推行的民主，他扮演這個角色，在美國的聲望越來越高。倫敦《觀察家報》（*Spectator*）保守的中美洲通訊員認爲，帶來死亡毀滅的軍隊「做了他們該做的事情：消滅工會與群衆團體」，並且讓生還者「不是逃亡國外，就是加入游擊隊」，美國對付農村人民的戰爭也因此而升高，帶來更多恐怖暴行與屠殺。因此，《新共和》的編輯很自然地強烈要求雷根繼續屠殺，不要管什麼人權（「有更高的美國優先權利」），並且「不要管有多少人被殺」，我們應該樂於見到在薩爾瓦多的成就，這是「我們在西半球支持民主的眞正榜樣」。「美洲瞭望」（Americas Watch）、美聯社與其他媒體（數量非常少）將美國持續所做的殘酷暴行記錄下來，但是這都不重要了。⑤

西半球的統治者協助組織、提供補給、參與訓練，因此薩爾瓦多的屠殺不只是大規模的國家恐怖主義，而是國際恐怖主義。瓜地馬拉在這時期有七萬人遭到屠殺，這也是國際恐怖主義。美國透過代理人，像是新納粹的阿根廷將軍、台灣、以色列，將大量的武器交給兇手，比起正常的水準還多，這樣才能更有效率地進行屠殺。美國政府也建立起武器運補路線，包括比利時與其他合作國家，在國防部與中央情報局非法的指導之下，提供補給。同時，在恐怖行動達到高峰之際，雷根與同夥讚美兇手與施加暴行的人，說他們改善人權，「全心全力奉獻民主」，駁斥那些殘酷暴行的資料是「錯誤的責難」（bum rap）。⑥

美國在薩爾瓦多的國際恐怖主義被說成是一大成就，因爲替更好的「民主」打好基礎：也就是由爲美國需求提供服務的集團來統治，至於民主基礎的群衆組織已經被消滅殆盡。一九八二年與一九八四年，美國爲了緩和國內的對立，策劃進行選舉，艾德華・赫曼（Edward Herman）與法蘭克・布勞海德（Frank Brodhead）稱之爲「表態選舉」（demonstration election），英國國會人權團體的觀察員形容選舉是在「恐怖與失望，可怕的謠言與可怕的現實」的氣氛中進行，而美國的評論家則讚譽這是對民主的貢獻。⑦瓜地馬拉也以同樣的理由，被認爲是成功的案例。一半的國民實際上是被迫去投票，都被美國所支持的暴力造成心理創傷，評論人員卻很高興地說這表示對民主的熱愛，沒有看到軍隊的屠殺增加，也沒看到新選出的總統根本什麼也做不了，因爲實際的權力基礎在於軍隊與寡頭政治，平民政府只是「破產與悲慘的管理員」。⑧

這兩個案例只是一九八〇年代美國國際恐怖主義的一部份，恐怖的記錄可以追溯到多年以前。

兩位評論員閱讀美聯社有關國家恐怖主義的研究之後，發表評述說：「利比亞暴行的特色，是他們的案例很少，還可以一一列舉」，相對於阿根廷、印尼或是中美洲國家，這些都是皇帝逞威風的地方，暴行根本就不計其數。⑨

簡而言之，利比亞確實是恐怖主義國家，但是國際恐怖主義的世界裡，只是個小角色。

有些人認爲，西方正派的刊物應該不會如此水準低落，爲大屠殺與恐怖行動作辯護，這些人應該覺悟了。實際上，在中美洲恐怖統治最嚴重的時期，就有許多刊物如此沒水準。⑩或是看看新保守派的期刊《國家利益》（*The National Interest*），曾經批評《華盛頓郵報》對利比亞過於軟弱，「如果薩爾瓦多的杜亞迪或是土耳其最近任何政府，處死的人數跟格達費處決的人數差不多，那麼《郵報》應該會詳細報導才對，並且所報導的應該跟目前所說的完全不同。」⑪

不僅是「恐怖主義」的定義有意識形態上的功用，證據的標準也是爲了皇帝的目標而定。爲了證實利比亞是恐怖國家，最脆弱的證據，甚至沒有證據，都可以當作證據。《紐約時報》的社論爲恐怖攻擊利比亞造成一百人死亡作辯解（根據在現場的媒體報導），該社論說：「爲了避免再度發生娜塔莎·辛普生被殺的事件。」一九八五年十二月二十七日，羅馬與維也納機場發生恐怖攻擊事件，十一歲的美國女孩娜塔莎·辛普生不幸喪生。《紐約時報》的社論悲傷地宣稱，這些喪生者使得我們有權利轟炸利比亞的城市，「以遏阻國家所支持的恐怖主義」。沒有任何證據暗指利比亞跟這些行動有關，這還算是小缺點。義大利與奧地利政府宣稱，恐怖份子是在敘利亞所控制的黎巴嫩地區接受訓練，並且經由大馬士革入境，以色列國防部長拉賓反覆提到這個結論。四個月之後，奧地利內政部長回應美國宣稱利比亞涉及維也納攻擊事件，他說：「沒有證據跟利比亞有關，」再度舉出敘利亞涉入的證據，又說華府本來答應交給奧地利政府有關利比亞涉案的證據，可是都沒有。他還提出相當正確的評論，但是這在美國沒有人提出以黎巴嫩爲基地的恐怖主義問題，主要是因爲巴勒斯坦的問題尚未解決，絕望的人民只好走上暴力，這種結果也許正是美國與以色列的恐怖主義所希望的，在第二章我們已經討論過這問題。⑫

幾個月之後，義大利內政部長與美國簽訂合約，合作「對抗恐怖主義」，他一再表明義大利的立場，「從一月」起他們就懷疑敘利亞是羅馬與維也納攻擊事件的主謀。《紐約時報》刊登此聲明，但對於四月曾對利比亞的正義報復給予喝采，卻覺得沒有必要發表評論。⑬

如果可能涉及恐怖攻擊的人去過利比亞，或是以前接受利比亞的訓練或資助，那就足以譴責格達費是「瘋狗」，因此必須消滅格達費。中央情報局利用古巴流亡者當殺手，按照同樣的標準也該譴責。一九八五年，印度航空公司一架巨無霸客機在愛爾蘭附近被炸，其中一名嫌犯確實曾經在阿拉巴馬州雇傭兵訓練營接受訓練。九個月之後，美國檢察總長米思訪問印度，發表聲明說，美國正採取行動「防止恐怖份子從美國獲取訓練與資源」。這是因爲印度指控，私營的軍事訓練營爲激進的錫克教徒進行訓練。就我所知，沒有證據可以支持米思的承諾，也沒有任何的調查。⑭在中東奪走最多人命的恐怖活動事件，是三月在貝魯特的汽車爆炸，造成八十人死亡，數百人受傷，是黎巴嫩的情報單位所幹的，而這單位是美國中央情報局所訓練支援，這次爆炸是要殺死一位什葉派領袖，據信這位領袖涉及「美國在貝魯特的設施進行恐怖攻擊」。⑮「恐怖主義」這名詞通常是外國軍隊用來形容當地人的對抗行動，當地人將外國軍隊視爲佔領者，以對抗行動來表示他們厭惡外國勢力入侵造成的政治問題，在此指的是以色列的「新秩序」。如果用指稱利比亞暴行的證據爲標準，美國在一九八五年再一次成爲全世界最大的恐怖主義國家，即使按照教條體系將大規模恐怖主義排除在外也是一樣。

一直到一九八六年，除了以色列在黎南持續的恐怖統治之外，中東地中海地區最嚴重的恐怖活動，就是美國轟炸利比亞以及叙利亞的爆炸事件，根據黎巴嫩總統阿敏・傑馬耶勒（Amin Gemayel）長槍黨的電台報導，四月時造成一百五十多人死亡，叙利亞認爲是以色列人幹的，但是沒有證據。不過，美國指控他人是惡棍，還不是一樣沒有證據。⑯

美國訓練的恐怖份子，包括古巴人、黎巴嫩人、瓜地馬拉大屠夫里奧斯・蒙特（Rios Montt），以及拉丁美洲各地許多人，當然，美國拒絕承認必須對他們的行動負責。例如，中央情報局否認涉及黎巴嫩爆炸案，不過「有些行政單位與國會的官員認爲很有爭議，他們說中情局當時跟爆炸案的團體有合作關係」，《華盛頓郵報》提出質疑，也得到結論說，華府因此決定爆炸事件之後取消秘密行動，這些行動沒有經過中情局的批准。⑰即使我們接受，中情局沒有批准爆炸案，也不再跟所訓練出來的恐怖團體有來往，按照美國與以色列政府和媒體對於恐怖主義的標準，政府的藉口也是無法成立。回想美國所說的，阿拉法特要「對殘酷暴行負起大部份的道德責任」，因爲「他是目前巴勒斯坦暴力的創始者」，所以美國將會要求阿拉法特「對絕大多數的國際恐怖主義行動負責」，無論他有沒有涉入。⑱以相同的邏輯，我們的結論是，以上所提到的案例「華府必須負所有的道德責任」，無論有沒有直接涉入，都應該負責。

我在前言指出，雷根爲了推行基本的議程：擴張政府部門的經濟、將窮國的資源轉移給富國，以及「積極行動主義」的外交政策，對抗「國際恐怖主義」很自然就成爲教條體系必然的抉擇。這些政策想要容易推行，就要讓民衆因爲恐慌而順從，告訴民衆說敵人威脅要摧毀我們，這些威脅太危險，簡直是面對撒旦，一定要設法避免。邪惡帝國的代理人實施國際恐怖主義，就是最好的目標，行政機關的公共關係專家立刻轉移工作，捏造半眞半假的事情欺騙大衆，希望大家信以爲眞。

利比亞正好符合。格達費很容易就被打成仇恨的對象，尤其是美國反阿拉伯的種族主義相當普遍，政治階級與善於表達的知識份子也都贊成美國與以色列的拒絕承認主義。格達費創造出一個殘酷鎭壓的社會，也確實實施恐怖統治，主要是壓迫利比亞人。格達費主要的恐怖活動是處死利比亞的異議份子，本來不爲人知，根據美國與以色列情報人員的分析，利比亞的密碼（顯然是相當簡單）被破解才洩漏出來。「以色列一位分析師說得很直率：『爲什麼爲了幾個利比亞人，將我們的資源與方法暴露？』」⑲

利比亞又窮又弱，容易採取軍事行動，必要時殺幾個利比亞人根本不算什麼。格瑞那達的主教政府威脅要考慮大多數窮人的需求，美國進軍格瑞那達取得勝利，這是卡特與雷根政府戰爭行動與侵略行爲的最高峰，也是相同的道理。重點是在國外就可以察覺到。美國記者唐納・聶夫（Donald Neff）在英國刊物上發表關於一九八六年西德拉灣事件的評論，他說：

這不是藍波式的行動，而是街頭惡棍欺凌弱小。這就是典型的雷根作風。

他當政五年，不斷作威作福欺負小國，這次也是一樣。

美國經常做這種卑怯懦弱謀財害命的事，似乎引起很大的共鳴，有時候外國人士也一樣，這眞是有趣。英國評論員保羅・強生（Paul Johnson）指責說：美國轟炸利比亞「恐怖份子的基地」（也就是平民目標），「懦弱的人」提出質疑，「空氣中瀰漫一陣噁心的怯懦味道」。他不斷讚美「牛仔展現力量」，派遣轟炸機謀殺沒有防衛的平民，展現牛仔的勇氣。[20]

雷根政府的公關專家了解到，將利比亞當作敵人有多好用，因此毫不浪費時間急忙對抗這倒楣的敵人。利比亞立刻被設計成蘇聯煽動「恐怖行動網絡」的主要代理人，一九八一年七月，中央情報局計劃在利比亞境內以準軍事行動推翻格達費，可能的話殺掉格達費，並將消息透露給媒體。[21]

附帶要指出的是，按照美國的標準，這個計劃使得格達費有權利以恐怖活動攻擊美國目標，「進行自衛以避免未來的攻擊」，這是白宮發言人賴利・史畢克斯（Larry Speakes）對於轟炸的黎波里與班賈里（Benghazi）提出的理由。威農・華特斯（Vernon Walters）與赫伯・歐昆（Herbert Okun）在聯合國，也是一再陳述這個道理。

當局甚至更進一步辯稱這個立場是遵照聯合國憲章，但是其他暴力國家如果也這樣做，就是破壞全球秩序，違反國際法。這中間的差異，任你怎樣詭辯也說不通，但是當局認爲「在皮若亞將行得通」，至少在劍橋、紐約與華盛頓是行得通的。在極端左傾的自由派來看，《紐約時報》的法律專家安東尼・路易斯認爲雷根做得恰如其分，可以相信「以法律而言，用暴力對抗不斷使用暴力的兇手，應該可說是自衛行爲。」

國務院官員解釋爲什麼美國要轟炸利比亞，「是根據預防攻擊的基礎，可以視爲自衛的形式，而不是報復行動」，他指出聯合國憲章明令禁止使用武力，除非是爲了自衛。更正確的說法是，除非受侵略的國家認爲自己受到立即而嚴重的武裝攻擊，向安理會提出正式要求，而且經聯合國通過。這個「法律論證」在國內受到讚揚，在國外普遍遭到駁斥。加拿大前駐聯合國大使喬治・伊格那提夫（George Ignatieff），他是加拿大駐聯合國第一任代表團的成員，現任多倫多大學校長，他抵制不分是非曲直訴諸聯合國憲章自衛的權利，很少人不同意他的看法。㉒

西德拉灣事件

一九八一年八月，「西德拉灣事件是個陷害利比亞的陷阱」，反格達費的意圖越來越強烈了，這是「美國方面精心設計的陷阱」，打算擊落利比亞的戰鬥機。艾德華・哈雷研究美國與利比亞的關係，對於美國反格達費有此觀察。哈雷認爲有個明確的目的，就是「利用『利比亞威脅』以贏得民衆的支持，國務卿海格希望建立『策略性共識』以對抗蘇聯，以及建立『快速部署部隊』」，這支干預的武力主要目標是在中東。

十一月，政府當局揑造一個有趣的故事，說利比亞職業兇手在華盛頓街頭伺機暗殺我們的領袖，引起媒體狂熱追蹤報導，也有人質疑，不過當時很少人懷疑。有人問到這陰謀，雷根說：「我們有證據，格達費也知道。」㉓目的達成之後，這件事情也漸漸被遺忘，媒體相當自律，沒有刊登美國官方在英國洩露的「刺客」名單就是（激烈反利比亞）的黎巴嫩阿邁勒成員，其中包括領導人納比・貝利（Nabih Berri）與什葉派年長的宗教領袖。㉔

其他驚人的發現，包括利比亞威脅要入侵蘇丹，這得穿越六百哩的沙漠（美國與埃及的空中力量沒有辦法阻止這不法行爲），以及一九八三年二月陰謀推翻蘇丹政府，當時政府反動派擁護者以零星的交戰狀態就認爲有此陰謀，這陰謀連蘇丹與埃及的情報單位都不知道，還是美國記者到喀土木（Khartoum）進行調查才發現的。美國對這個駭人陰謀的反應就是展現武力，國務卿舒茲曾經被批評太過於心軟，這回在電視上擺出英雄的姿態，宣佈格達費成爲「縮頭烏龜」，因爲雷根以「迅速果決」的行動對付這個世界秩序的威脅，再度展示「牛仔的力量」。目的達成之後，這件事情也就很快被遺忘了。還有許多類似的例子。媒體通常扮演他們被指定的角色，只偶爾出現異議。㉕

一九八六年三月與四月的事件，就是一例。三月西德拉灣事件只是適時激起侵略主義的熱情，就在參議院表決對尼加拉瓜反抗軍的援助之前，同時也發生尼加拉瓜「入侵」宏都拉斯，這是相當成功的公關活動，從國會鴿派激動的反應、媒體一致支持，以及參議院的表決就可以看出來（見第二章）。這伎倆也使得政府提供二千萬美元的軍事援助給宏都拉斯，但是宏都拉斯官方一直說沒有要求援助，這筆援助無疑是轉給反抗軍陣營，這也是華盛頓那班無法無天之徒不受國會監督限制的手法。㉖

西德拉灣的挑釁行爲至少有部份是成功的，使得美國擊沉數艘利比亞船隻，殺死五十多名利比亞人，認爲這樣可以激起格達費對美國人採行恐怖行動。據說華盛頓對於格達費的反應相當失望，因爲他沒有上鈎，沒有採取恐怖暴行，因此下一階段對付利比亞的恐怖活動就沒有藉口。㉗

美軍殺死許多利比亞人，他們卻很奇怪地沒有搭救生還者。救助生還者顯然是可行的；在美國攻擊下有十六名生還者登上救生艇，被西班牙郵輪搭救。㉘

美國軍事行動的眞正目的，就是要在西德拉灣建立通行權。派遣海軍艦隊達成這樣的目標，沒有必要也不適當，只要宣佈就夠了。如果有必要更進一步，也有合法的方式。如果有人跟鄰居就通行權發生爭執，有兩個處理方法：一是上法院，二是拿把槍殺死鄰居。第一個方法當然適用於西德拉灣事件上，因爲並沒有急迫性，可以訴諸法律建立無害的通行權。但是一個無法無天的暴力國家，當然就會採取另一個方法。有人問國務院海洋法與政策辦公室主任布里安・何樂（Brian Hoyle），爲什麼美國不將這問題提交世界法庭，他回答說：「這案子會拖延許多年，我認爲我們活不了這麼久」㉙。因此，美國必須派遣艦隊到西德拉灣執行任務。

美國的立場越來越引起懷疑。媒體不斷談起「海洋法」，但是美國很難採行這個訴求，因爲雷根政府拒絕海洋法的條約。甚至於利比亞是對美國飛機開火，不是對美國船舶，「空中法」還沒有建立。各國在這方面有不同的權利主張。例如美國宣稱兩百哩的「防空識別區」，在這區域內對於入侵的航空器，如果判斷有敵意的話，就有權進行「自衛」。美國飛機沒有疑問是在利比亞邊界二百哩的區域內，國防部是說四十哩，而且有敵意，所以按照美國的標準，利比亞有權進行攔截。塔虎脫大學佛萊雪學院（Fletcher School）的保守派法學家阿佛瑞德・盧本（Alfred Rubin）指出重點，他認爲「我們派遣飛機超越海洋法所規定的權限」，這是「沒有必要的挑釁行爲」。㉚但是對一個流氓國家，這種事情沒啥大不了，而且行動很成功，至少在國內達成預期效果。

國防部發言人羅伯特・辛姆（Robert Sims）將西德拉灣挑釁行爲的程度與意義說得很清楚，他說：「美國的政策是，只要美國海軍繼續在這地區執行任務，利比亞的船隻只要進入西德拉灣就會遭到攻擊，無論距離美國船隻有多遠。」辛姆說：「由於利比亞曾經企圖擊落美國戰機，展現出相當的『敵意』，因此利比亞任何軍艦是『對我們軍隊的威脅』」。㉛簡而言之，任何利比亞船隻離開海岸接近美國艦隊，美國就有開火「自衛」的權力，但是利比亞沒有權力在海岸以外的空中進行自衛，即使這個距離比美國所宣稱的要短很多都不行。

這故事還不只如此。英國通訊員大衛・白朗帝（David Blundy）訪問在的黎波里修理俄國所裝設的雷達系統的英國工程師，其中有一人說他在事件當天一直監視螢幕（跟國防部所宣稱的相反，這雷達還可以用），他說他「看到美國戰機不只是飛越利比亞國界十二哩的水域，也飛過利比亞陸地上空」。「他說：『我看到飛機飛入利比亞領空大約八哩，利比亞除了還擊之外，我不認爲還有其他選擇。我認爲他們也不願意這樣做。』」這位工程師又說：「美國戰機使用正常的民航班機航線，而且尾隨一架利比亞民航機，在利比亞的雷達屏幕上，民航機的光點遮掩了美國戰機的蹤跡。」㉜

就我所知，除了亞歷山大・柯本（Alexander Cockburn）的報告之外，美國媒體沒有報導這方面的資訊，對於媒體的顚覆與扭曲，柯本一向扮演解毒劑的角色。白朗帝的文章不可思議地出現在美國媒體上，被《紐約時報》的約瑟夫・萊利維爾德（Joseph Lelyveld）引述，但是重要的內容則略去。㉝

格達費這種惡棍真是理想的敵人

西德拉彎行動有一個可能的結果，這也許是苦苦等待已久的結果，那就是引起利比亞採取恐怖主義的報復行動。這將會在美國造成恐怖活動的局勢，運氣好的話，連歐洲也風聲鶴唳，就可以升高到下一個階段。四月五日西柏林「美女」（La Belle）

迪斯可舞廳發生爆炸案，一名美國黑人與一名土耳其人死亡[34]，立刻怪罪到利比亞頭上，然後四月十四日轟炸的黎波里與班賈里（Benghazi）就以此爲藉口，造成許多利比亞人死亡，大多數爲平民（根據西方的媒體大約有一百人，利比亞官方報導爲六十人）。轟炸的時間正好是衆議院預期投票表決援助尼加拉瓜反抗軍的前一天。爲了避免民衆不知道重點，雷根的演講撰稿人寫得很清楚。四月十五日，雷根在美國商業協商會（American Business Conference）上演講，他說：「我要提醒衆議院本星期進行表決，這個頭號恐怖份子送給尼加拉瓜四億美元、一大堆武器以及顧問，企圖將他國內的戰爭帶入美國。他自誇說他是幫助尼加拉瓜人。」[35]

美國正在派遣恐怖代理人攻擊尼加拉瓜，而「瘋狗」提供武器給尼國，就是將他國內的戰爭帶入美國，這個概念還挺吸引人，沒有人提出批評，但是對於國會的公關活動卻沒有成功，雖然轟炸利比亞激起愛國情操，不過大都是因爲反阿拉伯的種族主義，以及格達費以前或眞或假的罪行事蹟引起大衆情緒激動缺乏明智的反應。

四月十四日的攻擊，是歷史上第一次在電視黃金時段現場轉播轟炸。這次轟炸攻擊經過仔細策劃，在美東標準時間下午七點準時開始；[36]三大廣播網正好開始播報新聞。激動的主播先將鏡頭轉到的黎波里，現場轉播這令人興奮的事件。從倫敦進行後勤補給，要飛行七個小時，這可不是小事。攻擊結束之後，白宮方面由史畢克斯召開記者會，其他政要也紛紛表態，確保在這重要的時刻能夠完全控制資訊系統。

或許有人認為，雷根政府這次透明的公關行動簡直是賭博，因為記者可能會問一些明顯的問題，但是白宮有信心不會發生這種問題，白宮相信媒體有這種自我約束。

除了時機與事先通知之外，還有其他值得質疑的問題。只舉一個為例，史畢克斯說，美國於四月四日獲悉，東柏林的利比亞「人民局」（People's Bureau）已經通知的黎波里，明天柏林將發生攻擊事件，後來通知的黎波里說「美女」迪斯可舞廳爆炸案已經照計劃進行。因此，照白宮所宣稱的，美國於四月五日就已經確知，利比亞必須對迪斯可舞廳爆炸案負直接責任。那麼也許有人會問，為什麼美國與西德從四月五日到攻擊發生時所做的調查報告，一直強烈懷疑利比亞涉案。事實上，每位記者都按照官方所公佈的發布新聞，除非在新聞室內有更驚人的消息。美聯社於美東標準時間下午六時二十八分，就在轟炸前半小時，從柏林發出一則電訊，指出「（西柏林）聯軍提出報告說迪斯可舞廳爆炸案的調查沒有進展」，而「美國與西德官員說利比亞涉嫌美女夜總會的爆炸事件，可能是透過在共產黨統治下的東柏林的大使館」。㊲有人也許會問，在攻擊前幾分鐘，美國與西德仍然是利比亞攻擊涉嫌最重大的國家，在先前期間，四月四日至五日，十天前，他們已經確知。但是沒有人問這尷尬的問題，這個關係重大的事實卻被壓抑。

雷根於四月十四日晚間發表聲明說：「我們的證據確鑿，不可否認」——就跟利比亞職業殺手在華盛頓街頭晃盪那件案子一樣，「我們有證據，格達費也知道」，更不用提桑定政權涉嫌走私販毒，他們宣稱「無國境革命」，又說柯爾（Helmut Kohl）與克拉西（Bettino Craxi）支持攻擊利比亞（德國與義大利的官員感到「震驚」，氣憤地予以否認），㊳還有許多揑造事實欺騙行爲，已經超越正常的標準，並且繼續「犯罪、說謊、欺騙」，以達成其目標。

不過，在國界之外，教條就不盛行了。華盛頓聲稱在十天前（四月四日至五日）就聽說利比亞應該爲迪斯可舞廳爆炸案負責，一星期之後，德國《鏡報》（四月二十一日）報導說，著名的電話攔截顯然是不存在的，西柏林的情報單位只是懷疑利比亞人涉案，也懷疑是「販毒團體競爭對手幹的」，還有其他可能性（包括三K黨或是新納粹集團，因爲美國黑人大兵與第三世界移民經常光顧這家迪斯可舞廳）。《鏡報》又指出：「華府的戰爭只是一種政治手段，目前爲止，敵人都是格瑞那達與利比亞的小國，像格達費這種惡棍真是理想的敵人」；編輯魯道夫・奧古斯坦（Rudolf Augstein）又說，如果美國決定升高國際暴力，即使到最後世界大戰的層次，

歐洲的領袖不要存有任何幻想，認爲美國會考慮到歐洲的利害關係或是利益。㊴

四月二十八日，美國陸軍《星條旗報》（*Stars And Stripes*）刊出一篇訪問稿，柏林Staatschutz（國內情治單位）的主管兼迪斯可爆炸案百人調查團的首席曼佛瑞德．甘斯周（Manfred Ganschow）說：「我沒有利比亞涉案進一步的證據，跟事件發生兩天後你第一次打電話給我時一樣，也就是沒有。」他同意這是「高度政治案件」，暗示他相當懷疑「政客」所說的話以及將說的話。㊵

美國媒體隱瞞德國媒體與調查團的懷疑，但是有識別力的讀者可以從後續的調查報告看出來，像是宣稱正在調查敘利亞與其他嫌疑，華盛頓於四月四日至五日所說的「確知」，媒體都會加上「據報導」與「可疑的」這些名詞一樣。㊶媒體表現得猶豫、限制以及間接引用不利於官方說法的證據，都是媒體用來暗示的手法，表示他們知道熱心支持的事情其實沒有一點價值，但是被號召必須在國旗底下團結一致。

蕭爾．巴克哈甚（Shaul Bakhash）在《紐約書評》中宣稱，約旦人辛達威（Hindawi）兄弟「要爲西柏林夜總會爆炸案負責」，「有確實的證據」他們是「敘利亞雇用的（不是如當時官方所說的由利比亞主使）」。㊷除了他利用各種證據之外，這是一個很奇怪的構想。這不是「有些官方聲明」使得大家都認爲利比亞涉案，而是所有的官方聲明都這麼說，媒體以確實的語氣、沒有限定條件、不斷報導此事，信心十足地宣稱利比亞要負責，並且認爲在這個基礎上轟炸利比亞平民是有理的，直到這案子開始被揭發爲止。媒體甚至於沒有繼續追蹤，也沒有從這聲明立即得到一個結論：如果雷根政府的「證據確鑿，不可否認」的聲明是說謊，那麼轟炸就是無緣無故的國家恐怖主義（而不是有藉口的國家恐怖主義）——由忠誠的媒體加以掩護，媒體熱烈支持攻擊，規避明顯的問題，提供荒謬的藉口（例如《紐約時報》的〈下一個娜塔莎・辛普生〉），爲共謀的恐怖主義合理化。

公關的運作確實很成功，至少短期內在國內如此，媒體說「在皮若亞表現很好」，是「民主共識工程」成功的範例，應該「可以增加雷根總統與國會折衝的力量，像是處理軍事預算以及對尼加拉瓜反抗軍的援助等問題。」㊸

對於世界上大多數人而言，美國已經成爲令人感到憂慮的對象，像是「奇異的牛仔領導者」令保羅・詹森（Paul Johnson）等人十分著迷，他們進行「瘋狂」的行爲，組織「割喉幫」（band of cut-throats）攻擊尼加拉瓜，並且在其他地方扮演瘋狂炸彈客，加拿大的大報如此說，通常受到約束，而且在傾向上贊成美國。㊹雷根政府培植這種恐懼，利用尼克森的「瘋狗」策略。五月，先進工業民主國家召開東京高峰會，政府刊佈一份立場報告，說明爲什麼歐洲聰明的話應該與美國站在同一陣線，理由是「有必要做點事情，瘋狂的美國人才不會再度將事情掌握在手上。」這威脅成功地引出對抗恐怖主義的聲明，指名道姓的只有利比亞。㊺時事評論員對於轟炸利比亞的成功感到歡欣鼓舞，因爲美國人終於採取必要的行動，反制利比亞人對西方文明的威脅，相對之下，顯得歐洲人「軟弱」，此時這個明確的威脅就被忽略了。

轟炸利比亞引起的反應，在國內外呈現明顯的差異。歐洲經濟共同體的十二個會員國要求美國，避免「進一步升高該地區的軍事緊張，因爲該地區與生俱來有各種危險。」幾個小時之後，美國戰機進行攻擊，西德外交部長根舍（**Hans-Dietrich Genscher**）正要前往華盛頓解釋歐洲經濟共同體的立場。他的發言人指出：「我們要儘可能避免軍事緊張升高。」全歐洲絕大部份對於轟炸表示嚴重的抗議，包括大規模的示威，全世界的社論也都加以譴責。西班牙大報《國家報》（*El Pais*）譴責這次襲擊，「美國的軍事行動不只是違反國際法造成地中海和平重大的威脅，也是歐洲盟國的笑柄，歐洲在星期一的會議上找不出經濟制裁利比亞的理由，美國之前也曾經壓迫歐洲採取制裁，但是沒有成功。」香港的《南華早報》說：「雷根總統治療『中東瘋狗』的藥方，比疾病本身更要命」，雷根的行動「可能點起該地區燎原之火勢」。墨西哥市的《環球報》（*El Universal*）則說：「美國沒有權力將自己設定爲世界自由的捍衛者」，要求透過聯合國採取法律途徑。

相對之下，美國的媒體就過度偏袒。《紐約時報》寫道：「即使是最一絲不苟的公民，對於美國攻擊利比亞也得給予認可與讚美」，將這行動描述成正義的判決：「美國已經對（利比亞）仔細妥當而公正地提起訴訟」。利比亞要對迪斯可舞廳爆炸負責的證據現在「已經很明顯地公諸於世」，至少編輯很滿意，雖然他們不認爲適合刊登。「然後陪審團上場，美國派遣特使告訴歐洲政府所掌握的證據，並且催促採取聯合行動對抗利比亞領導人。」這顯然是不相干的，陪審團簡直不相信，並且提出一份「判決」，要求劊子手不要採取任何行動。沒有必要以社論形式來評論事實，後來又很技巧地承認，這些證據沒有什麼價值。

雖然不是所有的國家，但大多數政府都譴責這行動。英國與加拿大跟隨美國，但是民衆的反應很不一樣，法國當時有「雷根熱」（Reaganite enthusiasm）的心態，因此也支持。政府控制的南非廣播公司說這攻擊「表現出西方國家領導人採取積極行動對抗恐怖主義的努力」；美國攻擊格達費有其正當性，「格達費就是國際恐怖主義的同義詞」。以色列總理裴瑞斯說，美國的行動顯然是「自衛」：「如果利比亞政府下令在半夜冷血謀殺貝魯特的美國士兵，你期望美國會怎麼做？高聲歡呼哈利路亞？或者採取行動自衛？」兩年半前美國在貝魯特的軍隊受到攻擊，現在才採取「自衛」行動，這眞是有趣的新概念，即使不考慮先前行動的環境。㊻

參議員馬克・哈特菲爾德（Mark Hatfield）是美國政治人物中，少數稱得上「保守派」這個名詞，他譴責美國的轟炸「幾乎將參議院炸毀了」，在寫給《時報》的信上也是這麼說。幾個基督教大教派的領導人也譴責轟炸，但是猶太教領導人通常大爲讚揚，包括美國希伯來聖會聯合（Union of American Hebrew Congregation）的主席亞歷山大・辛德勒（Alexander Schindler），他「說美國政府對於格達費這個『無情的恐怖主義』給予『適當與嚴厲的反應』」。哈佛國際事務教授約瑟夫・奈伊（Joseph Nye）說，雷根必須對於「柏林事件的現行犯有所反應。對於國家支持的恐怖主義，你還能怎麼做？」至於美國在中美洲與南黎巴嫩所支持的恐怖主義，「現行犯」的證據則更加明顯。尤金・羅斯托（Eugene Rostow）支持轟炸，認爲這是「對抗蘇聯擴張，不可避免而且有點太遲的主動積極防衛」。他解釋說：「強制除去格達費政權，在現行的國際法規下有完全的正當性，」因爲格達費「罪大惡極地不斷違反這些法規」。「每個受到利比亞傷害的國家都有這個權力，使用任何力量制止利比亞的違法行爲。利比亞的法律地位是北非沙漠巴巴利（Barbary）強盜。」㊼他呼籲北約「發表聲明，要求在領土內有不法行爲的國家要負起責任。」㊽

按照羅斯托的敎條，北約應該譴責皇帝，而不只是海盜，而且從中南半島到中美洲到中東各國，應該組織起來，利用各種必要的力量攻擊美國、以色列與其他恐怖主義國家。

親愛的雷根先生

美國廣播公司記者查爾斯・格拉斯（Charles Glass）曾在轟炸現場做報導，對他來說，這事件印象最深刻的是，他訪問一個接受美式教育的家庭，從斷壁殘垣中挖出一位七歲女孩手寫的信件。信上說：

> 親愛的雷根先生：
>
> 為什麼你殺害我唯一的妹妹拉法，以及我的朋友拉查，她才九歲，還有我的娃娃草莓。只因為我父親是巴勒斯坦人，而且你想殺死格達費，因為他要協助我們返回父親的家園，你就真的要把我們都殺死嗎？
>
> 我的名字叫金達

原件曾經以給編輯的一封信傳真給美國的媒體，但是被認爲不適合刊登。亞歷山大・卡克本刊登此信，並且建議總統與第一夫人，既然他們「都喜歡公開朗讀小孩子的來信，下次找個機會宣讀此信。」[49]

其他人看這件事情，角度就很不一樣。麥可・華澤（Michael Walzer）跟歐洲人討論此事，歐洲人批評轟炸利比亞是「國家恐怖主義」。他說：「這不是，因爲有明確的軍事目標，而且飛行員攻擊目標也要冒風險」，他宣稱他是從機密的國防部作戰指示中獲知。如果夜間轟炸城市，目標是的黎波里人口密集的住宅區，炸死拉法與拉查以及許多其他平民，有如搗碎餅乾一樣。[50]也許這就是我們應該對正義戰爭的倫理學者與理論家寄以期望，他們認爲在這概念之下，以色列在南黎巴嫩的軍事行動是「相稱衝突的範例」，而且在以色列轟炸貝魯特期間，如果平民「承擔風險」，那麼「風險的責任是在巴解組織」。[51]

媒體共謀參與國家恐怖主義的行動，並沒有因爲這次轟炸的愛國行爲而結束，無論政府編製什麼樣的故事，媒體也都相信。而且有必要表現出，轟炸成功遏阻利比亞的恐怖主義，證據是格達費在轟炸之後的恐怖行動收斂許多。爲了建立這個假說，必須壓抑事實。沒有任何問題阻礙正在進行的任務。

《華盛頓郵報》編輯大加讚美轟炸利比亞，因爲格達費上校「不再出現新的恐怖主義行動」，在「鎮壓政策」下現在已經收斂多了。更重要的是對西方盟國的影響，大多數盟國「需要當頭棒喝」，而這正是「有決斷、情報準確、利比亞遭受孤立，以及旅遊業」，更別說「瘋狂美國人」的威脅可能牽連其他地方，美國艦隊距離蘇聯黑海海岸只有幾哩；52編輯仍然認爲有可能參考「情報準確」報刊有更多的理由質疑，後來又拒絕。大衛・伊格那提斯（David Ignatius）寫道，轟炸「對付利比亞的格達費收效出奇地好」，再加上「對利比亞、中東與歐洲有些驚人但是非常良好的改變」。證實格達費是「軟弱、孤立、毫無招架之力」，「事實上，美國戰機可以在他重重防衛的領空自由來去，他只有挨打的份」——這確實是一大勝利，最驚人的發現是利比亞的巨像。爲了顯示「允許格達費脅迫世界的心理」，伊格那提斯沒有舉出行動——因爲沒有確實的例子——而是陳述說，即使「利比亞再度進行恐怖主義，也不會像今年初那樣大規模」，「當時美國的情報單位獲知利比亞下令『人民局』在十幾個城市發動恐怖攻擊」。伊格那提斯是一名很傑出的記者，他知道政府宣稱情報單位已經「獲知」，根本就是沒有價值的；他謹愼小心地表示這行動的結果還不可預測。53

同樣地，喬治・墨菲特（George Moffett）指出，利比亞恐怖主義攻擊「全部停止」，也就是說，從幾乎是零減少到幾乎是零，這「證明雷根政府的軍事報復政策」有「正面的發展」。他的同事約翰・休斯（John Hughes）得意洋洋地評述：「自從對利比亞施以空襲懲罰……格達費上校再也沒有對美國人直接恐怖攻擊」——就我們

所知，以前也沒有。㊿4

華府對於國家恐怖主義的訊息很清楚：如果你有恐怖活動的紀錄，危言恐嚇世界，實施恐怖行動懲罰你所編造的暴行，我們會以其人之道還治其身；當你宣告你英雄主義的成果，我們就要鎮壓你這恐怖的怪獸。我們不會讓事實阻撓我們的使命。

就紀錄而言，「空襲利比亞之後三個月，西歐與中東有十八起反美的恐怖事件，相較之下，前三個半月期間大約有十五起」，「就全世界整體而言，反美恐怖事件的比例跟去年相比，沒有太大的差別」，這是《經濟學人》的評論（同時也讚美雷根的行動勇氣可嘉）；蘭德公司的恐怖主義專家指出，跟以前相比，空襲之後的恐怖攻擊維持一樣的水準。㊿5

七月三日，聯邦調查局公佈一九八五年美國國內恐怖事件的檢討報告，長達四十一頁。共有七件，兩個人遇害。一九八四年，有十三件恐怖活動。一九八二年有五十一件，此後每年逐漸減少。㊿6

有些媒體刊登聯邦調查局的報告。《多倫多環球郵報》（*Toronto Globe & Mail*）刊登美聯社的新聞，標題是：「猶太極端主義份子造成兩人死亡」。第一段說：「根據聯邦調查局昨天公佈的報告，一九八五年，美國發生七件恐怖攻擊事件，其中有四件是猶太極端主義份子所爲，造成二人死亡。」這報告也詳述「猶太極端主義份子所爲，造成二人死亡九人受傷的恐怖事件」，以及其他事件。《紐約時報》沒有刊登聯邦調查局的報告，不過幾個星期之後，在一篇專欄的第十一段提到：「根據聯邦調查局的恐怖主義年度報告，一九八五年國內發生七起恐怖主義事件，其中四起與『猶太恐怖份子團體』有關，都沒有調查起訴。」全美第二大報《華盛頓郵報》刊登聯邦調查局的報告，標題是「聯邦調查局報告顯示，去年國內恐怖主義減少」，在內文指出：「七件恐怖事件有四件跟猶太極端主義份子有關，造成二死九傷。」後來聯邦調查局調查艾立克・歐德（Alex Odeh）謀殺案，指出「猶太極端份子團體涉嫌」，也一再提起此事。㊼

聯邦調查局一九八五年國內恐怖主義主使者的報告，這三家全國性大報算是將結論刊登出來。但是，我發現沒有社論或是其他評論要求轟炸台拉維夫或耶路撒冷，以割除「癌細胞」或是「制裁」將「恐怖主義邪惡暴行」帶到我們國內的「瘋狗」。以有人或許會問，爲什麼不炸。以色列理所當然地拒絕爲「猶太極端主義」負責。以色列也對恐怖份子的行爲加以譴責，如國會議員拉比・卡漢（Rabbi Kahane），但是聯邦調查局懷疑他以前在「猶太防衛聯盟」的同事涉嫌恐怖行動。恐怖份子是華府所訓練與支持的，但拒絕爲他們的行爲負責。我已經提過，按照對格達費與阿拉法特的標準，這些藉口都不成立，他們也都譴責並否認恐怖份子的行爲跟他們有關。

「大部份恐怖暴行的道德責任……都是阿拉法特」因為「他是目前巴勒斯坦暴力的創始者」，因此美國要求阿拉法特普遍「對國際恐怖主義負責」，無論他有沒有涉入。58以相同的邏輯，猶太復國主義極端份子的行為「大部份的道德責任」都在以色列。

阿拉法特譴責巴勒斯坦恐怖份子的行為，但是媒體經常置之不理。茲舉一個嚴重的例子，一九八二年六月三日，阿布・尼達爾為首的恐怖份子團體，早年曾跟巴解組織交戰，並且造成傷亡。該團體在倫敦企圖刺殺以色列駐英大使夏洛莫・阿果夫（Shlomo Argov），這事件促使以色列入侵黎巴嫩，美國政府、媒體與知識份子都認為這是合法的「報復」。《華盛頓郵報》評論阿果夫刺殺事件令巴解組織「很尷尬」，因為巴解組織「宣稱代表所有巴勒斯坦人，但是……對於巴勒斯坦人的暴力行為，卻又選擇性地負責」。59如果一個與巴勒斯坦解放組織為敵的團體，他們的恐怖行動都令巴解組織感到「尷尬」，那麼猶太復國極端份子在美國的恐怖行動，造成二死九傷，應該也令以色列感到「尷尬」，因為就法律而言，以色列是「猶太人民的國家」，包括在外流移（Diaspora）的猶太人（而不是其公民的國家，其中有六分之一不是猶太人）。依照美國政府的邏輯，新聞評論與媒體都應該指出，美國當然有權利轟炸台拉維夫，進行「自衛以免未來遭受攻擊」。

如果美國遭受阿拉伯後裔美國人嚴重的恐怖攻擊，包括所有的死亡事故，巴解組織的極端主義份子或是懷疑利比亞政府的官員成立這些恐怖團體，我們可以想像大多數美國人會有什麼反應。

美國轟炸利比亞跟「恐怖主義」沒有關係，甚至以西方世界憤世嫉俗的觀點來看都沒有。事實上，西德拉灣事件與轟炸利比亞城市顯然會引起小規模的恐怖主義，這也是爲什麼歐洲可能的目標懇求美國要克制採取這類行動的原因。

這並不是第一次暴力行動被認爲將會激起小規模恐怖主義。一九八二年，美國支持以色列入侵黎巴嫩則是另一個例子，這在第二章已經討論過。攻擊利比亞動員國內外輿論以支持美國的計劃，可能遲早會引起恐怖行動。如果美國人的反應是集體歇斯底里，包括害怕到歐洲旅行，其實這些地方比任何美國城市都還安全得多，就相同的理由而言，最終結果也是有利的。

美國攻擊利比亞的眞正理由，跟一九八三年十月美國在貝魯特的軍隊遭受「恐怖主義攻擊」，因而必須採取自衛行動無關，這是裴瑞斯所說的；跟利比亞各種其他行爲，無論是對是錯都沒有關係；也跟雷根政府對國內所說的「自衛以防未來攻擊」無關。利比亞的恐怖統治只是小兒科，但是格達費妨礙到美國在北非、中東與其他地方的計劃。他支持蘇丹的沙圭亞暨里約迪歐洛全民解放陣線（Polisario）與其他團體，這些團體是美國反對的；他與摩洛哥結為聯盟，這又違背美國的期望；他還干涉查德（在法國派遣外籍兵團、顧問與戰機之後，格達費也跟進，但是法國軍隊協助「維護西非法國人、美國人與其他外籍石油公司人員的安全」，因此法國的干涉得到稱讚），⑥美國想要在該地區建立「策略性共識」以及在其他地區貫徹意志，格達費就進行干擾。這就是眞正的罪行，因此必須施予懲罰。

何況攻擊利比亞有其目的與效果，爲美國未來在國內外的暴力行爲做好輿論準備。立即的反應可能是負面的，但是大家接受之後，期望的程度就會提高，必要時美國執行作業就可以升高。

在美國持不同政見的人，對於「國際恐怖主義」宣傳活動批評的言詞，大衆還是可以聽到，但是這宣傳活動本身的公關相當傑出，大衆對於未來抱著很大的期望，這都是因爲各方的反應基於忠誠愛國所以不加以批評。知識階級維護恐怖主義，主要是因爲大衆容忍暴虐行爲。長期來看，強權國家這樣做有引起核子戰爭的危險。但是這樣的考慮，相對於「穩定」與「秩序」就不麼重要，特權與權力是不容挑釁的。

誠實的歷史系學生，對於這段應該不會感到訝異。

註釋

①*Amnesty International Report* 1985（London, 1985）; *Political Killings by Governments*（AI rreport, London, 1983）.

②William Beecher, *Boston Globe*, April 15, 1986.

③美國政府宣稱，從一九八〇年九月開始，尼加拉瓜開始運交武器給游擊隊，這些游擊隊大都是Carte-Duarte對付平民的恐怖份子戰爭所動員的，即使我們接受檔案所提供的表面價值，也只是很少的數字。從一九八一年初開始，武器流入的證據實際上是根本沒有（cf. *TTT* 以及中央情報局分析師 David MacMichael 在國際法庭所做的證詞：UN A / 40 / 907, S / 17639, 19 November 1985）。這無疑是假設說，提供武器給人民自衛，讓他們抵抗由美國所支持的恐怖份子，這樣是有罪的，即使沒有證據說他們是要征服西半球。國際法庭於一九八六年六月判決，提供武器可能「早於一九八一年年初就開始」，雖然「無法進一步斷言」，並且判定這是法律事件，這種武器供應即使是存在的，將不會構成「武裝攻擊」，這是華府所宣稱的。（聯合國憲章）對於國際事務禁止依靠威脅或是使用武力，美國的行動「違反這個原則」，也犯下其他罪行。華府漠視法庭的判決，宣佈不受法庭的管轄，美國才剛被法庭譴責「非法使用武力」，美國的反應是升高「非法使用武力」，包括第一次正式命令雇傭兵攻擊無自衛能力的平民目標。同時世界秩序的擁護者同意美國不應該受國際法庭的管轄，因爲美國「仍然需要自由以捍衛自由」，就像在尼加拉瓜一樣（Thomas Franck, *New York Times*, July 17, 1986）。反抗軍的支持者，卡內基國際和平基金會的 Robert Leiken，他「譴責國際法庭，與蘇聯的關係越來越密切」（Jonathan Karp, *Washington Post*, June 28, 1986）——同樣

的法庭後來對於伊朗的案件，所做的判決對美國是有利的。

④ Editorial, *Washington Post*（*Guardian Weekly*, February 22, 1981）; Alan Riding, *New York Times*, September 27, 1981. See *TTT* for references not given here or below.

⑤ Ambrose Evans-Pritchard, *Spectator*, May 10, 1986; 斬首行動大致完成，屍體的數目「減少，晚上趁人不注意時將屍體倒入 Ilopango 湖，只有在少數屍體被沖上岸邊時，才提醒游泳者，鎮壓仍然繼續進行。」社論，*New Republic*, April 2, 1984, April 7, 1986。關於最近的暴行，見 Americas Watch, *Setting into Routine*（May 1986），報導政治殺害與失蹤——百分之九十是死於 Duarte 軍隊手中——一天四個人，在這恐怖國家已經是有很大的改善，除此之外，還有許多其他的政府暴行。回顧過去，眞實狀況有時候勉強承認，例如在薩爾瓦多訓練拉丁美洲軍官的美國學校，在一九八〇年代就很驕傲地宣稱，「在美國陸軍的協助之下，「自由神學」（Liberation Theology）已經被擊敗了……」Adam Isacson and Joy Olson 引用，*Just the Facts*（Washington: Latin America Working Group and Center for International Policy, 1999）, ix。

⑥ Chris Krueger and Kjell Enge, *Security and Development Conditions in the Guatemalan Highlands*（Washington Office Latin America, 1985）; Alan Nairn, "The Guatemala Connection," *Progressive*, May 1986; Benjamin Beit-Hallahmi, *The Israeli Connection*（Pantheon, 1987）.

⑦ Herman and Brodhead, *Demonstration Elections*（South End Press, 1984）。他們對這個名詞的定義是「外國力量所組織進行的選舉，主要是平息國內不聽話的民衆」，同時也討論好幾個其他案例，並且詳細說明在蘇聯政權下，這根本是一場鬧劇，而不是選舉。他們所用的名詞「示威選舉」（Demonstration Elections）被 Robert Leiken 借用指稱尼加拉瓜，而且是嚴重誤用（*New York Review*, December 5, 1985）。見 Brodhead and Herman 的信件，以及英國國會其他觀察員（June 26, 1986）和 Leiken 的回信，心照不宣地承認他們的批評是正確的，而且宣稱他們設計的概念「以吸引西方帝國主義的注意力，從蘇聯帝國主義轉移……他

們顯然認為只有一個超級強權的惡棍」；這是國家恐怖行動的標準反應。見 Alexander Cockburn（*Nation*, December 29, 1985, May 10, 1986）和 Leiken 的回信（*New York Review of Books*, June 26），以及 Morley and Petras, *The Reagan Administration* 之中我寫的序言。

⑧ Council on Hemispheric Affairs, *Washington Report on the Hemisphere*, April 16, 1986.從 Cerezo 總統一月就職到六月，估計有七百人遭到謀殺，比前一年增加了百分之十；其中有多少是政治謀殺，或者確實數字到底多少，沒有人知道（Edward Cody, *Washington Post*, July 6, 1986）。Alan Nairn and Jean-Marie Simon 估計政治謀殺一個月超過六十個人，這是瓜地馬拉軍人利用「記者、學生、領導人物、左派份子、政治人物等的電腦檔案」，當作「很有效率的政治恐怖主義體系」（*New Republic*, June 30, 1986）。他們的結論是「從一九六〇年代中期以來，瓜地馬拉的官僚政治對於死亡似乎已經麻木，Cerezo 從未譴責，他的內政部長說政治謀殺已經不再是問題。」

⑨ John Haiman and Anna Meigs, "Khaddafy: Man and Myth," *Africa Events*, February 1986.

⑩ See *TTT* for an ample selection; also chapter 2, notes 16,44, and references of note 7 above.

⑪ Michael Ledeen, *National Interest*, Spring 1986. See note 4 and text.

⑫ Editorial, *New York Times*, April 20, 1985; *Washington Post*, January 11, 1986; Rabin, *Boston Globe*, January 25, 1986; *El Pais*（Madrid）, April 25, 1986.

⑬ E. J. Dionne, "Syria Terror Link Cited by Italian, "June 25, 1986; the *Times* editors are surely aware that the remainder of the U. S. government case that the applauded remains unsubstantiated.

⑭ *New York Times*, June 27, 1985; *Christian Science Monitor*, March 25, 1986。見 Leslie Cockburn, *Out of Control*（Atlantic Monthly Press, 1987）, 26。古巴傭兵跟美國代理人軍隊攻擊尼加拉瓜，宣稱他們是在佛羅里達的準軍事基地受訓；Stephen Kinzer, *New York Times*, June 26, 1986。不過，美國政府在紐奧良逮捕企圖推

翻 Suriname 獨裁者的陰謀份子（美國律師描述爲傭兵涉入中南美洲的「跳出點」），指控他們違反美國的中立法案（*Christian Science Monitor*, July 30, 1986），就像先前阻止推翻嗜殺成性的海地 Duvalier 政權。反抗軍的情報頭子 Horacio Arce，於一九八八年叛逃到墨西哥，他描述自己在薩爾瓦多、美國的基地接受美國教官的訓練，武器來自以色列，他在宏都拉斯與中情局的聯絡人以及其他的細節，包括攻擊平民目標以破壞社會計劃。見第五章註⑮。

⑮ Bob Woodward and Charles Babcock, *Washington Post*, May 12, 1985; see chapter 5, at note 28.

⑯ Ihsan Hijazi, *New York Times*, April 20, 1986。仔細的讀者可以發現，Henry Kamm 從雅典發出的報導（May 29, 1986）中，包含敘利亞總統 Assad 譴責恐怖主義，明確指出一百四十四名敘利亞人在「一場重大恐怖行動中」死亡，據推測他所指的是敘利亞巴士爆炸案。

⑰ Philip Shenon, *New York Times*, May 14, 1985; Lou Cannon, Bob Woodward, et al., *Washington Post*, April 28, 1986.

⑱ *New Republic*, January 20, 1986; Edwin Meese ,Associated Press, April 4, 1986; see chapter 2.

⑲ Frank Greve, *Philadelphia Inquirer*, May 18, 1986.

⑳ Nef, *Middle East International*（London）, April 4, 1986; Johnson, *Sunday Telegraph*（London）, June 1, 1986. 以色列在華盛頓召開討論恐怖主義的宣傳會議（見前言註⑮），Johnson 稱讚以色列採取「激烈的手段」奮戰「恐怖份子毒瘤」，如同一九八二年入侵黎巴嫩，他說：「事實上，以道德與實質上的勇氣去違反所謂主權國家的國界，並且將道德法律置於國家權力俗套之上，以色列第一次有能力去打擊毒瘤的中心，遏止毒瘤成長」（quoted by Wolf Blitzer, *Jerusalem Post*, June 29, 1984）——與以色列的企圖相反，第二章討論過。

㉑ Haley, *Qaddafi and the U.S.*, 271f。關於雷根政府一心想找利比亞的麻煩，以及暗殺格達費的計劃，詳情見

Seymour Hersh, *New York Times Magazine*, February 27, 1987。Hersh 重要的文章通常會揭露一些醜聞，以伊朗軍售案爲例，就引起大衆的注意，但是卻規避最重要的觀點。見第四章，此事的背景與詳情，見 Jonathan Marshall, Peter Dale Scott, and Jane Hunter, *The Iran-Contra Connection*（South End Press, 1987）and *Culture of Terrorism*。

㉒ Larry Speakes, national TV, 7:30 p.m., April 14; *New York Times*, April 16; Associated Press, April 14; *New York Times*, April 15; Lewis, *New York Times*, April 17; Bernard Weinraub, *New York Times*, April 15; Jeff Sallot, *Globe & Mail*（Toronto）, April 24, 1986.

㉓ Haley, *Qaddafi and the U.S.*, 8, 264.

㉔ *New Statesman* August 16, 1985.

㉕ See *FT*, 210; Haley, *Qaddafi and the U.S.*, who makes a praiseworthy effort to take ther performance scriously.

㉖「美國政府官員說，中央情報局被禁止提供軍事援助給尼加拉瓜叛軍，但是過去一年爲了政治目的，仍然秘密資助幾百萬美元給叛軍」，該官員又說，雖然允許「中情局對於叛軍活動維持強大的影響力，即使從一九八四年十月到一九八五年九月，國會有此禁令存在，禁止政府機構支出金錢『對於尼加拉瓜產生直接或間接，軍事或是準軍事的支持效應』」。美國官員所描述的「一項重大計劃」的目的，是「在我們的歐洲盟國中創造一種反抗軍是政治實體的氣氛」。國會議員 Sam Gejdenson 指出，「我們懷疑中情局從來沒有眞正從這場景中撤出，但是該機構直接涉入尼國內戰的程度，即使是最仔細的觀察員都可能感到吃驚。」美聯社獲得聯合國組織的文件，顯示「聯合國組織的政治金錢許多流向軍事組織，這是由美國所建立的掩護組織，有些資金用來支付給宏都拉斯與哥斯大黎加的官員，「讓叛變可以在這些國家進行」。許多錢是透過巴哈馬一家銀行，該銀行的總部設在倫敦。Associated Press, April 14; *Boston Globe*, April 14, 1986。這項醜聞的揭露，當時沒有評論，後來也不了了之。接著，*Miami Herald* 報導說，國會提供的二千七百萬

「人道救濟」款項，有二百萬用來支付宏都拉斯官員，「對於反抗軍在宏都拉斯土地上的非法活動，睜一隻眼閉一隻眼」（社論，*Boston Globe*, May 13, 1986），還有許多腐敗的證據，民眾對這些事情的關注有限。

㉗ Hersh, *New York Times Magazine*, February 27, 1987.

㉘ Associated Press, March 27, 1986, citing *El Pais*（Madrid）.

㉙ R. C. Longworth, *Chicago Tribune,* March 30, 1986.

㉚ Richard Higgins, *Boston Globe*, March 25, 1986.

㉛ Fred Kaplan, *Boston Globe*, March 26, 1986.

㉜ London *Sunday Times*, April 6, 1986.

㉝ Cockburn, *Wall Street Journal*, April 17; also Nation, April 26, 1986. Lelyveld, *New York Times*, April 18, 1986.

㉞ Another injured black GI died several months later.

㉟ *New York Times*, April 16, 1986.

㊱ *New York Times*, April 18, 1986; the *Times* report states that at 7 p.m.. F-111s bombed military targets "near Benghazi" and "near Tripoli." and that at 7:06 p.m. they bombed "the Tripoli military airport, the final target." As had already been reported, the F-111s bombed a residential neighborhood in Tripoli.

㊲ Associated Press, April 14, 1986.

㊳ James Markham, *New York Times*, April 25, 1986.

㊴ *Der Spiegel*, April 21, 1986; the front cover features the phrase "Terror against Terror," a well-known Gestapo slogan, presumably not selected by accident. See also Norman Birnbaum's article, same issue.

㊵ Text of interview provided by an American journalist with *Stars and Stripes* in Germany. Sec also Hersh, *New York*

Times, February 27, 1987.

㊶見 e.g., James Markham, *New York Times*, May 31 引述「西柏林警方一位調查員」的說辭，「他認爲利比亞在東柏林的大使館『構想出』這次攻擊」，並且引述 Manfred Ganschow 或是 Robert Suro, *New York Times*, July 3 關於敘利亞與 Abu Nidal 反阿拉法特恐怖份子可能涉及迪斯可舞廳爆炸案，提到「根據報導的證據顯示」利比亞有涉入；或是 Bernard Weinraub, *New York Times*, July 9 提到敘利亞可能涉入，以及行政官員「說」他們竊聽利比亞人所知道的事情。此後幾年，美國與德國的官員、法院與情報機構，都強調敘利亞有關，後來又說原先的說辭沒有確實的根據。見 *inter alia*, Robert McCartney, *Washington Post*, January 11, 12, 1988。關於 Ganschow 與德國官員對於華盛頓宣稱的否認，以及內部承認這些證據不夠周密，See also Hersh, *New York Times*, February 27, 1987。過了幾年，利比亞被牽連。無論後來的發現如何，顯然他們都沒有涉入。

㊷ Shaul Bakhash, *New York Review of Books*, August 14, 1986.

㊸ *Christian Science Monitor*, April 22, 1986; see chapter 1, at note 3.

㊹ *Toronto Globe & Mail*, editorials, March 28, 18, 5, 1986, referring specifically to Nicaragua.

㊺ See Associated Press, *International Herald Tribune*, May 6, for extensive discussion; *New York Times*, May 6, 1986, a briefer mention, and the text of the statement against terrorism.

㊻ Associated Press, April 14; survey of world press reaction, Associated Press, April 15; survey of U.S. editorial reaction, April 16; editorial, *New York Times*, April 15; Peres, *New York Times*, April 16, 1986.

㊼利比亞轟炸之後，有許多人比喻爲 Jefferson 對付巴巴利海盜的懲罰性探險；卻沒有人回顧歷史，「以前海盜在公海上掠奪財物，拿到紐約出售贓物，紐約成爲賊市場」，海盜造就美洲殖民地的財富，就跟以前英國人一樣（Nathan Miller, *The Founding Finaglers*〔David McKay, 1976〕, 25-6）。海盜行爲根本不是北

非人開始的。

㊽ Associated Press, April 21; *New York Times*, April 20; 宗教反應的調查，Associated Press, April 17; also April 19 報導西雅圖有個記者會，十四個宗教與社區團體譴責轟炸，相對於 Western Washington Rabbinic Board 表態支持。Nye, *Boston Globe*, April 16; Rostow, *New York Times*, April 27, 1986。

㊾ Glass, *Spectator*（London）, May 3; Cockburn, *In These Times*, July 23, 1986.

㊿ *Dissent*, Summer 1986。Ramsey Clark 現場觀察轟炸的模式，他的結論是，富有的郊區是平民傷亡最嚴重的地區，顯然是特定的目標。*Nation*, July 5, 1986。這問題明顯地與恐怖主義的議題無關（Clark 沒有說跟什麼有關）。

51 *New Republic*, September 6, 1982; for other samples of his interpretations of state violence as perpetrators vary, see chapters 1, 2, above, and *FT*.

52 *Washington Post* weekly edition, August 4, 1986.

53 Ignatius, *Washington Post Weekly*, July 28, 1986.

54 *Christian Science Monitor*, June 25, July 16, 1986.

55 *Economist*, July 26, 1986; *Christian Science Monitor*, July 24, 1986.

56 假如有意識形態上的考慮，將這些行動定義爲「恐怖活動」，那麼這些數字實在不算什麼。轟炸墮胎診所以前不算是「恐怖主義」，現在可能也還不是。根據 Moral Majority 的專欄作家 Cal Thomas，從一九八二年到一九八四年，「正在進行墮胎手術的建築物」曾經遭遇三百次的轟炸，他認爲「就戰術以及政治而言……也許不算是高明」——不過在道德上顯然是還好。*Boston Globe*, November 30, 1984。

57 AP, *Globe & Mail*（Toronto）, July 4; Stephen Engelberg, "Offical Says F.B.I. Has Suspects in Blasts Laid to Extremist Jews," *New York Times*, July 17; Peyman Pejman, *Washington Post*, July 5, 17, 1986.

58見註18與第二章。回顧猶太復國恐怖主義者殺害平民的紀錄，可以追溯到許多年前，早在以色列建國之前許多年就開始；見*FT*, 164f。

59 June 7, 1982.

60 *Business Week*, August 10, 1981. Haley, *Qaddafi and the U.S.*, 98.

美國在中東的角色（1986.11.15）

The U.S. Role in the Middle East

我先告訴各位，爲什麼我有資格談這個題目，而且只說我的觀點，或者引用別人客套的序言，那也不公平，所以讓我先轉述一封對我的推薦信，那是寄給英國一家小期刊《新聞檢查索引》（*Index on Censorship*），我曾經在該期刊上發表有關這個題目的一些觀點。①

親愛的丹：

很抱歉再度寫信給你，因為你的職位是《新聞檢查索引》的編輯主任委員，所以我不得不寫給你。上一期也就是一九八六年七月／八月號，有一篇非常令人訝異的文章，從第二頁起，文章頗長。這篇文章是諾姆·杭士基所寫，內容抨擊美國、美國政府與美國媒體。

你可能知道杭士基：他狂熱地為巴解組織辯護，他有關中東的文章，可說是知識份子虛偽欺詐居心惡毒的新標準。在美國關心政治的人，知道杭士基過去行徑的人沒有人把他當真。因此我很難理解，你們居然給他整整三頁的篇幅攻擊全世界最自由的媒體。給他這麼多篇幅，顯然是對他這種不光彩的事情賦予某種榮耀。貴刊編輯是否可能不知道杭士基是誰，也不熟悉他過去的紀錄？如果他們知道杭士基，為什麼還給他這麼多的篇幅？

署名爲「艾略特」，也就是主管美國國際事務的助理國務卿艾略特・阿伯拉姆斯，日期一九八六年七月二十九日，於國務院文書室，因此可以算是公文（一些個人評論省略）。

公開宣佈不正確事項，稱之為「作業真相」

我引用這封信有兩個理由。第一，我很重視這件事情，就像我因爲相同的理由，非常重視蘇聯在第三世界的顧問查禁我的書籍（蘇聯早已查禁我的書好多年），並且拒絕給我東歐的簽證。「人民委員」（譯註：意指極權政府的政委）的反應通常顯示某人的路線是正確的。除此之外，這封信跟這個題目有密切關係。顯示出雷根政府的心態，以及以色列遊說團的內幕，我應該提出的是，該期刊居然膽敢刊登指責美國與以色列的文章，阿伯拉姆斯的信只是爲了捍衛這個信念發動阻撓該期刊的動作之一。③這些現象各位都很熟悉，這也跟我們的題目顯然有關。

先把這具有諷刺意味的事放在一邊；該期刊主要是討論「新聞檢查」，現在由於允許事實陳述與分析，卻因爲不符合「人民委員」的口味而遭受攻擊。這封信顯示雷根政府中的領導人有很深的極權心態傾向：只要是無法接受的思想，即使是最微小的都不允許。我不認爲這在美國政治光譜之外。不幸的是，這是在美國政治光譜之內。雷根政府在運作上，其風格與執著代表這個光譜的一個極端，屬於極端的武力外交政策，跟受人尊重的「保守派」已經名實不符，其特色是說謊、不守法、強調國家武力與暴力、攻擊個人自由與公民自由權，所有的發展對於美國未來政治與社會的特性與重要性都是不好的，中東以及全世界，在美國強權之下，也不會有好的發展。

雷根政府的這些特點並非沒有人注意，當然也引起國內外許多純正的保守主義者關切，政府與媒體很少人是純正的保守主義者。三年前，倫敦皇家國際事務研究所（Royal Institute of International Affairs）主任大衛•瓦特（David Watt）在《外交事務》（*Foreign Affairs*）期刊中寫道：

> 目前美國人對世界的認知，以及全世界對美國的認知，兩者之間有很大的分歧……除了以色列、南非、菲律賓的馬可仕，以及中南美洲少數的右派政府，（全世界大多數人都認為）雷根政府對於蘇聯的威脅反應過度，因此扭曲美國（以及世界）的經濟，加速軍備競賽，歪曲自己對第三世界事

件的判斷，並且以狂熱的辭令降低國際對話的語言。

他又說，「我的經驗是，即使是最有經驗的美國人，也幾乎不可能將這個重要的觀點傳達給他，因爲這已經根深柢固」，這也是一個重要的事實。《外交事務》的編輯威廉・邦迪（William Bundy）在一篇討論目前國際事件的文章中，爲了確定這個判斷，關於「蘇聯威脅的程度……對這位觀察員來說，雷根政府寬廣的觀點，比起其他大國樂觀而又狹窄的立場，似乎更接近事實。」④

事實上，瓦特誇大此「分歧」。他指出，歐洲的菁英與雷根的狂熱差距很大，其實不然，而那些「例外」比他所提到的更極端，其中尤其是法國，許多巴黎的知識份子都採行雷根狂熱主義，成爲他們的流行。邦迪的評論指出，瓦特的描述代表美國菁英的意見，更甚於雷根政府；邦迪所寫的正是菁英光譜中相對的一端。瓦特所描述的是一般菁英份子對越戰問題的極端反應，包括對美國經濟的傷害，以及美國工業競爭對手坐收漁利，第三世界與國內的教條也都崩潰，因此需要採取嚴厲的行動，並且以蘇聯威脅當作訴求，經常製造出這樣的狀況。但瓦特基本的觀點還是相當正確。

美國越來越孤立，從聯合國各種議題的投票上就可以看出來。前幾個星期，聯合國大會以一百二十四票對一票通過南大西洋和平區。以九十四票對三票要求美國遵守國際法庭的判決，停止攻擊尼加拉瓜，只有美國與兩個夥計國家——薩爾瓦多（薩國聽命於美國，跟波蘭聽命於蘇聯可謂不分軒輊）與以色列（美國的武裝傭兵國）反對。美國在中東問題表決時經常陷入孤立，但是這現象越來越普遍。光是一九八〇到一九八五，美國就在安理會上動用否決權二十七次，相較之下，聯合國以往只用過十五次否決權（從一九六六年起），一九八〇年代，蘇聯也只用過四次。⑤

這反應其實很有趣。聯合國早年在美國穩固的控制之下，可以用來做為冷戰的目的，一般人對這組織的態度相當好，而且認眞討論爲什麼當時最孤立的蘇聯形象這麼差；也許這是給嬰兒穿戴襁褓衣服的結果，有人認爲這樣可以增強「否定論」，很少人懷疑這個「尿布學」（diaperology）的教條。美國主宰全球的力量式微，從戰後傑出的巔峰衰退下來，聯合國會員國相對顯得更獨立自主，對聯合國的態度變得更重要，到現在變成極端仇視。我們再也看不到難以理解的有關蘇聯否定論的專題論文，而是討論全世界步調不一致的論文，《紐約時報》的聯合國記者李察・伯恩斯坦（Richard Bernstein）對此有詳盡的解釋。⑥

歐洲的民意調查顯示相同的結果。最近美國新聞署（USIA）有一項機密的民意調查，顯示在法國之外，歐洲的民意對於戈巴契夫武器管制的信任，遠超過對雷根的信任，英國是四比一，德國是七比一。⑦

雷根政府根本不在乎國際孤立。他們對於暴力與威嚇的功效，顯示出有相當敏銳的了解。就像世界其他地方的一些前輩與模範，他們都知道欺凌弱小取得廉價的勝利，如果適當地讓民眾感受到存在威脅的恐慌，那就可以激起國內侵略主義的激情與大眾的熱情；這令人想起早年希特勒的例子，希特勒提出警告說德國被意圖消滅的敵國所包圍，捷克「這把匕首指向德國的心臟」，捷克人與波蘭人可能侵略與恐怖攻擊，最重要的是，國際猶太人的陰謀造成的威脅。雷根主義者非常清楚孟肯（H. L. Mencken）所謂的「實務政治的整體目標」：「製造許多的妖魔鬼怪，其實都是想像的，讓大眾心懷恐懼威脅（他們就會大聲要求安全）。」對世界其他地方來說，美國文化的霸權已經夠強大，所以無論教條有多荒唐可笑，用計謀達成國內的目標是可行的或者可以認眞考慮；否則如果美國的盟邦不願妥協，就升高暴力的威脅，提高他們潛在的成本，這仍然是可行的而且運用得相當有效。

國際恐怖主義的宣傳活動是這些技巧靈活運用的例子，無論是在國內或國外都一樣。雷根政府制定政策的人知道，國會自由派的那群人以及媒體很容易就被嚇到，只要指責他們面對妖魔時軟弱無能，他們就會乖乖地加入「對抗恐怖主義的十字軍」。他們也知道，手上握有許多暴力的資源，因此可以不管世界的輿論如何。事實上，他們經常利用大家對於他們暴力的關切，就像是轟炸利比亞之後的東京高峰會，雷根主義者警告西方國家的菁英，除非他們加入，否則不知道「瘋狂的美國人」下一步會怎麼做。⑧

對國會也經常顯露出充滿輕蔑的態度。例如，上個月在軍事授權法案上，參眾兩院都堅持基於國家安全的利益，行政機關應該遵守第二回合的限制戰略武器談判（SALT II）。幾個星期之後，雷根政府宣佈軍備進展超出第二回合的限武談判。行政機關的發言人解釋說：「國會休會，冰島高峰會已經過去了，戈巴契夫暫時不會來了。所以我們爲什麼要退卻？」⑨換句話說，反正警察沒看到，何不去搶商店呢？事實上，國會沒有休會也跟休會一樣，行政機關非常清楚，街頭幫派要對付力量微弱的反對派，通常也不會太困難。

對於大眾的態度，可以從雷根一位官員所說的「一場心理大戰」看出來，這是爲了尼加拉瓜辯論所設定的議程，公開宣佈不正確事項，稱之爲「作業眞相」（Operation Truth）：戈培爾與史達林看了一定覺得很樂。⑩從一開始，公佈不正確資訊就是雷根政府的專長，雖然媒體與國會總是承認，有新的案例曝光，他們都感到震驚，最近是一九八六年的利比亞事件（見第三章）。在這例子中，暴行的表現似乎有點健忘；早在一九八一年八月，《新聞周刊》就報導過美國對利比亞採取各種恐怖行動，政府「公佈不實資訊讓格達費與其政府難堪」，企圖「顯示本地的政治力量反對格達費」。關於武器競賽與其他事件，政府也都公佈不實資訊，多虧媒體的配合，效果相當成功。⑪

世界反共聯盟骯髒的紀錄

美國提供軍事援助給恐怖份子代理軍隊以攻擊尼加拉瓜，政府與媒體都說這是「抵抗」，這種「抵抗」是由「半球執行者」（Hemispheric Enforcer）所組織，從國境外的基地攻擊尼加拉瓜（相對地，「代理軍隊」這名詞是白宮內部文件所使用，而其恐怖行爲在秘密報告中也沒有隱瞞），這件事情經過仔細計劃以規避國會的監督限制，從此事可以推知有更多的內幕。在恐怖行動中隱藏的詳細計劃，有一件是一九八一年雷根政府考慮銷售機載空中警報控制系統（AWAC）給沙烏地阿拉伯。這在政治上是不受歡迎的行動，也不清楚當時爲什麼政府如此堅決要進行此事。有些可能的原因如今逐漸浮現。雷根的策士顯然知道資助代理軍隊在經費上有其困難，國會順應大衆壓力，後來限制對尼加拉瓜採取恐怖份子戰爭，沙烏地阿拉伯就被要求償還，並且資助運送武器給尼加拉瓜反抗軍，這些武器是雷根支持以色列入侵黎巴嫩所擄獲的。⑫

這些是國際恐怖份子詳細策劃出來的陰謀，帶有全球觀點。現在他們終於不再那麼容易被壓制，這暴露出雷根政府制定政策的人能力不足，經驗不夠；菁英對於國家計畫失敗的反應，一向是歸罪於人謀不臧，所以要避免大眾了解政策制度本質的威脅，菁英圈子內的人通常會予以支持。但是不應該欺騙任何人，要我們相信我們正目睹愚蠢與經驗不夠的人在運作；他們在組織有效率的國際恐怖主義上的成就令人印象深刻，從中東到中美洲以及世界各地。

另一個重要的事實是：目前這些醜聞對一九六〇年代以來的群眾運動有很大的貢獻，迫使國家只能偷偷摸摸運作，以遮掩其恐怖主義與暴力，運作是很複雜的，到最後無法完全隱瞞大眾。如果大眾跟早年一樣無動於衷與沉默，雷根就可以和甘迺迪一樣，一九六一年至六二年，甘迺迪派空軍在越南大規模轟炸，以及噴灑落葉劑摧毀農作物，或是像詹森從地面與空中升高對南越的侵略，並且擴展到北越，還派遣二萬三千名海軍陸戰隊到多明尼加共和國，阻止該地的民主威脅，這些都是一九六五年年初的事情，當時很少人提出抗議。秘密行動有曝光的風險，也破壞政府的高姿態（例如，「對恐怖主義開戰」）。這可能約束恐怖份子領導人，至少是暫時的。即使是在美國這種去政治化的社會中，沒有政黨或是大媒體在狹隘的以商業爲基礎的菁英共識之外，這些事實顯現出有意義的大眾行動是很有可能的，而且可能影響政策，雖然是間接的，就像越戰期間以及越戰之後。要記住這些重要的事實，對於中東也是一樣。

美國所組織的國際恐怖行動網絡，其中一個要素是世界反共聯盟（World Anti-Communist League），這是結合納粹、反閃族、暗殺小組以及全世界最狠毒的殺手與暴徒，在雷根政府動員之下，組成有效率的屠夫與虐待者網絡，範圍遍及全世界。上個月該聯盟在尼加拉瓜製造哈森福斯（Hasenfus）事件，相當引人注目。《紐約時報》照例將政府的宣傳當作事實加以報導，宣稱反共聯盟從一九八〇年代辛格勞布（Singlaub）將軍接掌以來，已經清除組織內較凶殘的因素。世界反共聯盟剛在歐洲舉行年度大會（就我所知，本地沒有報導）。從希特勒時代就是屠夫的納粹頭子曾經出席，他站上講台時獲得熱烈的掌聲。拉丁美洲的死刑小組領導人，一九八四年曾經被驅逐出境，在一九八四年到八五年由美國分會召開的大會上立刻再度現身，該分會還是免稅的「教育性組織」。反共聯盟繼續收容世界各地的納粹黨、各種種族主義者以及兇手屠夫。美國與各夥計國家支持反共聯盟，尤其是台灣與南韓，但是據報導，敘利亞與其他阿拉伯國家也給予支持；反共聯盟的工作由此地的以色列遊說團加以掩護。史考特・安德生（Scott Anderson）與約翰・安德生（John Anderson）

最近出版有關反共聯盟的新書，他們在序中指出，國內主要的以色列遊說團體「布奈布里斯反誹謗聯盟」（Anti-Defamation League of B'nai Brith）拒絕提供這個惡名昭彰的反閃族團體的資料給他們，這個聯盟通常支持雷根的國際恐怖活動，在這網絡中提供很有用的效果。⑬

這些都讓我們淸楚了解，國際恐怖主義在沒有歷史前例可參考下是如何運作。世界反共聯盟骯髒的紀錄應該可以提醒我們，雖然雷根的凶殘殺戮很不尋常，但在美國歷史上亦非獨有。二次大戰之後，美國立刻在全世界變成對反法西斯抵抗予以壓制，經常是同情法西斯與其同路人。這個全球計劃的構成要素是徵召納粹黨員，像是有「里昂屠夫」之稱的克勞斯・巴比（Klaus Barbie），他在法國曾經犯下可怕的殘酷暴行，結果美國情報單位請他負責在法國的間諜工作。更重要的例子是格倫（Reinhard Gehlen），負責希特勒在東歐的情報活動，美國中央情報局也請他從事相同的工作，在西德蒐集情報。他的組織在美國支持下，於蘇聯與東歐從事軍事活動，結合曾經受到希特勒支持的軍隊。約翰・洛夫特（John Loftus）爲美國法務部調查這些事情，根據他的調查，這些活動是在國務院喬治・肯南（George Kennan）辦公室下指揮進行。後來，許多這些有用的人在歐洲無法受到保護，美國當局在梵蒂岡與法西斯神職人員的協助之下，將他們帶到美國與拉丁美洲。他們繼續爲美國政府的利益服務，以蓋世太保發明出來的方法訓練酷刑拷打的人員，協助在中南美洲建立新納粹主義國家安全的國家，並在中美洲以美國所訓練的安全部隊成立執行死刑小組的機構。⑭

在官方教條之下，我們通常忽略或故意壓抑關係重大的歷史淵源，那我們對這世界的了解就很有限。

伊朗軍售案

關於中東問題也是一樣。美國與伊朗的關係現在經常上報，但是歷史的來龍去脈卻被割斷，只有在教導令人爲難的教訓時經常被提出當作案例。雷根政府辯稱，最近有關透過以色列運送武器給伊朗的報導，是爲了跟伊朗的「溫和派」建立接觸。這個說法也有點眞實；也就是說，如果我們進入傳統「新語言」的領域，「溫和派」這個名詞是指那些遵守美國命令與要求的人；這是對「激進派」的抗衡力量，指那些沒有遵守命令的人。値得注意的是，這些名詞跟那些團體的暴力與恐怖行爲沒有關係，甚至跟他們的社會與政治目標無關，也與重要的特色無關，因此印尼的大屠夫蘇哈托被稱爲「溫和派」，但是薩爾瓦多教會由農民組成的自助團體則是「激進派」，所以美國的傭兵部隊必須以波帕（Pol Pot）形態的恐怖行動來阻止這些農民。

美國中央情報局在伊朗搞政變，將權力交還給「溫和派」，《紐約時報》（一九五四年八月六日）描述爲「對於擁有豐富資源的未開發國家」進行實物教學（object lesson），「這次實物教學必須由國家主義狂暴狂熱份子支付費用」，這些人企圖掌控他們的資源，因此成爲「激進派」。伊朗直到一九七九年國王倒台，一直都是「溫和派」，卻有全世界最糟糕的人權紀錄，國際特赦組織與其他人權團體定期蒐集這些人權資料，但是沒有影響伊朗國王被歸類爲「溫和派」，美國的菁英份子也不吝給予讚美。卡特政府對伊朗國王的血腥統治，一直到最後都給予支持。美國當時顯然看到軍事政變的可能性，但是沒有成功。從那時候開始，武器就不斷流入伊朗，部份是透過以色列，因爲以色列跟伊朗國王與其軍隊有相當密切的關係。

尼加拉瓜的蘇幕沙（Somoza）也一樣，在同時間垮台。卡特政府同樣支持他，直到他垮台爲止，由以色列提供武器。在美國緘默支持下，他上次鎮壓暴動中殺害數萬人。當蘇幕沙無法撐下去時，卡特還派國民兵去控制局面。不久之後，殘餘的國民兵在宏都拉斯與哥斯大黎加於美國代理人如阿根廷（當時是由新納粹將軍統治，因此是有用的「溫和派」夥伴國家）的協助之下重新建立，然後直接由美國接管，並且組織一個恐怖主義代理人軍隊，意圖阻止尼加拉瓜社會改革的威脅。

同時，美國的菁英正進行一項神秘的轉變：他們變得非常關心尼加拉瓜與伊朗的人權與「民主」，這可是前所未有，這突然的道德覺醒其實充滿恥辱，但是並沒有引起藐視。⑮

回到伊朗問題，根據以色列駐美大使摩希‧亞倫（Moshe Arens）於一九八二年十月所說的，伊朗國王垮台之後，以色列「幾乎全力配合美國政府」供應武器給伊朗。目的是「看看可不可以找到跟伊朗軍方接觸的管道，以推翻何梅尼政權」，至少「跟一些可能掌握伊朗大權的軍官建立接觸」。以色列武器銷售人員與情報官員亞可夫‧林洛迪（Yaakov Nimrodi），在伊朗國王政權時期以軍事武官掩護身分，他於一九八二年在英國廣播公司描述這個計劃。以色列前駐伊朗大使烏利‧魯布朗尼（Uri Lubrani），他屬於工黨，對這計劃有更詳細的補充：

> 我強烈相信只要以非常少量的兵力就可以拿下德黑蘭，但是要有決心，以鐵腕無情屠殺。我的意思是，帶領這支軍隊的人必須有心理準備，有可能要屠殺數萬人。

就技術上而言，這顯示他們是「溫和派」。以色列外交部長與以色列情報機構摩薩德（Mossad）的前任副主管大衛・金奇（David Kimche），也發表過相同的論調。一九八〇年代中期美國透過以色列軍事援助伊朗的計劃，媒體現在認爲金奇與林洛迪是該計劃的主使者，這跟美國人質事件與「尋找溫和派」有關。不過，以色列在人質事件之前就涉入這些計劃，此事被封鎖，大衆無從得知。同時，一九八二年年初，這些計劃普遍被認可，只是對可行性的質疑程度不一，認可的人包括理察・赫姆斯（Richard Helms，中央情報局前主任，前駐伊朗大使）、羅伯特・科姆（Robert Komer，一九六〇年代後期戰犯審判主要的候選人，卡特時代國防部高官，建議設置快速部署武力，在發生軍事政變之後，可以用來支持「溫和派」），以及其他人。⑯這些現在都被封鎖。

實質上，最近同樣的事情也有報導，只是沒有人注意，而且要比醜聞剛爆發時報導得更加詳盡。例如，以色列外交部資深發言人艾維・帕茲尼爾（Avi Pazner），他在訪問中證實，一九八二年以色列在美國的許可之下，提供伊朗軍事補給品，包括美製戰鬥機的零件。⑰

武器透過以色列（可能也有其他管道）流入伊朗，爲了跟伊朗軍方保持接觸，很可能持續一段時間，不過美國反對運送充分的武器，以免伊朗有能力打贏兩伊戰爭，因爲美國的政策是支持伊拉克的海珊。因此，美國去年四月限制以色列跟伊朗一次重大武器交易，逮捕一名以色列前將軍及其他人。⑱

這些事情直到一九八六年年底才被揭露。一九八二年，《紐約時報》編輯萊斯里・蓋爾伯（Leslie Gelb）寫了一篇故事，刊登在第一版，指出送交給伊朗的武器有一半是「以色列供應或安排的」，美國方面當然知情，最後也緘默同意，「其他則是由跑單幫的軍火商，這些軍火商有些跟以色列情報單位有關聯」，當時中央情報局在土耳其東部的基地，正進行秘密活動對抗何梅尼政權。⑲亞倫所揭露的秘密與其他事件，連續幾天以顯著的篇幅刊登在《波士頓環球報》（*Boston Golbe*）。最近幾個月，就在「醜聞」爆發之前，又有其他訊息被揭露。因此在五月，派翠克・希勒（Patrick Seale）報導說，「以色列與歐洲軍火商匆忙將軍火運交給伊朗」，以色列「平常要繞圈子運送軍火」，現在就免了；「例如，現在海上有一艘貨輪，載運二萬五千噸的以色列大砲、火藥、砲筒、飛機零件以及其他補給品」，直接運交給伊朗，不必經過薩伊（Zaire）轉運。⑳這些事件實在太令人訝異，很難當眞。

美國對伊朗與尼加拉瓜的政策，有諸多相似之處。雷根政府一直積極爲代理人軍隊安排軍事援助，規避國會的監督，更不管國際法庭的判決，對於恐怖主義國家是不適當的，而且法律回到十八世紀的中立法案（Neutrality Act），這件事情也實在太令人訝異，很難當眞。

只要注意最近的歷史，就可以對這些事情了解得更清楚。首先注意到的是，軍售伊朗的模式，就是一個很典型逃避當前評論的重要事實。例如，美國與印尼的關係三十年前變得互相仇視，因此中央情報局於一九五八年策動軍事政變，結果失敗。在互相仇視的期間，美國繼續供應武器給蘇卡諾政權。一九六五年年底，親美的蘇哈托將軍發動軍事政變，導致數十萬人被屠殺，大都是沒有土地的農民，摧毀印尼唯一有民眾基礎的政治組織「印尼共產黨」。印尼因此回歸到自由世界，美國、加拿大、歐洲與日本的公司又可以前來搶奪剝削，唯一的阻礙就是統治將領的貪慾，這些軍人實施的是腐敗又殘酷的獨裁專制。

這些發展受到西方國家開明意見的熱烈歡迎，認為這證明了美國沒有入侵南越（稱之為在宣傳系統裡「防衛南越」），提供一個「護罩」，鼓勵將領對他們的社會進行必要的淨化。屠殺之後，國防部長麥納瑪拉到參議院作證，被要求解釋為什麼在兩國互相仇視的期間還供應武器給印尼。他被問到，供應武器是否「有付紅利」，他同意有紅利，包括大約七十萬具屍體，根據他印尼的朋友當時給他的數字。國會報告指出，對軍官的訓練以及保持溝通，在推翻蘇卡諾上得到「很大的紅利」。同樣地，根據國防部的資料，「美國對於當地指揮官的軍事影響，被認為是一九六四年政變罷免巴西左派總統若昂・古拉奇（João Goulart）的一個因素」㉑，成立國家安全部門（National Security State），負責酷刑、鎮壓以及爲外國投資人謀取利益，甘迺迪的自由派對此表示歡迎。幾年後故事又在智利重演。在阿言德（Allende）政權時期，美國繼續供應武器，卻又儘可能推翻該政權，最後搞出皮諾契（Pinochet）政變，這又受到歡迎。

在伊朗的運作遵照政策規劃熟悉的模式，這是可以理解的，有時候是眞實的。我們很容易理解，一九八二年，爲什麼理察·赫姆斯與其他人得到大衆的認可。

我們應該回顧，在伊朗國王統治時期，美國與伊朗關係的本質。在尼克森教條之下，伊朗是控制中東的中堅角色，因爲美國認爲沒有能力可以在各地執行其意志，因此必須依靠當地的「管區警察」（cops on the beat，國防部長〔Melvin Laird〕的說法），照季辛吉當時的說辭，在美國維持的「整體秩序的架構下」，當地代理人會執行他們的「地區性職責」。這個三角聯盟是由伊朗、沙烏地阿拉伯與以色列所組成，由美國給予支持庇護，主要是「保護」美國對這個全世界重要的能源儲存地的主宰權，不要被其他敵國所佔有。這是美國的資源，只是碰巧在當地人的土地上，因此當地人可能會有「極端」的想法，認爲他們對這些資源也有權利分享，因此必須設法消除這種極端的想法。這只不過是隨便舉個例子，美國在全世界都是這樣。[22]

創造邪惡帝國的「代理人」，宣傳體系建立一系列的惡魔

在這種背景下，美國與以色列也發展出「特殊關係」。一九五八年，國家安全委員會指出，反對極端的阿拉伯國家主義（就名詞技術上的意義來說）「合乎邏輯的必然結果」，就是「支持中東唯一強烈親西方的國家以色列」。根據為本—古里安寫傳記的作者麥可・巴佐哈（Michael Bar-Zohar），在美國國務卿杜勒斯（Foster Dulles）的鼓勵下，以色列當時與伊朗、土耳其、衣索匹亞締結長久的「周圍條約」（peripheral pact）。整個一九六〇年代，美國情報單位認為以色列是對抗沙烏地阿拉伯「極端國家主義者」的障礙，而且在一九六七年美國支持以色列打勝仗之後，認為以色列是「戰略資產」這個概念便成慣例，尤其是一九七〇年巴勒斯坦人在約旦被大屠殺，以色列採取行動阻擋敘利亞支援之後，當時美國因為國內因素無法直接干預。伊朗國王垮台提高以色列「戰略資產」的角色，成為該地區增進美國利益的基地。同時，以色列在南非、亞洲與中南美洲逐漸增加對美國提供輔助的服務。㉓

大約在一九七〇年，美國的知識份子對於該地區的美國政策產生分歧。國防部長威廉・羅吉斯（William Rogers）提出政治解決以阿衝突的計劃，符合當時國際上的

共識，另一派則以季辛吉爲代表，他認爲美國必須維持「靜止現狀」。沙達特於一九七一年二月，依照美國政策的路線，提出完整的和平解決方案，卻遭以色列拒絕，季辛吉就以這個理由支持以色列。雙方爭論不已，後來季辛吉的觀點勝出。當時美國的政策認同他主張的強硬對抗立場，而非眞正要政治解決，因爲美國偏向於將以色列視爲「戰略資產」，扮演美國控制該地區使用武力的角色。所以說美國一直阻撓政治解決，因爲政治解決方案會使以色列與該地區整合。㉔

美國繼續維持軍事對抗，並且保持以色列是「戰略資產」。在這個概念下，以色列必須維持高度軍事化，擁有先進技術，經濟上是美國的附庸國，高科技產品通常是與美國合作，完全依賴美國，因此完全可以信賴以色列會爲美國在當地的需求提供服務，擔任盡職的「管區警察」，並且爲美國在其他地區擔任傭兵，例如支持在瓜地馬拉進行幾近種族滅絕的行動，當時美國因爲國內因素無法親自操刀。㉕

美國與阿拉伯世界的關係如何？第一，美國願意採取行動控制阿拉伯半島的重要能源：這是美國外交政策的中心原則，從二次大戰之後就一直如此。因此，美國會支持「溫和派國家主義者」，像是沙烏地阿拉伯的統治菁英，就是以「溫和」而著稱。沙烏地阿拉伯也因此支持美國的國際恐怖主義，所以供應武器給伊朗、美國與以色列在中美洲與南非等其他地方的恐怖行動，沙烏地阿拉伯都涉入極深，也就不足爲奇。同時，美國一貫反對「極端國家主義者」，因爲妨礙美國的目標。利比亞就是一例。一九七〇年代初期，格達費想要提高油價，雖然美國爲了「強化伊朗、科威特與沙烏地阿拉伯等『溫和派』的立場」㉖，美國似乎給予支持，但是利比亞逐漸成爲美國目標的一大障礙，雷根政府在「對抗國際恐怖主義戰爭」的背景下，將利比亞打成首要的目標。㉗

在這個關係上，我們應該要記住，雷根政府從一開始就面對相當嚴重的問題。許多誤以爲雷根政府的主要政策相當受歡迎，其實正好相反。民衆跟以前一樣，繼續支持社會支出，而非軍事支出，也反對提高國家權力，以及將國家轉變成富人的福利國家，甚至比以前更加反對。國防部體系的主要功能之一，就是要變成富人的福利國，在公共補貼與名之爲「自由企業」的制度下，大力提供高科技產業的公共補貼。民衆也都反對高唱「雷根教條」進行顚覆、介入、國際恐怖主義，與侵略的「行動主義」的外交政策。民衆反對政策，要他們接受有個典型的方法：引起人民恐懼，就如前面所引用的孟肯的名言。因此，我們必須對抗邪惡帝國，否則就會被摧毀，「龐大的無情陰謀」阻撓我們在全世界的善事，要摧毀我們，這是甘迺迪在美國歷史上相當類似時期所說的話。但是有個問題：與邪惡帝國對抗太危險，可能要付出很高的代價，因此不可行。解決這兩難問題的方法，就是創造邪惡帝國的「代理人」，攻擊這些代理人不會造成損害，因爲這些弱國沒有防衛能力。利比亞就是最好的對象，尤其是美國反阿拉伯種族主義相當猖獗，也符合「反國際恐怖主義」的背景，華府的恐怖份子領導人必須根據這些意識形態機構所執行的各種「眞理行動」（Operation Truth）來保護我們。不需要我們自己付出代價，很容易就可以殺死許多利比亞人，許多人在國內大爲稱讚，包括開明的自由派，因爲我們是對抗「恐怖主義的邪惡暴行」。

未來兩年將會很危險。雷根幫希望在美國政治留下永久的印記，他們要證明暴力必須付出代價，他們要克服「對於使用武力病態的壓抑」（諾曼・波德赫雷茲〔Norman Podhoretz〕）。宣傳體系建立一系列的惡魔，必須割除的「癌細胞」桑定政權（舒茲）、「中東瘋狗」格達費、「現代恐怖主義之父」阿拉法特、在蘇聯扶持下威脅要接管西半球的卡斯楚等等。如果能以暴力摧毀這些惡魔，美國文化才可長治久安。再也沒有「懦弱的人」訂定協議與妥協談判，不再關心政治解決、國際法與類似的無聊言論。相反地，政治體系將由沒有「病態壓抑」的人所主導，他們會派遣夥計國家的軍隊與受雇用的暴徒去虐待無力抵抗的人，在現代的「新語言」中，這就叫做「保守主義」。

註釋

①See introductory notes.

②甚至包括語言學的書籍與技術性報告，冒犯阿伯拉姆斯的罪名相同，只是目標不一樣而已。

③關於在英國所洩漏的事實，見 Alexander Cockburn, *Nation*, November 22, 1986。有些涉入的人宣稱，他們不是反對文章的內容，只是覺得社會允許討論「思想控制」不太妥當。這種說法是站不住腳的，即使有人接受這個原則。該期刊刊登這方面的文章，沒有引起激烈的反應、威脅要取消訂閱、國務院的來信等等；見 Carole and Paul Bass, "Censorship American-style," 處理有爭議性的新聞是如何被「市場力量與軟弱的出版者」所扼殺（*Index on Censorship*, 3 / 85）。

④America and the World 1983, *Foreign Affairs*, Winter 1983。後來幾年，大衛・瓦特描述的傾向也成爲美國菁英關心的事情。著名的政治分析家杭亭頓（Samuel Huntington）警告說，對全世界大部份的國家而言，美國「逐漸成爲超級強權的流氓國家」，被認爲是「對他們的社會最嚴重的外來威脅」。佔優勢的「務實派」國際關係理論預測，可能有些國家會聯合起來對抗超級強權的流氓國家，所以他認爲，站在務實主義的立場，應該重新考慮這種姿態。他在美國與英國轟炸塞爾維亞之前就寫這篇文章，引起全世界很大的恐慌與關心。另一位政治學家 Robert Jervis（美國政治學會的主席）批評柯林頓與小布希政府的單邊主義，他一再重申杭亭頓的結論：「事實上，全世界大多數國家認爲，今天主要的流氓國家是美國。」*Foreign Affairs*, March / April1999; July / August 2001。

⑤*Boston Globe*, October 28, 1986; November 4, 1986. Robert C. Johansen, "The Reagan Administration and the U.

N.: The Costs of Unilateralism," *World Policy Journal*, Fall 1986.

⑥ Richard Bernstein, "The UN versus the United States," *New York Times Magazine*, January 22, 1984. Not "the U.S. versus the UN," on the assumptions he takes for granted.

⑦ Michael White, *Guardian Weekly*, November 9, 1986. This is not evidence that the world is being "Finlandized" or "taken over by Communists," as the U.S. right-wing fantasizes; the same poll shows that the European population is very critical of the USSR, of course.

⑧ See chapter 3, note 45.

⑨ Jeffrey Smith, *Washington Post*, November 9, 1986.

⑩這個計劃顯然是在一九八三年一月十四日的國家安全秘密指令下做成的（No. 77, *Management of Public Diplomacy Relative to National Security*）. Alfonso Chardy, "Secret Leaked to Harm Nicaragua, Source Say,"*Miami Herald*, October 13, 1986。

⑪ *Newsweek*, August 3, 1981。關於故意提供錯誤的利比亞的訊息，見第三章。其他故意提供錯誤訊息與媒體合作的事件，見拙著《扭轉潮流》（*Turning the Tide*）; Edward S. Herman and Frank Brodhead, *The Bulgarian Connection*（Sheridan Square, 1986）。

⑫ Alfonso Chardy, Knight-Ridder Service, *Boston Globe*, October 28, 1986.

⑬ Robert Reinhold, "Ex-General Hints at Big Role as U.S. Champion of Contras," *New York Times*. October 14, 1986. Chris Horrie, *New Statesman*, October 31, 1986, reporting on the Annual Conference of the WACL, noting in particular the prominence of RENAMO（the South African-backed guerillas terrorizing Mozambique）and their cozy relations with Singlaub, and probably the U.S. administration. Scott Anderson and John Lee Anderson, *Inside the League*（Dodd, Mead & Co., 1986）; only the ADL. and the U.S. government concealed documentation and refused to cooperate with their research, they report. *See Necessary Illusions*, App. V.4, for more on connections between Reagan-Bush（No. 1）and neo-Nazis and related elements, who are guilty of only "antique and anemic" anti-Semitism as compared with the real anti-Semitism of those who support the international consensus on a two-state settlement（*New Republic*）.

⑭ On these matters, *see TTT* and sources cited. See Michael McClintock, *Instruments of Statecraft*（Pantheon, 1992）, on the reliance on Nazi manuals in developing postwar U.S. counterinsurgency documents, with the assistance of Wehrmacht generals. Also Jeffrey Burds, "The Early Cold War in Soviet West Ukraine, 1944-1948," *The Carl Beck Papers* No. 1505, January 2001, Center for Russian and East Furopean Studies, University of Pittsburgh, on Western support for Hitler's partisan armies during the war, in an effort to delay Russia's defeat of the Nazis.

⑮ On the ebb and flow of human rights concerns regarding lran, closely tracking lran's service to U.S. interests or defiance of them, see Mansour Farhang and William Dorman, *The U.S. Press and Iran*（University of California, 1987）; and for further discussion, *Necessary Illusions*, chapter 5 and app. 5.2-3.

⑯ On these matters see my *FT*, 457f.

⑰ Michael Widlanski, "The Israel / U.S.-Iran Connection," Tel Aviv, *Austin American Statesman*, May 2, 1986.

⑱見 William C. Rempel and Dan Fisher, "Arms Sales Case Putting Focus on Israel's Policies," *Los Angeles Times*, May 5, 1986，指出「經驗豐富的美國調查員」說，「以色列一直被認爲是秘密武器銷售的管道」，而且「沒有疑問地，至少在過去五年，以色列武器繼續流入伊朗」，引述西德的估計，有五億美元的軍事裝備。Douglas Frantz, "Israel Tied to Iranian Arms Plot, "*Chicago Tribune*, April 24, 1986; Reuven Padhatzur, *Ha'aretz*, April 28, 1986。大部份的資料是由 *Israeli Foreign Affairs* 這份卓越的期刊的編輯 Jane Hunter 所刊載的。

⑲ Leslie H. Gelb, "Iran Said to Get Large-Scale Arms from Israel, Soviet and Europeans," *New York Times*. March

8, 1982.

⑳ Patrick Seale, "Arms Dealers Cash in on Iran's Despair," *Observer*（London）, May 4, 1986.

㉑ Miles Wolpin, *Military Aid and Counterrevolution in the Third World*（Lexington Books, 1972）, 8, 128, citing Congressional Hearings; on Brazil, *New York Times*, November 1, 1970. For more on the euphorie public response to the Indonesian massacre,and the background, see my *Year 501*（South End Press, 1993）; and on 1958, Audrey and George Kahin, *Subversion as Foreign Policy*（New Press, 1995）.

㉒ For further discussion, *see Towards a New Cold War*; Laird cited by Thomas Ferguson and Joel Rogers, *Right Turn*（Hill & Wang, 1986）, 97, an important discussion of factors in domestic affairs.

㉓ For more on these matters, see *Towards a New War, Fateful Triangle*, and references of chapter 3, note 6.

㉔ See chapter 1.

㉕ See my books cited earlier; also Allan Nairn, *Progressive*, May, September 1986.

㉖ Haley, *Qaddafi and the U.S.*, 31.

㉗ See chapter 3.

國際恐怖主義：印象與實際（1989）

International Terrorism: Image and Reality

研究恐怖主義有兩個方法。一是採取「照字面上的方法」（literal approach），認眞處理這主題；或是採取「宣傳的方法」（propagandistic approach）將恐怖主義的概念當作一種武器，爲權力系統服務。兩種方法該如何進行，都很淸楚明顯。以「照字面上的方法」，我們先決定恐怖主義的組成是什麼，然後尋找這現象的實例，如果我們是認眞的話，就集中心力處理重要的實例，然後嘗試確定原因與補救方法。「宣傳的方法」則取徑不同。我們先假定，官方所指定的敵人要爲恐怖主義負責。然後將恐怖行動歸咎於某些源頭，將他們定名爲「恐怖份子」（無論貌似有理或無理）；否則恐怖行動就會被忽視、壓抑，或者說是「報復」或「自衛」。

政府通常採用「宣傳的方法」，和極權國家的文宣機器，這不足爲奇。比較有趣的是，西方工業民主國家的媒體與學術界也是採用此方法，許多資料詳細的文件檔案莫不如此。①

麥可・史托（Michael Stohl）說：「我們必須承認，傳統上——必須強調的僅是傳統上，強權國家使用武力以及威脅使用武力，通常被說成是高壓外交，而不是恐怖主義」，雖然往往會牽涉到「威脅以及經常使用暴力，如果不是強權國家，卻想要追求相同的策略，就會被描述爲恐怖暴力主義」。②只有一個限定性條件必須加上去：「強權」這名詞只限於友好的國家；在西方傳統中，蘇聯是沒有這張執照的，實際上蘇聯被指控，並以最薄弱的證據判決有罪，正是蘇聯現狀的寫照。

一九八〇年代，恐怖主義成爲重要的公共議題。雷根政府宣佈要努力打倒總統所說的「恐怖主義殘酷暴行」，「文明邪惡的敵人」所散播的瘟疫使「現代倒退到野蠻」（國務卿舒茲）。這場戰役的焦點集中在由國家主導的國際恐怖主義。其中心論述就是，將責任歸咎於以蘇聯爲基礎的「全世界恐怖行動網絡，目標是要造成西方民主社會的不穩定」，這是克萊爾・史達林（Claire Sterling）所說的，他的著作《恐怖網絡》（*The Terror Network*）受到高度評價，成爲政府的聖經，也是開創「恐怖主義學」（terrorology）這門新學科的文獻。這本書提供「重大證據」，恐怖主義的發生「幾乎完全排除民主或是相對民主的社會」（華特・雷克〔Walter Laqueur〕），對於禍患的起源沒有可懷疑的。這本書很快就被視爲沒有價值的文宣册子，但是這個論點還是完整無缺的，操控主流的報導、評論與學術界。

一九八〇年代中期，國際恐怖主義達到最高峰。一九八五年美聯社做過調查，媒體編輯票選中東地中海地區的恐怖主義爲最重要的新聞，一年後歐洲觀光業嚴重衰退，因爲美國人害怕阿拉伯恐怖份子騷擾歐洲城市。根據衆所公認的說法，妖魔已經被「牛仔的力量」所馴服，這場災禍因而消退。

按照「字面上的方法」，我們先定義恐怖主義的概念，然後調查其應用，不要管瑣碎的東西。讓我們看看結果如何。

恐怖主義的概念

政治論述的概念很難說得清楚，但是恐怖主義是什麼則有共識。我們可以參考美國法規：「恐怖主義活動」是指——

(A)涉及暴力行動或是對人類生活有危險的活動，該活動違反美國或任何國家的刑法，或是在美國或任何國家司法管轄權內預謀犯罪；以及(B)顯然有意(i)威嚇或強制平民；(ii)威嚇或強制影響政府政策；或(iii)以暗殺或綁架影響政府的施政。③

這個概念很難精確劃定。第一，國際恐怖主義與侵略的界線總是很難劃清。這樣的模稜兩可其實對美國與其夥計國家是有益的：有些國際暴力行動，如果他們拒絕侵略的指控，我們就可以恐怖主義之名加以制裁。恐怖主義與報復或是合法抵抗之間的差異，也沒有達成共識。

美國許多資料對於「恐怖主義」提供較簡潔的定義。美國陸軍反恐怖主義手册的定義是：「有計劃使用暴力或是威脅使用暴力，透過威嚇、強制或是逐漸製造恐懼，以獲取政治、宗教或是意識形態上的目標。」著名的恐怖主義專家羅伯特・庫帕曼（Robert Kupperman）受國防部委託進行一項研究，他的定義更簡單：威脅或使用武力「達成政治目標，而毋須動用全部的資源」。④

不過，庫帕曼不是在討論恐怖主義，而是指「低度衝突」，這是雷根政府的中心教條。「低度衝突」很像其前身「反叛亂」（counterinsurgency），如同其描述所指出，以及實際所證實的，其實是國家主導的國際恐怖主義的委婉說辭，也就是還沒到戰爭侵略程度的武力進犯。

學術界認可其要點，雖然平常的教條有點扭曲。約那・亞歷山大（Yonah Alexander）教授是著名的以色列專家，他評論道：「國家支持的恐怖主義是一種低度衝突，當國家發現進行『戰爭』比較方便，不需要爲他們的行動負責，就會進行低度衝突。」⑤約那・亞歷山大只有注意到克里姆林宮與「代理人集團」陰謀破壞西方國家，提供的例子如「對巴解組織密集的訓練計劃……提供尼加拉瓜」。在這個概念下，「巴解組織跟莫斯科維持特殊的關係」，爲蘇聯主子服務，將從蘇聯獲得的恐怖主義「特殊訓練」傳授給尼加拉瓜，因此尼加拉瓜能夠執行低度衝突，對抗美國與美國的利益。他也建議方法「以測試東歐鐵幕國家的忠誠」；例如，「顯示有意願阻止美國與其盟邦的恐怖主義宣傳活動」。

從這些實例可以看出，要有豐富的想像力像變魔術似的奇思怪想，才能將原本平靜的世界攪亂，以長期維持其信念純正。

恐怖主義與政治文化

世界上有許多恐怖主義國家，但是美國特殊之處在於，官方正式地從事國際恐怖主義，規模之大讓對手相形見絀。西方政府與媒體說得沒錯，伊朗確實是恐怖主義國家。伊朗對於國際恐怖主義眾所周知的貢獻，從伊朗與尼加拉瓜反抗軍的調查案可以看出：也就是說，伊朗也許沒有注意而牽涉到美國對付尼加拉瓜的代理人戰爭。這個事實是無法接受的，因此沒有人注意，就在美國慷慨激昂譴責伊朗恐怖主義的時候，也揭露出伊朗與美國所主導的國際恐怖主義有關。

同樣的調查也揭露出，在雷根教條主義下，美國已經編造出國際恐怖主義的新道路。有些國家利用個人的恐怖份子與罪犯，在海外執行暴力活動。但是在雷根的時代，美國更過分，不僅建立半私人的國際恐怖份子網絡，也配置夥計國家與傭兵國家，如阿根廷（在軍事將領下）、台灣、南韓、以色列、沙烏地阿拉伯等等，用來資助與執行美國的恐怖行動。在民衆對於恐怖主義感到最苦惱的時候，美國的國際恐怖主義就向前邁進，但是都沒有人討論。

美國進行國際恐怖主義達到非常精細的地步。在中央情報局與國防部領導人的指揮下，代理人攻擊尼加拉瓜的「軟目標」，也就是幾乎沒有防衛能力的平民，而不與軍隊「正面對抗」。國務院明確授權攻擊農業合作社，當代理人是阿布・尼達達時，我們就加以譴責。鴿派的媒體對此立場，很體貼地表示認同。《新共和》的編輯麥可・金士雷（Michael Kinsley），在主流評論家中屬於極端自由派，他認爲我們不應該太快就否定國務院對於恐怖攻擊農村合作社的說辭：「敏感的政策」必須「符合成本效益分析的測試」，這個分析是「包含血腥與淒慘，而在另一端有可能出現民主」。可以理解的是，美國菁英份子有權利進行分析，如果能夠通過他們的測試，就可以從事該計劃。⑥

一九八六年十月，尼加拉瓜反抗軍一架運輸機被擊落，機上有美國的傭兵，中央情報局非法空運供應代理人的證據再也壓不住了。伊朗與反抗軍的聽證會接踵而至，大家都注意這些議題。聽證會結束後幾天，中美洲的總統簽署第二次艾斯奎普拉斯（Esquipulas II）和約，美國立刻進行破壞。該和約認爲「該地區穩定與長久和平必不可缺少的一項因素」，就是「該地區或是地區外的政府」對於「非正規的軍事武力或是顚覆活動」必須終止任何形式的援助。美國對此和約的反應，卻是立刻升高對尼加拉瓜軟目標的攻擊。中情局迅速增加空運補給，一天運補好幾個架次，國會與媒體有所顧慮，故意裝作沒看到，同時與白宮合作，想要瓦解美國不願意見到的協議。這個協議是一九八八年一月達成的，一九八九年二月的中美洲總統會議進一步完成後續的協定，但美國就是想要破壞。⑦

爲代理人軍隊提供補給與偵查的飛航架次增加，暴力與恐怖行動也同時增加。這些事情大都沒有人注意，雖然有時候可以發現有人提到。一九八七年十月，《洛杉磯時報》曾經報導「西方軍事分析家說，尼國反抗軍已經將好幾公噸新運到的武器藏匿起來，避免發生重大戰役……同時，他們進一步攻擊容易得手的政府目標，像是派翠歐塔（La Patriota）農業合作社……有幾名民兵、一位老婦人以及她一歲大的孫子，在黎明前一場砲擊中喪生。」從許多案件中隨意挑選幾個注定不會獲得衆人注意的案子來討論，十一月二十日，一百五十名尼國反抗軍以八十八釐米迫擊砲與火箭手榴彈攻擊聖幻河（Rio San Juan）南部兩座村莊，造成六名小孩與六名成人死亡，三十人受傷。甚至拒絕佩帶武器的宗教和平主義者，他們的合作社也被美國的恐怖份子摧毀。在薩爾瓦多也是一樣，美國所訓練武裝的軍隊攻擊合作社，殺害、強姦、劫持會員，這還只是恐怖暴行的一部份。⑧

一九八六年六月，國際法庭做出裁決，譴責美國「非法使用武力」與非法的經濟戰，結果被《紐約時報》以「充滿敵意的論壇」認為這是不切實際的看法，而加以駁斥。安理會做出決議，支持國際法庭的判決，並且要求所有國家遵守國際法，美國不僅予以否決，也投票反對聯合國大會相同效果的決議（一九八六年，還有以色列與薩爾瓦多也反對；一九八七年，只有以色列），這些事情都沒有人注意。國際法庭也判決，所有對尼國反抗軍的援助都是軍事性質，而非人道救援，此事也受到忽略；媒體繼續將此包裝成「人道救濟」。美國的最高原則似乎顯示，我們是個無法無天的恐怖國家，無論這世界怎麼想，無論國際組織怎麼說，但我們做的事情是公平正確的。

這個教條有個必然的結果，沒有一個國家有權利防衛自己免於遭受美國的攻擊。雷根政府的宣傳機構經常散播尼加拉瓜計劃取得噴射攔截機的消息，這也顯示大眾對於教條採取默許。也有人批評媒體不分青紅皂白吸收政府不實的消息，但是有個更明顯的事實卻被忽略：大家都同意這樣的行為，就尼加拉瓜而言是完全無法接受的。一九八四年尼加拉瓜選舉，麻薩諸塞州的參議員保羅・桑格斯（Paul Tsongas）在其他鴿派領導人的支持下，提出警告說，如果尼國獲得五〇年代的米格機，美國就應該轟炸尼加拉瓜，因爲「尼國將有能力對抗美國」，造成對美國安全的威脅，⑨其實這些飛機純粹是防衛而已，跟美國在俄國周圍國家部署核子飛彈比起來，根本毫無威脅性。大家都知道，噴射攔截機可能使尼國有能力保護疆域，避免中央情報局的運輸機飛入境內。這些運輸機對美國的代理人軍隊進行補給，以及偵查尼國軍隊的部署位置，提供最新的情報給反抗軍，讓反抗軍安全地攻擊軟目標。大家都知道，但是很少人提起。⑩主流媒體沒有人提到一個公開的秘密，如果不是美國壓迫盟國禁止軍事援助，其實尼國寧願要法國的飛機，也不要米格機，所以我們就對「蘇聯供應桑定政權」感到害怕畏縮。

一九八八年八月，同樣的問題再度出現，國會的鴿派過分熱情地支持「柏德修正案」（Byrd Amendment），要「協助尼加拉瓜人民抵抗」。三天前，尼國反抗軍攻擊客輪「和平任務號」（Mission of Peace），造成二死二十七傷，全部都是平民，包括一位紐澤西州的浸信會傳教士，該教士率領一支美國宗教代表團。參議院討論伯德修正案時，並沒有提到這個事件。國會的鴿派反而警告說，如果尼加拉瓜軍隊「無緣無故進行軍事攻擊」，或是對於恐怖份子的殘酷暴行行兇者有「任何其他敵對行動」，那麼國會將採取有效而正義的反應，提供新的軍事援助給他們。媒體報導以及其他評論對於國會這種態度，認爲沒什麼值得注意。

這個訊息很清楚：沒有人有權利對美國的恐怖攻擊進行自衛。美國這個恐怖主義國家是有正當性的。這個教條是不容置疑的，甚至連討論的餘地都沒有，只有預先假定的前提，就像是美國攻擊南越，是「防衛南越」以「避免內部侵略」，這種說法也許不夠聰明，但是鴿派都相信。

所以代理人軍隊的恐怖組織鎮壓頑強抵抗的人民，是合法的事情。珍妮・科派翠克說：「武力干預他國事務」既非「不切實際」，也非「不道德」——只不過這是非法的，紐倫堡與東京大審被吊死的戰犯就是犯下這種罪行，我們還宣稱這不是「勝利者的審判」，因爲按照羅伯特・傑克遜（Robert Jackson）法官所說：「如果某種行動與違反條約是犯罪行爲，無論是美國人做的或是德國人做的，都一樣是罪行。我們沒有想要樹立對他人犯罪的通例，我們不希望這些罪行發生在我們身上。」。⑪

歐文・克里斯托（Irving Kristol）反駁這些想法，他解釋：「這些論點從國際法出發，完全沒有可信度。」確實，「強權國家一般不應該干涉小國的國內事務」，但是如果「其他強國已經先違反這個規矩」，這個原則就被推翻了。「無可置疑」，蘇聯提供武器與技術人員「已經干預尼加拉瓜」，「軍事與民用的領域都有」，因此美國有權派遣代理人軍隊攻擊尼加拉瓜。按照相同的說辭，蘇聯絕對有權攻擊土耳其或丹麥，因爲「毫無疑問」美國提供協助給土耳其與丹麥，而且對蘇聯的威脅遠超過尼加拉瓜對美國的威脅。按照克里斯托的邏輯，蘇聯確實有權入侵。

不過，克里斯托也可能以「重大差別」（crucial distinction）來反駁這個觀點，他就是以這套說辭認爲美國有權在各地以武力介入，他說：「地位低微的國家，就跟地位低微的人一樣，很快就會有自己地位重要的錯覺」。這時候，必須以武力將這些錯覺從他們的心態中去除，「說實在的，『砲艇外交』的時代從來沒有結束……國際秩序需要砲艇，就像國內秩序需要警車一樣。」因此他認爲美國有權使用暴力對付尼加拉瓜，但是蘇聯沒有權利對土耳其或丹麥動武。⑫

美國主導的國際恐怖主義，大家一致認可，不應該因爲知識份子反對尼國反抗軍的戰爭而受到混淆。一九八六年，民意調查顯示有百分之八十的「民意領袖」反對援助尼國反抗軍，國會與媒體對於援助計劃曾經進行激烈辯論。但是注意辯論所用的措辭也是很重要的。《紐約時報》的湯姆・維克（Tom Wicker）屬於不同政見的極端派，他評論道：「雷根支持尼國反抗軍的政策顯然是失敗的」，所以我們應該「默認地區性的協商安排，尼加拉瓜的鄰國會去執行」。這些恐怖主義國家的特色就是屠殺自己的人民，如果他們可以改善，就不該排除讓他們執行對桑定政權做地區性的安排，對於桑定政權不必任意指控。《華盛頓郵報》的編輯也表達相同的意見，認爲尼國反抗軍是「不完美的工具」，所以必須尋找其他方法「讓尼加拉瓜回歸中美洲的模式」，並且「以該地區的標準來合理執行」，這個標準是華盛頓恐怖國家的標準。參議院多數黨黨鞭亞倫．克蘭斯頓（Alan Cranston）是鴿派領導人，他承認：「尼國反抗軍令人遺憾地……對於尼國的民主不適合」（無論事實如何，這是美國教條的目標），所以美國必須尋找其他方法「孤立」馬拿瓜（Managua）那個「應該受到指摘的」政府，並且「放任這個政府自行潰爛腐敗」。對於華府其他殘忍的夥計國家，從來沒有如此嚴厲苛評。

簡而言之，跟麥可．金士雷的「敏感政策」的基本名詞有一點點誤差。問題在於效率，不在於原則。我們自己的國家有權使用暴力，視此為理所當然。⑬

訴諸於國際恐怖主義的動機，在尼加拉瓜這個案例已經有率直的解釋。行政官員指出，攻擊的目標是「迫使桑定政權將僅有的資源轉移到戰爭，無法進行社會計劃」。這是一九八一年中央情報局計劃的基本目標，經過行政機構的認可。前中情局分析專家大衛．麥克邁可（David MacMichael）在世界法庭作證時指出，這個計劃有其目的：利用代理人軍隊「引誘尼加拉瓜軍隊跨越國界攻擊，顯示出尼加拉瓜有侵略的本質」，迫使尼加拉瓜政府「壓制國內人民自由、逮捕反對派人士，顯露出尼國極權專制的本質，促使國內異議人士增加」，以及破壞已經衰敗的經濟。一九八八年，中央情報局龐大的補給作業理論上應該取消了之後，國防部一位官員討論為什麼應該在尼加拉瓜國內維持恐怖主義武力的策略，他解釋說：

二〇〇〇年，那些中堅人士對於尼加拉瓜政府維持一些壓力，迫使他們將經濟上的資源用在軍事上，不讓他們解決經濟上的問題——這是有幫助的……對桑定政權的任何壓力，引起世人注意該政權不夠民主，以及不讓桑定政權解決經濟問題，這些都有幫助。

卡特政府時期主管美洲國際事務的助理國務卿維隆·衛奇（Viron Vaky），他評述恐怖攻擊最重要的論據理由是「長期戰爭的損耗使得政權積弱不振，導致更強硬的壓制，尼加拉瓜內部不滿人士轉而支持美國，遲早這個政權會被人民暴動所推翻，或是內部政變或領導分裂而自我毀滅，或者乖乖屈服以挽救政權。」衛奇是鴿派，他認爲這個概念「有瑕疵」，但是沒有錯。⑭

恐怖份子的軍隊完全了解他們的路線，我們從一九八〇年代最重要的背叛者赫拉西歐·阿奇（Horacio Arce）可以得知。他是尼國反抗軍的情報頭子，他的參戰目的是「金錢」；談到「民主主義者」與「自由鬥士」是爲了賺取生活費。白宮與媒體喜歡利用桑定政權的背叛者，而且通常對尼國反抗軍的報導較多。但是反抗軍的背叛者就很少報導，尤其是跟不受歡迎的事件有關時。阿奇於一九八八年年底背叛，但在美國沒人注意到。他接受特赦回去馬拿瓜之前，在墨西哥接受訪問，提到他曾經在美國南部一處空軍基地接受非法的訓練，他還指名道姓說某中情局幹員在宏都拉斯駐特古西加爾巴（Tegucigalpa）大使館AID的掩護下，提供援助給尼國反抗軍。他描述宏都拉斯的軍隊如何提供情報給尼國反抗軍，並支援其軍事活動，也討論代理人軍隊有多腐敗，將武器賣給宏都拉斯的軍火市場，在那裡跟薩爾瓦多游擊隊打交道。美國的「非軍事目標」的情報特別有用，他解釋說：「因爲我們攻擊很多學校、健康中心之類的地方。我們這樣做，是要讓尼加拉瓜政府無法爲農民提供社會服務，無法推動計劃……這就是我們的構想。」美國訓練的效果，從記錄中充分得到證明。⑮

一九八五年四月，前中情局局長史坦菲爾德·特納（Stansfield Turner）在國會作證說，尼國反抗軍的確是「國家支持的恐怖主義」。但是，有人認爲這應該叫做「侵略」，含有一九八六年世界法庭判決的意思。不過，我們還是將美國對付尼加拉瓜的行動歸類爲國際恐怖主義。

一九八〇年代的國際恐怖主義

一九八〇年代，國際恐怖主義主要出現在中美洲。美國的代理人軍隊在尼加拉瓜留下一長串的屠殺、酷刑、強姦、傷害致殘、綁架與破壞，不過因爲平民有軍隊保護，所以被阻止下來。在美國的夥計國家中沒有出現可比較的問題，攻擊平民主要的恐怖主義軍事力量，是軍隊與其他國家的安全警衛。一九八〇年十月，薩爾瓦多的樞機主教案有數萬人遭到屠殺，不久之後，屠殺行動更是加速進行，被形容爲「種族滅絕戰爭與對手無寸鐵的平民集體屠殺」。這種國家恐怖行動是要「摧毀人民爲護衛自己基本人權所成立的組織」，奧斯卡・羅梅洛（Oscar Romero）樞機主教在被暗殺前曾經提出警告說，他向卡特總統懇求，不要援助「只知鎮壓人民以及維護薩爾瓦多寡頭政治利益」的軍事力量。這個目標在雷根政府時期大致完成，對平民的殘忍攻擊升高到最高點。美國似乎被認爲是侵略，對國家利益造成傷害，美國的知識份子不禁表達關切與抗議，但是當國家恐怖行動顯得很成功，抗議的聲音就減小，人民組織被毀滅與「斬首」。選舉在暴力鎮壓之下進行，保證選舉結果是美國可以接受的，這問題也就不了了之。

第二次艾斯奎普拉斯協定之後，國家恐怖主義明顯增加，但是沒人注意；國際特赦組織的報告稱薩爾瓦多政府的策略是「死刑執行隊」（Death Squads）（一九八八年十月）。報告警告說，官方的死刑執行隊進行濫殺，成爲政府威嚇潛在反對勢力的策略，受害人遭受「殘肢、砍頭、肢解、勒死、有酷刑迫害的傷痕或是被強姦」。由於政府策略的目標是「威嚇或強迫平民」（按照美國法律的官方定義，也就是恐怖主義），只是殺戮是不夠的。因此，要將肢解的屍體暴露路旁，婦女用她們的頭髮被吊在樹上，臉上塗著紅漆，胸部被割掉，美國國內菁英假裝沒有看到，繼續資助、訓練與支持這些兇手與施虐者。

同時期，瓜地馬拉發生規模更大的屠殺，也是美國與其傭兵國家所支持。第二次艾斯奎普拉斯和約之後，恐怖行動升高，目的是要阻止該國的民主進展、社會改革與保障人權。就跟薩爾瓦多一樣，這些發展都被忽略；分配的工作是要集中注意在尼加拉瓜，並且表達嚴重的暴行。由於目標是恢復尼加拉瓜成爲「中美洲的模式」，並且保證尼國遵守「地區性的標準」，像薩爾瓦多與瓜地馬拉一樣，夥計國家的恐怖行動沒有人眞正關切，除非太過於明目張膽，妨害到對兇手的援助流程。⑯

應該注意的是，這些都是國際恐怖主義，由華府所支持或主導，在傭兵國家的國際網絡支援下進行。

一九八四年選舉之後，正在為薩爾瓦多實施民主感到慶幸之際，以教會為基礎的人權組織「法律協助」（Socorro Juridico），在聖薩爾瓦多大主教的保護之下運作，描述恐怖行動持續造成的結果，「同一批武裝軍事力量仍然繼續進行恐怖行動，他們有官方的認可，接受過適當的訓練，可以執行集體殘害的行動」，他們描述道：

> 薩爾瓦多的社會受到恐怖行動與驚慌的影響，基本人權不斷被踐踏，出現如下的特徵：一方面集體受到恫嚇以及普遍感到恐懼，另一方面，由於每天經常使用暴力方法，對於恐怖行動已經內化而接受。大致上而言，社會對於經常出現遭受酷刑的屍體已經能夠接受，因為對社會而言，最基本的生存權利絕對有優先的價值。⑰

同樣的評論也可應用在忽視這些行為的社會，或是以其他方式來看待。

在成為正式的災禍之前

國際恐怖主義當然不是一九八〇年代才出現，早在二十年前就有，當時主要的受害者是古巴與黎巴嫩。

反古巴的恐怖主義是由一個秘密的特別小組所主導，該小組成立於一九六一年十一月，代號叫做「貓鼬」，包括四百名美國人、二千名古巴人、一支快艇海軍，每年預算五千萬美元，由邁阿密的中情局情報站負責運作。這根本就違反中立法案，以及禁止中情局在美國境內運作的法律。⑱工作的項目包括炸毀旅館與工業設施、炸沉漁船、對農作物與牲口下毒、污染古巴出口的砂糖等。並非所有的活動都是由中情局一一下令，但是沒有人認爲應該寬恕正式的敵人。

這些恐怖行動有些是發生在一九六二年十月到十一月古巴飛彈危機之間。在這之前幾個星期，伽索福（Raymond Garthoff）報告說，古巴一個恐怖主義團體在美國政府認可之下，以佛羅里達爲基地執行任務，「一艘快艇猛烈砲轟古巴哈瓦納附近的濱海旅館，蘇聯的軍事技術人員聚集在這家旅館，造成二十名俄國人與古巴人死亡」；不久之後，又攻擊英國與古巴的貨船，並且再度突襲古巴，十月初攻擊逐漸升高。十一月八日，飛彈危機的緊張階段，一支恐怖份子派遣隊從美國出發，在「貓鼬」作業正式取消之後，又炸毀古巴的工業設施。卡斯楚宣稱有四百名工人死亡，這次行動是由「間諜飛機拍攝照片」所引導。這次恐怖行動幾乎引起全球核子大戰，事情揭露之後卻只有少數人發表評論。危機結束之後，立刻又企圖暗殺卡斯楚與其他恐怖行動，一九六九年，尼克森又升高行動。⑲

尼克森之後，這些行動繼續進行。例如，一九七六年四月，兩艘古巴漁船被邁阿密的船隻攻擊，邁阿密是全世界反古巴恐怖主義的中心。幾個星期之後，古巴駐葡萄牙大使館被炸，兩人死亡。七月，古巴在紐約的駐聯合國使節團被炸，加勒比海與哥倫比亞的古巴設施也成爲炸彈攻擊的目標，還有在紐約的音樂學院召開支持古巴人的會議，也差點被放置炸彈。八月，古巴駐阿根廷大使館兩名官員被綁架，古巴航空公司在巴拿馬的辦公室被炸。古巴駐委內瑞拉大使館十月遭縱火，駐馬德里的大使館十一月被炸。十月，中情局訓練的流亡古巴人炸毀古巴一架民航機，機上七十三人死亡，包括古巴獲得奧運金牌的國際西洋劍代表隊。這次恐怖行動的特工之一，是豬玀灣事件的老兵卡里瑞斯（Luis Posada Carriles），他因爲爆炸案被關在委內瑞拉監獄，突然越獄逃到薩爾瓦多，被安排在伊羅班哥（Ilopango）空軍基地工作，協助組織美國在尼加拉瓜的恐怖行動。從一九六九年到七九年，美國與加勒比海地區的恐怖事件，中情局認爲其中有八十九件是古巴流亡團體所做的，其中最大的一個團體 OMEGA 7，聯邦調查局認爲是一九七〇年代在美國活動的恐怖主義團體最危險的一個。⑳

國際恐怖主義的學術性著作，都將古巴描繪得很沉悶。華特・雷克的標準著作說了許多有關古巴可能資助恐怖主義活動的話，不過證據不多。然而，對古巴執行恐怖活動卻隻字未提。他提到，「最近幾十年……比較專制的政權不僅沒有遭受恐怖攻擊，也發動恐怖攻擊對付較寬容的社會。」這是指美國這個「寬容的社會」，成爲國際恐怖主義的受害者之一，而古巴這個「專制的政權」則是搞恐怖攻擊的國家。要達成這個結論，必須隱瞞美國對古巴進行恐怖攻擊的事實，而且古巴也沒有遭受恐怖攻擊；如果有發生恐怖攻擊古巴的事例，雷克就絕口不提。

雷根時代之前第二個重大案例，就是黎巴嫩南部的人民從一九七〇年代初期起被當成人質，「合理預期這些受到影響的平民，最後會發揮壓力，停止敵對仇視」，並且接受以色列對於該地區的安排（總理比金說明在黎巴嫩所犯下的暴行，艾伯．伊本對於比金的說明發表評論，這些暴行是工黨政府所爲，伊本說：「這些暴行的模式跟某些政權一樣，我與比金總理都不敢說出這些政權的名字」，伊本承認比金說明的正確性）。㉑值得注意的是，這些受到尊敬的工黨鴿派人士所提出的辯護，明確地說這些行動是國際恐怖主義（如果不算是侵略的話）。

這些攻擊殺害數千人，造成數十萬人無家可歸。這些事情很少人知道，因爲沒人有興趣；當時巴解組織也攻擊以色列，也是一樣殘忍，但是規模遠遠不如，卻引起憤慨以及密集的報導。美國廣播公司的特派員查爾斯．葛拉斯（Charles Glass），當時是駐黎巴嫩的記者，他發現「美國的社論很少對黎巴嫩南部的狀況有興趣。以色列空襲與砲轟黎巴嫩南部的村莊，迫使居民逐漸外移到貝魯特外圍的貧民窟，這些故事比起『恐怖份子』威脅以色列、劫機與綁架外交人員，當然沒有那麼聳動恐怖。」他繼續指出，一九八二年以色列入侵之後，以色列的死刑執行隊在黎巴嫩南部濫殺無辜，反應也是一樣。倫敦《泰晤士報》有報導，但是美國的編輯沒有興趣。如果媒體報導「便衣秘密警察（Shin Beth）殺害村莊與黎巴嫩南部難民營中的嫌疑犯……將會激起什葉派穆斯林憤慨，造成陸戰隊很難防守」，美國海軍陸戰隊部署在黎巴嫩可謂身處困境，因此應該多體諒。他們似乎不知道爲什麼，「被徵召入伍的黑人士兵跟他們不一樣，幾乎所有的黑人士兵說，他們被派來保護富人欺負窮人，只是他們從來沒有機會在攝影機前面說。」「在黎巴嫩他們唯一認同的人，就是貧窮的什葉派難民，這些難民住在貝魯特機場美軍基地旁；悲哀的是，很可能這些貧窮的什葉派之中的某人……在一九八三年十月二十三日炸死了二百四十一名陸戰隊員。」如果這些事情有報導，或許可以避免陸戰隊爆炸事件，至少可以理解爆炸的原因，因爲爆炸遇害的陸戰隊員是政策的犧牲者，「媒體無法跟大衆解釋，而新聞官員無法跟陸戰隊解釋。」㉒

一九七六年，敘利亞在美國許可之下進入黎巴嫩，並且協助進一步執行大屠殺，其中一次是在特拉沙特（Tel Al-Zaater）的巴勒斯坦難民營，敘利亞支持的基督教民兵使用以色列的武器殺害數千人。㉓

不需要再多舉例子，國家主導的恐怖主義在雷根政府以「公共外交」轉變成重大議題之前，顯然就已經非常猖獗。

教規：零售式恐怖主義

在此所討論的批發式恐怖主義，大都不算是「邪惡災禍的恐怖主義」，因此我們就討論合乎教規的小規模恐怖行動。

早在一九八〇年代之前，就已經有零售式恐怖主義的記錄，不過文獻記載太過於選擇性，所以沒有什麼用。試舉幾個例子，這在雷克的標準中是沒有的，雖然他有提到郵件炸彈，以及眾所公認的惡棍使用「簡單的書本炸彈」，但是他沒有提到以色列情報單位使用精密的書本炸彈，於一九五六年在迦薩炸死穆斯塔法．哈菲茲（Mustapha Hafez）將軍，當時哈菲茲將軍負責阻止阿拉伯突擊隊員（Fedayeen）滲透攻擊以色列設施。㉔雷克討論使用郵件炸彈，並沒有將雅克夫．艾利亞夫（Ya'akov Eliav）的證詞也包括進去，艾利亞夫宣稱是第一個使用郵件炸彈的人，當時他領導一個恐怖團體，上司就是現任的以色列總理夏米爾（該團體名叫「勒希」〔Lehi〕，意為嚴厲幫〔Stern Gang〕）。一九四六年，他在巴黎開始工作，安置過七十個郵件炸彈寄給英國政府機構，信封上的名字都是英國內閣閣員、保皇黨對手的領袖以及軍事將領。一九四七年六月，他與一名共犯遭比利時警方逮捕，當時他正要寄出這些郵件炸彈，所有的炸彈都被攔截。㉕

劫持民航機以及在機上放置炸彈的正式記錄，也規避一些重要的議題，其中美國拒絕共產國家在一九五〇年代要求遣返「劫持飛機、火車、船舶逃亡的人」（國務院法律顧問亞伯拉罕・索法爾〔Abraham Sofaer〕指出，這個政策從一九六〇年代後期開始「檢討」，因為美國與盟邦也成為目標）。中東第一次劫機是一九五四年以色列劫持叙利亞航空公司的民航機，企圖「劫持人質，目的是要我們在大馬士革被囚禁的人獲得釋放」，這些被囚禁的以色列人是因為在叙利亞進行間諜工作被俘虜（總理夏瑞特），按照美國的標準這也不算是恐怖主義。一九五六年十月，以色列空軍擊落埃及沒有武裝的民航機，造成十六人死亡，包括四名新聞記者，以色列的目的是要刺殺僅次於納瑟（Gamal Abdel Nasser）總統的第二號人物阿瑪爾元帥（Field Marshall Abdul Hakim Amar），當時以埃兩國是交戰狀態，而這種行為也不算是恐怖主義。這是預謀的行動，因此不像以色列擊落利比亞民航機的事件，該民航機飛往開羅，距離開羅還有兩分鐘航程時，因爲沙漠風暴而迷航，竟遭以軍擊落，造成一百一十人死亡。一九七三年二月，以色列空降部隊與兩棲部隊攻擊黎巴嫩北部的的黎波里，造成三十一人死亡（主要是平民），這次突襲摧毀教室、診所與其他建築物，理由是預防性行動。㉖

這些事件被認爲無關重要，甚至沒有注意到。阿拉伯人的恐怖行動就不一樣了。

回到一九八〇年代，以一九八五年爲例，當時媒體甚爲關切。當年最重大的恐怖行動是印度航空公司被炸，造成三百二十九人死亡。據說恐怖份子是在阿拉巴馬州法蘭克・坎普（Frank Camper）所經營的準軍事訓練營受訓，該訓練營爲中美洲及其他各地的傭兵部隊訓練恐怖份子。根據以前擔任傭兵的人指出，坎普跟美國情治單位關係密切，本人也涉及印度航空爆炸事件，聲稱這是失控的「刺螫」行動。美國司法部長（或稱總檢查長）米思訪問印度時，間接承認這次恐怖行動是由美國的恐怖份子訓練營所策劃的。㉗任何跟利比亞有關的恐怖份子，無論關係有多薄弱，都足以證明格達費是「瘋狗」，因此必須翦除。

根據美國的標準，國際恐怖主義的中心在中東。一九八五年，中東最嚴重的恐怖行動是三月八日貝魯特的汽車爆炸案，造成八十人死亡，二百五十六人受傷。三年後諾拉・波士坦尼（Nora Boustany）報導說：「大約二百五十名女孩與婦女，身著黑色長袍，在伊瑪利達清眞寺（Imam Rida Mosque）做星期五禱告，是爆炸受創最嚴重的一群人，至少四十人死亡，更多人殘廢。」炸彈在西貝魯特「人煙密集的大街上爆炸，令人極爲震驚」，也「燒死嬰兒床上的嬰兒」，「炸死一名正在選購嫁妝的新娘」，以及「三名離開清眞寺正要回家的小孩」。這次爆炸的目標是什葉派的領導人法德拉拉（Sheikh Fadlallah），認爲他跟恐怖份子有共謀，但是他逃過一劫。鮑伯・伍德沃德（Bob Woodward）曾經著書探討中情局頭子凱西（William Casey），根據他的描述，這次攻擊是由中央情報局與沙烏地阿拉伯所策劃，黎巴嫩的情報單位與一名英國專家提供協助，由中情局局長威廉・凱西明確授權。㉘

即使按照美國所選擇的標準，在災禍頻仍最高峰的年度，美國似乎贏得國際恐怖主義的大獎，美國的夥計國家以色列則是排名第二。以色列在黎巴嫩的鐵拳行動，在中東的國際恐怖主義行動當年可說無人能比，轟炸突尼斯（在美國的默許之下）則是單一恐怖行動的第二名，除非我們將這案例當作實際的侵略，如同聯合國安理會的決議一樣。㉙

一九八六年，最重大的恐怖行動是美國轟炸利比亞，再一次假定，我們不認爲這次攻擊是侵略。㉚一九八六年，美國似乎也很有可能贏得恐怖主義的冠軍，即使美國在中美洲的批發式恐怖主義不算在內也是一樣，當年國際法庭要求停止「非法使用武力」，美國國會的反應是，投票通過撥付一億美元的軍事援助給美國的代理人軍隊，行政機構歡欣鼓舞的樣子，被形容爲好像正式宣戰一樣。

恐怖行動與抵抗

現在討論幾個引起爭論，但是到目前爲止一直尚未討論的恐怖主義的問題。恐怖主義與合法抵抗的界線爲何？有時候，國家主義團體的行動經常被說成是恐怖主義，有些受到尊敬的政治領袖婉拒以國家理由譴責恐怖主義行動。有個案例對於現在要討論的議題相當切題，那就是建國之前的猶太復國主義運動。以色列是一九八〇年代「恐怖主義產業」的主要源頭（後來移轉給美國進一步發展），以此做爲對抗巴勒斯坦人的意識形態武器。㉛巴解組織在美國是令人厭惡的。一九八七年的反恐怖主義法案，是國會很特別的法案，「禁止美國公民從巴解組織接受任何援助、資金或『任何有價值的東西，除了情報資料以外』」，不許成立辦公室或其他設施以擴張巴解的利益。㉜巴勒斯坦人的暴力受到全世界的譴責。

建國之前的猶太復國主義運動實行大規模的恐怖活動，殺害許多平民，大都是阿拉伯人，也謀殺英國外交人員莫恩爵士（Lord Moyne）與聯合國仲裁員貝納多特伯爵（兇手在建國之後受到保護）。一九四三年，現任的總理夏米爾爲他所領導的恐怖組織「勒希」（Lehi）所出版的期刊寫過一篇文章，題目爲〈恐怖〉（Terror）。「以簡單明顯的理由，駁斥對於恐怖行動的『懼怕』與模糊不清的反對。」他寫道：「猶太的道德與猶太的傳統都沒有不許使用恐怖行動做爲戰爭的手段，事關國家奮鬥，不能有道德上的猶豫」。「最重要的是，恐怖行動對我們而言，是政治戰爭的一部份，適合今天的環境，任務艱鉅：以最清楚的語言表達，讓全世界都聽到，包括在這國家門外我們不幸的兄弟，我們要與佔領者奮戰。」大家有目共睹，英國以前在以色列的佔領比起目前以色列在佔領區的統治，鎭壓的事情少得多，而且以色列目前面對更多的暴力抵抗。

以色列第一任總統查姆·魏茲曼（Chaim Weizmann）也是國家運動最受到尊敬的人物之一，自由派學者以撒·柏林（Isaiah Berlin）回憶道：「他並不認爲公開譴責猶太恐怖主義的行動或是行兇的人，是合乎道德的……他不打算反對這些活動，雖然他認爲這是犯罪行爲，這些行爲讓人從痛苦很快變成失望，願意放棄生命以拯救他們的同胞兄弟，他跟他們同樣相信，被西方強權所背叛與毀滅。」㉝

主流的猶太復國主義團體哈加納（Haganah）的檔案裡，有四十個名字，他們是被比金的伊爾貢（Irgun）與勒希所殺害。夏米爾被勒希團體所暗殺，是很著名的意外事件。官方的伊爾貢歷史都是讚美之詞，歌頌許多殺害阿拉伯平民的恐怖行動，該組織也謀殺一些猶太人，以免他們被逮捕將情報洩漏給警察。從最早期開始，涉嫌通敵的人更是主要的目標。一九二四年，哈加納刺客暗殺荷蘭東正教的漢恩猶太雅各（Jew Jacob de Haan），因爲他尋求「將舊的猶太社區（Yishuv）與阿拉伯高級委員會（Arab Higher Committee）合組成聯合陣線，以對抗新的猶太社區與猶太復國主義的事業」，官方的哈加納歷史，將這次暗殺描述爲「特殊活動」。後來哈加納的特殊活動小組對於猶太密告者實施「懲罰行動」。一九四〇年代，海法的哈加納監獄設有刑求室，嚴刑審問涉嫌跟英國人合作的猶太人。一九八八年，多夫・提西斯（Dov Tsisis）接受訪問，談他執行哈加納的工作，他說：「遵從命令，就跟納粹一樣，消除」妨礙民族奮鬥大業的猶太人，「尤其是密告者」。大衛王旅館的爆炸謀殺案，一般認爲只有伊爾貢涉案，他也駁斥這個說法。他承認自己是哈加納領導人沙登（Yitzhak Saden）的特別代表，這個案子是由沙登下令執行的。後來他由戴揚推薦，取代沙登成爲這個單位的指揮官。㉞

反納粹的抵抗者也被描述成謀殺通敵者的兇手。夏哈克（Israel Shahak）是以色列最重要的平民「自由意志主義支持者」（libertarian），也是華沙猶太區起義（Warsaw ghetto）與柏根—貝爾森（Bergen-Belsen）集中營的倖存者，他回想道：「華沙猶太區起義之前……猶太人的地下活動完全有正當的理由，猶太通敵者被他們找到，必死無疑。」他還清楚記得一九四三年二月之後的童年情景：「我跟其他小孩圍著（被殺死的猶太通敵者）屍體，一起唱歌跳舞，血還不斷地從屍體上汩汩而流，到現在我都不覺得後悔。」里赫・恩伯（Leah Enbal）引述華沙猶太人起義領導人祖克曼（Yitzhak Zuckman）的回憶錄，他寫道：「華沙猶太人起義九個月前，猶太地下組織開始清除猶太委員會（Judenrat）的通敵者與猶太警察，」有時候「集體殺害」。祖克曼回憶說：「不先清理內部的叛徒，不可能跟德國人作戰。」一般人認爲，殺死通敵者是合法的報復。跟德國人合作的通敵者，有些是「蓋世太保」，必須「除惡務盡」，包括那些「行爲違反猶太利益的人」。「拖延太久」才殺死猶太通敵者，這是「歷史的失敗」，祖克曼又說：「例如，今天我很確定，無論在哪裡，進行戰爭一定要先清除內部叛徒。（拖延未清除）是我們最大的失敗，我們的恥辱。」㉟

巴勒斯坦人在迦薩地帶和約旦河西岸進行暴動之際，一些巴勒斯坦人因爲跟以色列秘密警察合作而遭到殺害，以色列對此大爲抨擊，同時又出現這些評論，眞是雙重標準。

雖然偶爾可以發現有人公開宣佈夏米爾的行徑是恐怖主義，但是一般而言都認爲這是爲了對抗暴虐政權所採取的行動，而且認爲反抗佔領軍的是進行恐怖主義的兇手，即使這些反抗行動並非暴力行爲。納粹佔領下的歐洲，與蘇聯佔領下的阿富汗，西方民主國家所認爲的抵抗運動，其實都有外國煽動進行恐怖活動，因此都可以說是國際恐怖主義。南越曾經遭受美國最猛烈的攻擊，美國對於南越也算是國際恐怖主義。

以相似的觀點，按照國際上對於恐怖主義的慣例，南非進行種族隔離政策的政權，應該受到強烈的反對：事實上，聯合國大會特別做出決議，譴責這是國際恐怖主義，要求所有的國家群起對抗。理由是聯合國大會——

> 認為，聯合國憲章賦予人民自決、自由與獨立的權利，目前的決議對於被剝奪此權利的人民不應該懷有偏見……尤其是在殖民統治與種族主義政權統治下以及外國佔領或其他殖民形式統治下的人民……也不能否定這些人民有權利為達成這個目的而奮鬥，以及根據聯合國憲章與國際法其他原則尋求協助。㊱

雖然這個條款實際上是全世界所認可，但也不是只有南非反對。該決議案以一百五十三票對二票通過（只有宏都拉斯棄權）。美國與以色列解釋爲什麼投反對票，因爲這個決議針對他們的南非盟國，他們知道非洲民族議會（African National Congress，根據華府官方，這是全世界惡名昭彰的恐怖份子團體）排擠南非，而且也譴責以色列軍事佔領西岸與迦薩走廊，當時以色列已經佔領了三十年。㊲聯合國最強烈的決議案，譴責「將現代倒退到野蠻」的行爲，華府拒絕簽署該決議案，結果沒有引起媒體發表評論。

一九八八年底，以色列與巴勒斯坦衝突跟這議題有關。十一月，巴勒斯坦民族議會（Palestine National Council）宣佈，在以色列旁邊建立一個獨立的巴勒斯坦國家，並且簽署聯合國恐怖主義的決議案與其他相關的聯合國決議案。隨後幾個星期，阿拉法特在歐洲不斷重申立場，包括在日內瓦召開的聯合國大會特別會議，因爲他無法前來紐約，理由是違反美國的法律責任，他的出現會對美國的安全造成無法接受的威脅。巴勒斯坦民族議會與阿拉法特反覆重申聯合國對於恐怖主義的決議案，在美國被指責爲巴勒斯坦領導人不符合華府善良行爲的標準，包括「拒絕任何形式的恐怖主義」，因此不許入境美國。

《紐約時報》的編輯揶揄巴勒斯坦民族議會簽署恐怖主義國際協定，是「阿拉法特兩面守法的老把戲」。安東尼・路易斯對這些事情持有異議，他認爲阿拉法特有進步，但是不夠：「美國說得很對，巴解組織必須確切聲明放棄所有的恐怖主義，才能參與協調，」目前還沒有達到這種狀況。一般人的反應大致不出這樣的範圍。

理由很簡單。巴解組織無法跟美國、以色列、實施種族隔離政策的南非一樣操控世界的輿論，因此不是被（強硬路線者）嘲弄，就是（持不同意見者）認爲南非值得鼓勵，雖然進步但有限且不足。

一九八八年十二月，美國在外交上變得孤立，華府開始採取消極的立場，假裝阿拉法特已經屈從美國的要求。事實上，他的立場多年來從來沒有重大改變。按照美國的規定，由於阿拉法特現在已經屈從美國的要求，因此可以跟美國在突尼斯的大使進行討論。以色列國防部長拉賓強調，美國與巴解組織的討論目的是要轉移外交壓力，達成解決方案，並且讓以色列有一年以上的時間，以「嚴厲的軍事與經濟壓力」鎮壓巴勒斯坦人的反抗活動，「巴人將會被擊垮」。㊳

美國與巴解組織進行討論期間，立刻有人提出恐怖主義與抵抗的問題。第一次會議的議定書在《耶路撒冷郵報》上披露，郵報表示欣喜，因爲「美國代表採用以色列的立場」，聲言巴解組織必須接受兩個重要條件：巴解組織必須取消反抗活動，以及放棄國際會議的想法。關於巴勒斯坦反抗活動，美國陳述立場如下：

我們在佔領區內所看到的恐怖活動，目標無疑是要危害以色列的安全與穩定，因此我們要求停止這些暴動，我們認為這些暴動是針對以色列的恐怖行動。尤其是我們知道從外國下達的指令，這些暴動有時候非常暴力。㊴

一旦「恐怖活動」取消，恢復到以前的鎮壓狀況，美國與以色列就可以隨心所欲解決事情。從佔領者與幕後金主的角度來看，被高壓統治的人民對於殘忍軍事佔領進行抵抗，是一種「恐怖活動」。

以色列軍隊在黎巴嫩南部採取行動期間，也引起相同問題的討論。前面引用伊本的話已經討論過這兩個案例的邏輯。平民被劫持爲人質，處於恐怖統治的威脅之下，以確保能夠接受以色列對於黎巴嫩南部與佔領區的政治安排。這種威脅是相當殘酷的。㊵但是執行者與支持者都不認爲這是恐怖主義，甚至連輕微的譴責都沒有。這行動符合合法自衛的定義。

以相同的概念，一九八三年十月黎巴嫩的美國陸戰隊發生自殺炸彈攻擊事件之後，媒體報導國務卿舒茲對於國際恐怖主義的關心，就變成「他的激情」（his passion）。不需要從尼加拉瓜、安哥拉、黎巴嫩、以色列佔領區與其他地方來證實舒茲的「激情」，媒體讚美他「出自內心深處對於恐怖主義的蔑視」，以及以「個人聖戰」來解釋他爲什麼拒絕讓阿拉法特到聯合國演講。㊶

敘利亞也認爲抵抗血腥統治的黎巴嫩人是「恐怖份子」，但是這樣的說法會引來揶揄與蔑視。反應是隨著角色而改變的。

恐怖活動與報復

「報復」的概念，在意識形態衝突上是很有用的工具。在暴力的循環中，通常雙方都聲明自己的行動是對敵人恐怖主義所採取的報復。中東的以阿衝突就有許多實例。以色列是美國的夥計國家，因此美國對於以色列的行爲照例接受。

以一九八五年阿奇里勞洛號劫持與利昂．克林霍弗謀殺案爲例，這確實是可恥的恐怖行動。不過，劫持者認爲他們的行動不是恐怖主義，而是對以色列一星期前在美國支持下轟炸突尼斯所進行的報復。轟炸突尼斯是一種「武裝侵略行動」（按照安理會的裁定），或者只是國際恐怖主義謀殺（對美國與其夥計國家而言）。但是執行轟炸的人認爲，這不是恐怖行動也不是侵略，而是對三名以色列人在賽浦路斯拉拿卡被冷血謀殺所進行的合法報復（並沒有發現跟突尼斯有關係的嫌疑）。而拉拿卡謀殺案的兇手，也認爲他們不是恐怖主義活動，而是報復多年前以色列在國際水域的恐怖活動。事實如何，沒有人提出質疑，甚至連報導都很少，但是這些照

定義而言，不是恐怖主義，所以拉拿卡案不是照他們所說的報復。以色列的行動很少被討論，所以不在這標準中。㊷

有許多類似的案例。恐怖主義與報復的概念是一種靈活而有彈性的工具，按照當時的需求而作調整。

從拘泥於字面意義到教義的必要性

這篇對於國家主導的國際恐怖主義的評論，有一個嚴重的瑕疵：太拘泥於字面上的意義，因此與目前對於現代這個嚴重的災禍問題的討論有點不相干。

此外，這篇評論不夠周延。只是對中美洲與中東地區略作描述，而國際恐怖主義絕對不只是侷限這些地區。但是，這樣也足以提出一些問題。有個問題特別引人注目：學術界與媒體以前提出假設，認為恐怖主義這個現代災禍可以追溯到蘇聯的「全球恐怖主義網絡，目標是摧毀西方民主國家的社會」，他們要如何維持這個假設？伊朗、利比亞、巴解組織、古巴與其他官方公認的敵人，如何確認他們就是實施國際恐怖主義主要的國家？

答案很簡單，我們必須放棄字面上的意義，承認只有官方所公認的敵人所做的才是恐怖主義。美國與夥計國家所做的恐怖行動，不是從記錄上消失，就是假藉民主與人權之名，轉變成報復行動與自衛行爲。然後所有的記錄都是清白的。

最後討論如何減少恐怖主義，有些文章提出一些建議。華特・雷克認爲，對於國際恐怖主義「最好的回敬方式，就是以其人之道還治其人之身」，雖然對於西方社會而言，這樣的合法反應可能有困難，西方社會不了解其他人並沒有相同的「民主、自由與人道的標準」。不過，在字面意義導致錯誤的結論之前，應該強調的是，合法的反應不包括轟炸華盛頓與台拉維夫。

《紐約時報》請一位恐怖主義專家提供反制恐怖主義之道，這位專家根據多年經驗，直言無諱說：「必須消滅恐怖份子，尤其是其領導人。」他舉三個反恐怖份子的成功案例：美國轟炸利比亞、以色列轟炸突尼斯，以及以色列入侵黎巴嫩。他建議「如果文明世界遭受更多恐怖攻擊」，就應該多進行反制。《紐約時報》的編輯給這篇文章下的標題是：「粉碎恐怖份子妖魔」，他們還強調：「停止殺戮無辜」。作者爲「以色列貿易與工業部長」。㊸

這位作者的名字是夏隆，他早在一九五〇年代初期就從事恐怖活動，包括一九五三年在吉比亞屠殺六十九名村民，以及在阿布雷格（al-Bureig）難民營屠殺二十人；一九七〇年代初在迦薩與西奈東北部從事恐怖活動，包括驅逐一萬名農民到沙漠，將他們的房屋剷平，破壞他們的農地，準備讓猶太移民遷入；入侵黎巴嫩，現在也承認是爲了壓倒巴解組織的外交威脅；接著在薩卜拉—沙提拉進行大屠殺；還有許多其他恐怖活動。

有些人可能覺得，夏隆的選擇提供「文明世界」經驗教訓，知道如何「停止殺戮無辜」，這樣的選擇有點奇怪，也許是邪惡的，甚至是虛僞的。但是，這也不是很明確。這選擇與行動所表達的價值沒有不一致，跟知識份子以文字或沉默所表達的也是一致。

爲了支持這個結論，我們可以說應付國際恐怖主義的方法，在我們的掌握中，至少大部份的因素是在自己的掌控，而且非常簡單，那就是不要再參與恐怖活動。但是沒有任何行動是針對這個目的，事實上連討論都很少。有人稱讚我們的善意與高貴的意圖，我們提高「民主、自由與人道的標準」，有時候也有瑕疵的表現。基本事實無法被意識到，明顯的想法是無法想像的。簡單的事實說穿了，反而引起不相信、恐懼與憤怒。

在這種道德與知識份子的氣氛中，全世界最大的報紙選擇夏隆當我們的指導老師，來對抗邪惡的恐怖主義以及如何進行反恐戰爭，也許是最適合不過。

註釋

① Among other sources, see Edward S. Herman, *The Real Terror Network*（South End Press, 1982）; Herman and Frank Brodhead, *The Rise and Fall of the Bulgarian Connection*（Sheridan Square Publications, 1986）; Alexander George, "The Discipline of Terrorology," in George, ed., *Western State Terrorism*（Polity / Blackwell, 1991）. Also the discussion of Walter Laqueur's *The Age of Terrorism*（Little, Brown and Co., 1987）, in my *Necessary Illusions*, 278ff.; see this book for references, where not cited here.

②"States, Terrorism and State Terrorism," in Robert Slater and Michael Stohl, *Current Perspective on International Terrorism*（Macmillan, 1988）。麥可・史托的結論是「就恐怖高壓外交而言，美國在第三世界是比蘇聯更積極活躍。」其他研究顯示出類似的模式。Ruth Sivard 回顧第二次世界大戰以後的軍事衝突，發現有百分之九十五是在第三世界，大多數有外國勢力介入，「西方強權國家佔了百分之七十九，共黨國家佔百分之六」：*World Military and Social Expenditures 1981*（World Priorities, 1981）, 8。

③ United States Code Congressional and Administrative News, 98th Congress, Second Session, 1984, October 19, volume 2; par. 3077, 98 STAT. 2707（West Publishing Co., St. Paul, Mirn.）.

④ *US Army Operational Concept for Terrorism Counteraction*（TRADOC Pamphlet No. 525-37, 1984）; Robert Kupperman Associates, *Low Intensity Conflict*, July 30, 1983. Both cited in Michael Klare and Peter Kornbluh, eds, *Low Intensity Warfare*（Pantheon, 1988）, 69, 147. The actual quote from Kupperman refers specifically to "the threat of force"; its use is also plainly intended.

⑤ *Jerusalem Post*, August 4, 1988. See also Mark Heller, p. 36.

⑥ General John Galvin, commander of the Southern Command（SOUTHCOM）; Fred Kaplan, *Boston Globe*, May 20, 1987. Kinsley, *Wall Street Journal*, March 26, 1987. See below, note 15. For fruther details, see *Culture of Terrorism*, 43, 77.

⑦ For delails on the highly successful demolition job, see *Culture of Terrorism* and *Necessary Illusions*. On the immediate destruction fo the Esquipulas IV accords of February1989 by the White House and congressional doves with media cooperation, see my article in Z *Magazine*, May 1989, reprinted in my *Deterring Democracy*（Verso, 1991, Hill & Wang 1992, extended edition）.

⑧ Richard Boudreaux and Marjorie Miller, *Los Angeles Times*, October 5, 1988; Associated Press, November 21, 1987; Witness for Peace, *Civilian Victims of the U.S. Contra War*, February-July1987, p. 5. *The Civilian Toll* 1986-1987, Americas Watch, August 30, 1987; Americas Watch Petition to U.S. Trade Representative, May 29, 1987.

⑨ *Boston Globe*, November 9, 1984, citing also similar comments by Democratic dove Christopher Dodd.

⑩ 自由派的《波士頓環球報》（*Boston Globe*）也許是美國各大報紙對於桑定政權最不敵對的，曾有一篇研究報導，揭露一項事實，尼加拉瓜需要空軍「才能逐退中央情報局所支持的反抗軍，以及阻止或延滯空運補給」（November 9, 1986）。

⑪ Cited by Stohl, *Current Perspectives on International Terrorism*. Unfortunately, that was not the practice at the Tribunals, or since.

⑫ Kirkpatrick, *Commentary*, January 1981; Kristol, *Wall Street Journal*, April 11, 1986; December 13, 1973.

⑬ See *Necessary Illusions*, 60.

⑭ Julia Preston, *Boston Globe*, February 9, 1986; MacMichael, see *Culture of Terrorism*; Doyle McManus, *Los Angeles Times*, May 28, 1988; Vaky, see *Necessary Illusions*.

⑮ 同上，204-5。戰術上終於成功，主流媒體相當率直地描述他們，並且稱讚是「美國公平遊戲的勝利」，讓美國人「欣喜地團結」（*New York Times* 標題），顯示「我們生活在浪漫的年代」（Anthony Lewis）。關於引言與背景，見 *Deterring Democracy* 第十章。

⑯ For documentation on these matters, *see Necessary Illusions*.

⑰ *Torture in Latin America*, LADOC（Latin American Documentation）, Lima, 1987，拉丁美洲酷刑第一次國際研討會（Buenos Aires, December 1985）的報告，致力於研究「鎮壓的制度」，這套制度「是在特別的中心發展，處理的知識與各國的恐怖活動技術，目的在於對個人與整體人民，無情進行壓搾與鎮壓的手段」，使用「國家安全的教條進行國家恐怖主義」。這個教條可以追溯到甘迺迪政府時期的決策，當時是爲了拉丁美洲的軍事，想要轉變成爲「內部安全」，這是必然的結果。

⑱ Raymond Garthoff, *Reflections on the Cuban Missile Crisis*（Brookings Institution, 1987）, 17.

⑲ Ibid, 16f., 78f., 89f., 98. See the references of note 1, Also Bradley Earl Ayers, *The War that Never Was*（Bobbs-Merrill, 1976）; Warren Hinckle and William Turner, *The Fish is Red*（Harper & Row, 1981）; William Blum, *The CIA*（Zed, 1986）; Morris Morley, *Imperial State and Revolution*（Cambridge, 1987）; Taylor Branch and George Crile, "The Kennedy Vendetta: Our Secret War on Cuba," *Harper's*, August 1975.

⑳ See *Towards a New Cold War,* 48-9; *Culture of Terrorism*, 40; Stohl, *Current Perspectives on International Terrorism*.

㉑ *Jerusalem Post*, August 16, 1981; see *FT*, chapter 5, sections 1, 3.4, for further quotes, background, and description. See chapter 2, at note 92.

㉒ Glass, *Index on Censorship*（London）, January 1989.

㉓ See *FT*, 184f, and sources cited.

㉔ Ehud Ya'ari, *Egypt and the Fedayeen*（Hebrew, Givat Haviva, 1975）, 27f.：根據擄獲的埃及與約旦檔案所做的研究。同時，埃及駐約旦的武官Salah Mustapha被發自東耶路撒冷的郵件炸彈所傷，推測是同一來源；同上。

㉕ Isaeli military historian Uri Milshtein, *Hadashot*, December 31, 1987, referring to Eliav's 1983 book *Hamevukash*.

㉖ See chapter 2. *Ha'aretz*, April 5, 1989.

㉗ See chapter 3, at note 14.

㉘ Boustany, *Washington Post Weekly*, March 14, 1988; Woodward, *Veil*（Simon & Schuster, 1987）, 396f.

㉙ On the Iron Fist operations and the Tunis bombing, see chapter 2.

㉚ See chapter 3.

㉛ See Edward Herman, *The Terrorism Industry*（Pantheon, 1990）; Herman and Gerry O'Sullivan," Terrorism' as Ideology and Cultural Industry," George, ed., *Western State Terrorism*.

㉜ Lawrence Harke, *University of Miami Law Review*, vol. 43, 1989, 667f.

㉝ Bernadotte, see chapter 2, at note 80. Shamir, "Terror," *Hazit*, August 1943; parts reprinted in *Al Hamishmar*, December 24, 1987. Berlin, *Personal Impressions*（Viking, 1981）, 50.

㉞ See *FT*, 164-5n.; Gafi Amir, *Ahronot Supplement*, August 14, 1988. De Haan, see *Towards a New Cold War*, 461-2.

㉟ Israel Shahak, "Distortion of the Holocaust," *Kol Ha'ir*, May 19, 1989. Enbal, *Yediot Ahronot*, August 3, 1990. See now Zuckerman, *A Surplus of Memory*（University of California, translation of 1990 Hebrew original）.

㊱ GA resolution 42 / 159（December 7, 1987）, apparently unreported in the U.S. text appears as Appendix III, *Ter-*

rorism at Sea, EAFORD Paper No. 44, Chicago, 1988.

㊲ See chapter 2, note 85.

㊳ For details, see *Necessary Illusions*. Also my articles in *Z Magazine*, March, September 1989, parts reprinted in the 1999 updated edition of *FT*.

㊴ Emphasis in *JP*. See references of preceding note. The unacceptabiity of an international conference not controlled by Washington follows from its opposition to a political settlement in accord with the nearuniversal international consensus.

㊵ See chapter 2.

㊶ See chapter 2, note 29. *New York Times*, November 28, 1988.

㊷ See chapter 2.

㊸ *New York Times*, September 30, 1986.

後九一一的世界（2001）

The World after September 11

穆斯特（A. J. Muste）是極端和平主義者，也是二十世紀美國最令人欽佩的人物之一。過去幾個月來，大家一直提起他曾經講過一些有先見之明、充滿智慧的話。我確定我不是唯一想起穆斯特曾經講過這些話的人。六十年前，美國參加第二次世界大戰時，穆斯特就已經相當準確地預測美國勝利之後的世界輪廓，並指出「戰後的問題隨著勝利而出現。他認爲他只是證明戰爭與暴力將付出代價，現在誰將會給他上一課？」

全世界有太多人學到這句話的慘痛意義。只有在民間故事、童話與學術期刊的論文裡，權力才會被聰明地運用，而且用在對抗惡魔。眞實世界教給我們的卻是很不一樣的經驗，除非故意忽視，否則一定會察覺到。

不幸的是，這些是歷史的主題。查爾斯・提利（Charles Tilly）在他的歐洲國家形態研究中，相當正確地評論說，過去一千年來，「戰爭是歐洲國家的主要活動」，爲的是一個很令人遺憾的理由：「事實很明顯：高壓政治收到效果；那些人使用強大武力迫使民衆服從，民衆服從之後帶來許多利益，像是金錢、商品、尊敬服從，以及享受權力不夠的人無法享受的歡樂。」①這些是歷史上很明顯的道理，全世界大部份的人都得到過教訓。這種尊敬服從通常包括知識階級，高壓統治就是暴力摧毀沒有防衛能力的敵人而不會受到懲罰，這樣做通常會獲得稱讚，也成爲很自然的事情，顯示一個人的優點。這都跟一般的歷史文化吻合。

打敗沒有抵抗能力的敵人，輕鬆取得勝利，往往會養成一種習慣，就是偏好採取武力的方式，而不願追求和平。另一個影響是，沒有依據就任意採取行動。自以爲是神的化身，降臨凡世成爲「完美無缺的人」，他的使命就是要消滅世界上的惡魔，因此他是至高無上的。無論是幾千年前印度史詩或是今天的抄襲者，道理都是一樣的。喜好動武，不受威權約束，這就是過去十年來以強欺弱最顯著的特徵。老布希政府上任之後，進行「國家安全政策檢討」，處理「第三世界威脅」。在波斯灣戰爭期間，部份資料洩漏給媒體。這個檢討包括「萬一美國遭遇到較弱的對手」，唯一的選擇就是打仗，「我們的挑戰不是只有擊敗對手，而是要徹底又快速地擊敗他們。」任何其他結果都是「令人尷尬」，而且可能「減少政治上的支持」。②幾個月前，唯一的威懾力量解體之後，結論甚至更加明顯，這也不足爲奇。我認爲在九一一之後，我們思索世界局勢時，應該考慮到這點。

無論如何判斷過去幾星期的事件，如果要對未來合理的評估，我們應該仔細考慮幾個重要的因素。其中包括：

1. 根據什麼樣的前提決定政策。

2. 這些政策在機構與教條內的根源，以及對於決策者的影響。
3. 政策轉變成具體行動的方法。

關於這些議題，我有一些意見。

大國可以為所欲為，小國只能被迫接受

新的千禧年很快地出現了兩個新的可怕罪行，使得本來就持續的犯罪活動更加令人憂心。第一，是九一一的恐怖攻擊；第二，則是對恐怖份子的回應，確定會奪走更多無辜的性命，阿富汗平民就是九一一嫌疑犯的受害者。我將假定這是賓拉登跟他的蓋達組織幹的。這是從一開始就有的初步印象，即使各大強權國家的情報機構進行有史以來最密集的調查，還是沒有可靠的證據。③他們將這稱爲「沒有領導人的抵抗」網絡，對此簡直束手無策。

有個很不好的徵象，就是這兩件犯罪的行兇者，都認爲他們是正義公理的一方，甚至是高尚的；事實上，他們所用的藉口也是一樣的。賓拉登宣稱，對付入侵與佔領穆斯林土地的異教徒以及野蠻腐敗的政府，以暴力進行自衛是情有可原的。這個

論點跟該地區的人相同，甚至鄙視與畏懼他的人也是同樣的論調。布希與布萊爾也是以幾乎相同的說辭，宣稱用暴力驅逐我們土地上的惡魔，是情有可原的。雙方的聲明不是完全一樣。賓拉登說「我們的土地」，指的是穆斯林的土地：沙烏地阿拉伯、埃及、車臣、波士尼亞、喀什米爾與其他地方；一九八〇年代中情局與其夥伴曾經動員與培育激進的伊斯蘭教徒，這些伊斯蘭教徒看不起俄國，但是在俄國人從阿富汗撤退之後，停止在俄國的恐怖行動。相對地，布希與布萊爾談到「我們的土地」時，指的是這個世界。這個差別反映出對手的力量。雙方都可以大言不慚說要消滅惡魔，這眞是讓我們大吃一驚，除非我們不管最近的歷史。

另一個令人生畏的跡象是，這些案例的犯罪者都堅持採取犯罪的行動。賓拉登的案例是不需要討論的。美國也尖銳地抵制聯合國憲章合法的架構。安理會的宣言或是聯合國憲章第五十一條，提供訴諸武力的權限，是否有含糊不淸之處引起許多人辯論。我個人認爲，這不是重點。

要辯論淸楚，其實很簡單，只要想做就可以做到。華府可以獲得安理會充分明確的授權，幾乎沒有人懷疑，即使沒有足夠吸引人的理由。俄國渴望加入「反恐聯盟」，以獲得美國對俄國自己許多恐怖罪行的支持。中國希望加入這個聯盟，理由也是一樣。事實上，全世界的國家都立刻認同，讓全球強權支持他們自己的暴力與高壓統治。英國爲了自己而表示支持，法國也沒有反對。簡單說來，不會有人否決。

但是華府偏偏傾向於拒絕安理會的授權，堅持擁有獨特的權力，違反國際法與正式條約的責任而採取片面行動，柯林頓政府與其前任淸楚明確地宣稱，美國擁有這樣的權力，警告我們與其他人可以選擇忽視，但是要自己承擔風險。同樣地，華府輕蔑地駁斥臨時性的提議，不考慮引渡賓拉登與其同黨；我們不知道這種可能性多大，因爲連愼重考慮都拒絕。這是治國權術的主要原則，按照外交辭令與學術術語稱之爲「建立可信度」。這是可以理解的，如果黑手黨想要收取保護費，不需要先取得法院的許可令，即使是法院願意給他，他也不需要。國際事務也是一樣。臣民必須了解他們的地位，要知道握有權力的人是不需要獲得上級的認可。

修昔提底斯（Thucydides）指出，「大國可以爲所欲爲，小國只能被迫接受。」幾千年來這世界已經改變許多，但是有些事情還是千古不易。

九一一的殘酷暴行被認爲是歷史事件，這眞的是令人震驚的歷史事件，不過就規模來看，很遺憾地不算是空前絕後。就非戰爭的死傷人數而言，這次事件並不算多。茲舉一例說明，巴拿馬新聞記者譴責九一一罪行，但也指出巴拿馬人民對於「災難時代」（sinister times）並不陌生，回想起美國在「正義行動」（Operation Just Cause）時轟炸喬利洛（*barrio* Chorrillo），造成數千人死亡，所以九一一這樣的傷亡數字只算是小註腳。美國所犯的罪行，我們自己不認爲嚴重。④九一一確實是歷史事件，只因爲這事件的攻擊目標。對美國而言，自一八一四年英國燒毀華府之後，這是第一次美國領土遭受嚴重攻擊，以前甚至連威脅都不曾發生。我們不需要檢討這兩個世紀以來，美國對別人做過什麼。對歐洲來說，這種逆轉甚至更劇烈。歐洲雖然幾乎征服整個世界，留下許多恐怖統治與殘酷蹂躪的記錄，但是歐洲人現在很安全，除了極少數的例外情況，不會受到以前受害人的攻擊報復。因此歐洲人對於九一一事件感到很驚訝，因爲這事件嚴重違反幾百年來可接受行爲的規範。

他們應該滿足，對於接下來更恐怖的痛苦，也許有點遺憾。畢竟，受害的都是可憐的阿富汗人。八十年前，邱吉爾下令以毒氣「散播強烈的恐怖感」，就是以「未開化的部落」這種輕蔑的語氣描述阿富汗人，他指責那些心軟的笨蛋都是「神經質」，不了解化學武器只是「現代科學應用在現代戰爭上」，而且「在前線狀況不明，必須迅速取得結果時」就應該使用。⑤

今天又聽到相同的想法。《新共和》的編輯不久之前還要求對「拉丁美洲形態的法西斯增加軍事援助……無論有多少人慘遭謀殺」，因爲「美國人的利益高於薩爾瓦多人的人權」，現在解釋說「持久自由行動（Operation Enduring Freedom）不是人權干預」。從這個「正確」的觀察，他們的結論是「如果我們對這個混亂的國家置之不理，不久這個國家就會變成找我們麻煩的基地，因此我們必須完成必要的目標」，應該「擺脫執迷不悟的建國思想」，嘗試修補二十年來對阿富汗人的錯誤做法。⑥

雖然很少人願意自甘墮落到這種層次，但對於阿富汗人的殘酷暴行卻很少美國人覺得是道德上的恥辱，因爲這種行徑在歷史上層出不窮，即使沒有貪婪與支配的心態。報應是沒有範圍的，殷鑒不遠，應該知所敬畏警惕。

驅逐北美印第安人切羅基族（Cherokee）是美洲大陸一大種族淸除罪行，托克維爾（Alexis de Tocqueville, 1805~1859）對於殘酷暴行心安理得提出另一個觀點。美國人不僅「完全剝奪印地安人的權利之後消滅種族」，而且「手法巧妙、平靜、合法、慈善、沒有流血，在世人眼中沒有違反道德的原則」，他對於美國是如何做到特別有興趣。他深感迷惑地指出：「不可能遵守人道法律，還能將人消滅。」⑦

在我們眼前展開的事實，這是相當公平的描述。例如，在赫拉特（Herat）附近的馬斯拉克（Maslakh）難民營，據報有數十萬人捱餓，每天晚上有數十人飢寒而死。他們在被炸死之前就已經瀕臨死亡，得不到所需的協助。在九一一之後三個月，直到我們遇見之前，這裡還是「被遺忘的難民營」。克莉絲汀娜・蘭姆（Christina Lamb）是經驗豐富的記者，她「看過亞洲與非洲許多難民營的死亡慘況」，但是在她記憶中這是最令她深感痛苦折磨的。一個月之後，死亡人數已經增加到一天一百人，援助的官員警告說，從九月起由於逃往難民營的人增加，估計約增加四分之三的難民，該難民營「瀕臨衣索匹亞式的人道災厄」。⑧

生命消滅時是寂靜的，而且我們大都看不到，即使看到也很容易就選擇性遺忘。更令人感到遺憾的是否認。更糟的是，努力要將悲劇公諸於世，希望能夠造成壓力以挽救悲劇發生，卻被人所嘲笑。蘭姆所講述的「令人痛苦折磨」，只是反映出強權國家如何對待弱小，因此沒什麼值得注意的。

對於阿富汗戰爭計劃的前提，我們無權去包庇隱瞞任何錯誤的觀念，以及相關的評論。這些錯誤觀念是根據未經檢驗的假設，認爲在轟炸的威脅下，阿富汗人因爲飢餓、疾病與轟炸，將會大量死亡。媒體冷漠地報導說，這數字將會增加百分之五十，增加二百五十萬人，達到七百五十萬人。⑨華府「要求巴基斯坦完全禁止卡車載運糧食與其他補給品給阿富汗平民」，而數百萬平民就快要餓死了，沒有人對這報導發表評論。⑩有人呼籲停止轟炸以便運送糧食與協助，遭到斷然拒絕，此事無人評論，甚至大都沒有報導。這些都是聯合國官員、各援助機構以及其他消息靈通人士所提供的。阿富汗專家一致認爲，援助人員退出以及糧食供應嚴重減少，將會造成「數百萬阿富汗人……嚴重饑荒的危機。」九月底，聯合國糧農組織（FA

○）警告說，如果進行軍事行動，轟炸開始之後，超過七百萬人將面臨饑荒，「人道災禍」的威脅相當「嚴重」，供應百分之八十糧食的農作因爲轟炸而受到阻撓，所以明年的影響將會更嚴重。⑪

我們無法知道將會發生什麼事情。但是我們很淸楚知道，計劃是根據什麼樣的假設而建立與執行。這些假設是很簡單的邏輯，讓我們知道未來世界何等模樣，無論現在如何，可能會出現什麼樣的結果。偶然無意之間報導基本事實，包括難民營與鄉村有許多人即將餓死，但是沒有人運送糧食與其他補給品，補給品一直不缺，運送的主要障礙在於缺乏利益與意願。

此外，如果歷史能夠指引方向，長期效應仍然不得而知。今天報導還是很缺乏，結果如何明天也不會調查。因爲轟炸失誤造成的「附帶損失」，這是戰爭中難免的失誤，是無可避免的代價，這樣的報導是可以接受的，但是故意而且還是深思熟慮之後殺害阿富汗人，讓他們無聲無息地死去，這就無法接受了。不是故意設計殺害，而是因爲漠不關心，這是道德墮落到更深的層次；就好像說，走路不小心踩死螞蟻，並非有意要殺死牠。

人不會因爲飢餓就立刻死去，他們會找尋樹根野草充飢，如果營養不良的小孩因爲疾病而死，誰會探討背後的因素？未來不會討論這個問題，因爲有個重要原則：

我們必須小心翼翼地專心對付官方敵人的罪行，不只是那些被殺的，還有因爲政策造成的結果而死的；我們也必須謹慎避免自己的罪行，採取讓托克維爾印象深刻的立場。關於這些原則的應用，有數百頁詳細資料的文獻。如果目前的案子結果是不同的，那麼將會是令人高興的驚喜。

我們應該記住，我們不是從火星上觀察這些事情，或是描述匈奴王阿提拉的事跡。我們現在就可以做出正確的選擇，如果我們願意的話。

從不同的觀點探討未來可能如何，試問是否有替代方案，使施展強權者自然地不再訴諸武力的方法，不是以外力制裁，而是以可信服的清晰觀點。

有人提供很好的替代方案。例如，梵蒂岡要求受到信賴的人來評估罪行，無論罪行的規模大小：如果我家遭竊，而且我知道是誰幹的，但我並沒有因此有權利帶著來福槍去逮捕他，同時在他家附近任意殺人。或者是著名的軍事歷史學家麥可・霍華德（Michael Howard）所提議的，他對十月三十日的轟炸阿富汗發表一項「嚴厲的攻擊」，不是基於這次轟炸是成功或失敗，而是因爲其設計：需要的是「警察與情報人員的耐心行動」，「在聯合國代表整個國際社區的支持下對抗犯罪陰謀，將犯罪國家繩之以法帶到國際法庭前。」⑫這當然有前例可循，包括比九一一更極端的恐怖主義活動：美國對尼加拉瓜的恐怖份子戰爭，這是不會引起爭論的例子，因爲這是國際最高組織國際法庭與安理會所認定的。在強權所主宰的世界中，尼加拉瓜以合法的方式追求正義是失敗的；但是如果美國想要遵守合法的路線，沒有人可以阻止。

可以不用暴力就達成逮捕與懲罰行兇者的目標嗎？也許。我們沒有辦法知道塔利班是否會認眞討論引渡，因爲他們不受認同，理由已如前述。轟炸開始之後，戰爭的目標就是要推翻塔利班政權。⑬這是許多阿富汗人最優先的事項，全世界無數生活在殘忍政權與壓迫下的人也是如此。對於戰術與效力，有比較好的方法達成後者的目標嗎？

顯然，這種疑問應該由阿富汗人提出：他們的態度與意見爲何？無疑地，很難決定他們的觀點，但也不是完全不可能。有幾個合理的方法可以進行。

後冷戰時代的基本特色只是修改藉口與策略

我們可以在十月底先召集在帕夏瓦（Peshawar，譯註：巴基斯坦的一省）的一千名阿富汗領袖，有些是流亡人士，有些從阿富汗越過邊境，他們都矢志推翻塔利班政權。《紐約時報》報導說，這是「部落長老、伊斯蘭學者、難以應付的政客以及前游擊隊領袖，難得一見的團結」。他們一致「呼籲美國停止空中攻擊」，訴諸國際媒體要求停止「轟炸無辜人民」，以及「要求美國停止轟炸阿富汗」。他們強烈要求採取其他方式推翻令人厭惡的塔利班政權，他們相信不需要屠殺與破壞就可以達成這個目標。⑭

阿富汗反對派領袖阿布都・哈克（Abdul Haq）也表達同樣的訊息，他在華府受到相當的尊重。就在他進入阿富汗之前，顯然沒有美國的支持，因而被逮捕然後殺掉。他譴責轟炸，他與其他人努力「在塔利班內部造成叛變」，但是美國拒絕支持，他對此也表示批評。他說：「轟炸使得這些努力付諸流水。」他跟第二階層的塔利班領導人以及前聖戰組織（Mujahiddin）的部落長老有接觸，並且討論要如何進行，要求華府提供資金與其他協助，不要以轟炸來破壞他們的努力。

阿布都・哈克說美國：

> 想要展現實力，贏得勝利，並且懾服全世界的人。他們不在乎阿富汗人受苦受難，也不管我們會失去多少人。我們不喜歡這樣。因為阿富汗人現在要為阿拉伯狂熱者承擔罪孽，但是我們都知道一九八〇年代是誰將這些阿拉伯人引入阿富汗，給予武裝，並且給他們基地。就是美國人與中央情報

局。幹這些事情的美國人都得到獎章，也得到升官，但是這些年來，阿富汗人卻承擔這些阿拉伯人與他們盟邦的罪孽。現在美國受到攻擊，不去懲罰做這些事情的美國人，卻懲罰阿富汗人。⑮

我認爲這評論非常有價値。

我們也可以看其他地方以了解對阿富汗的意見。終於有人開始關心阿富汗婦女的命運，雖然有點太遲。甚至連第一夫人也關心。也許哪一天也會跟著關心中亞與南亞的婦女境況，不幸的是，這些地方跟塔利班統治下的生活相似之處甚多，包括最活躍的民主政權。如果我們加以注意，有許多可靠和專門的資訊。這與過去的做法基本不同，對於宣稱塔利班的暴行至少可以增添確實性，有利於美國的宣傳。當然，神志正常的人不會主張由美國或其他國家進行外國軍事干預，以矯正這些可怕的罪行。這個問題相當嚴重，但是應該從內部處理，外人如果能有助益並且誠心相助，才可以介入，但是不可以虛僞與謀求私利。

阿富汗婦女受到惡劣的對待，終於獲得應有的注意，阿富汗婦女對於政策選擇的態度應該是主要的考慮。這無疑有相當大的改變，也不容易調查。儘管如此，馬斯拉克難民營的母親應該不可能讚美轟炸，或是可能同意那些在轟炸威脅下離鄉背井逃往難民營的人，她們表達「即使是殘酷的美國人也應該對我們殘破的國家感到一點憐憫」這種辛酸的希望，在造成死傷毀滅的轟炸之下忍耐著。⑯阿富汗婦女不是到處都沒有聲音的，勇敢的女性組成一個組織，二十五年來護衛女性的權利，該組織叫做「阿富汗婦女革命協會」（Revolutionary Association of the Women of Afghanistan），做了許多偉大的事情。她們的領導人於一九八七年被跟俄國人合作的阿富汗通敵者所暗殺，但是她們繼續冒著生命危險和驅逐出境的命運在阿富汗境內工作。她們相當直言不諱。轟炸開始一星期之後，她們發表一份公開聲明，任何關心阿富汗婦女的報紙，都會將這份聲明當作頭條新聞處理。

阿富汗婦女革命協會對於九一一的聲明標題為：「塔利班將會被阿富汗民族起義所推翻」，接著又說：

由於基本教義派劊子手叛國，我們的人民已經被戰爭與破壞的魔爪所攫取。美國組成一個國際聯盟對抗賓拉登及其同謀者，以報復九一一恐怖份子的攻擊，他們已經對我國發動大規模的侵略……過去七天來，我們看到這場侵略讓我國無數的男女老幼流血。

這聲明繼續要求阿富汗人民「全面起義消滅塔利班與蓋達組織的禍患」，這樣就可以「防止我國一再發生這種慘劇……」

十一月二十五日又發表一份聲明，這天在伊斯蘭馬巴德（Islamabad，譯註：巴基斯坦首都）婦女組織發起「消除對婦女暴力國際日」的示威活動，「阿富汗婦女革命協會」譴責美國與俄羅斯所支持的北方聯盟，因爲「違反人權的紀錄跟塔利班一樣糟糕」，並且要求聯合國「協助阿富汗，而不是北方聯盟」，同一天，全印度民主婦女協會一再對國家會議提出警告。⑰

也許爲自由與婦女權利已經奮鬥太多年的阿富汗人，不太了解自己的國家，因此應該將國家未來的責任交給外國人，這些外國人幾個月前沒有將這國家放在地圖上，過去也跟其他人一起協助摧毀這個國家。也許，但不很明顯。

這個狀況令人想起伊拉克戰爭，除了少數政見不同的期刊，伊拉克的反對派禁止跟媒體與期刊接觸。他們被迫反對美國轟炸伊拉克，並且指控美國軍事獨裁，企圖以內部叛亂推翻海珊，這是公開承認的事實。老布希跟他以前的盟友海珊又攜手合作實施殘酷暴行，當時海珊殘忍鎮壓南部什葉派的叛變，否則這位殘酷的獨裁者可能被推翻，而美國軍隊對該地區有完整的控制權卻袖手旁觀，華府甚至拒絕讓叛變的伊拉克將領取用擄獲的伊拉克武器。布希政府明確與伊拉克反對派領袖沒有任何協議：「我們覺得跟他們商議政治……與當今我們的政策不合，」國務院發言人包潤石（Richard Boucher）於一九九一年三月十四日宣稱，當時海珊在南部大肆屠殺叛變份子。⑱這一向是政府既定的政策，以武力追求可能容易達成的外交路線，也是一樣的情形，這十年來的政策很自然地一如哈克所言，一直持續到今日。

另一個評估未來的方式，就是探討今天指揮官的行動，當他們二十年前第一次進行恐怖主義戰爭時：他們在中美洲、南非、中東與東南亞所作所爲有許多的證據，這些都有崇高的辭令與熱情，跟我們今天所聽到的一樣。應該沒有必要檢討那些可恥的紀錄。顯然，對於可能的未來有很重要的教訓，對於現在與未來的計劃表示讚美要小心，也許可能是因爲這和紀錄顯然不相干。

一九八〇年代是可怕的十年，八〇年代後期使用武力的外在威懾力量消失。蘇維埃專制政府解體是一大勝利與解放，不過這場勝利很快就被新的恐怖手段蒙上陰翳。對其他人而言，結果是複雜得多。後冷戰時代的基本特色很快就顯露出來：大部份是一樣的，只是修改藉口與策略。柏林圍牆倒塌之後幾個星期，美國入侵巴拿馬，殺死數百人甚至數千人，安理會兩個決議案也被美國否決，並且綁架一名在美國監獄服刑的刺客，他所犯的罪行都是拿美國中情局的薪水時幹的，唯一一項重要的罪名是：不服從命令。這些事件的模式都很熟悉，但是有些差異。伊利艾特・阿拉伯姆斯在雷根時代擔任國務院官員，曾經被指控一項罪名，現在他在國家安全委員會被任命爲人權專家，他指出其中一項差異。在美國入侵巴拿馬時，他認爲這是美國多年來第一次使用武力而不必擔心俄國人的反應。這也有新的藉口：這種干預是圍堵中美洲的毒品走私，不是因爲俄國人在馬拿瓜動員，從馬拿瓜行軍兩天就到德州的哈林根（Harlingen）。

幾個月之後，布希政府提出新的國防預算，這是很有意義的事件，因爲這是第一次不能以俄國人威脅爲訴求的國防預算書。⑲政府如同以往要求龐大的軍事預算，有一部份的理由跟以前一樣。因此有必要扶持「國防基礎工業」（亦稱爲高科技產業），並且維持干預武力，主要目標是在中東，因爲「自由世界主要就是靠這個地區的能源供應」。但是有個變數：這個重要地區「影響我們利益的威脅」需要直接的軍事行動，相較於數十年來的宣傳，「不能擺在克里姆林宮門前」，這威脅也不能全放在海珊的門口：這個巴格達屠夫當時是一個有價值的盟友，還沒有表現出不服從。當地的民族主義才是更大的威脅，就如同以往一樣。

威脅仍然存在，不是俄國人，而是第三世界「越來越技術精密」的力量，因此我們必須在全世界維持完整的軍事主宰，甚至「沒有超級強權的競爭背景」。總是有冷戰衝突的背景，不過這只是一個藉口而不是理由，就跟俄國人以美國威脅做訴求，因此而合理化他們在國內的暴行。眞正的敵人是南部獨立（稱之爲「激進」）的民族主義，現在大家也心照不宣地知道，傳統的藉口已經失去效用。文獻與歷史記錄提供許多證據，足以支持這個結論。

在世界控制中的夥伴紛紛解體，造成的另一個結果是非結盟國家已經沒有空間，獨立國家也受到限制。有個跡象就是外國援助立刻銳減，在美國是最徹底的，援助的項目實際上是沒有了，即使我們將最大的援助也計算在內，這是戰略因素而援助富有國家，以及埃及，這是因爲埃及是合作夥伴。大家都知道選擇減少，馬來西亞的馬哈地總統指出：

> 我們一向是反共的，矛盾的是，我們最大的災禍是打敗了共產主義。冷戰結束使我們失去唯一的槓桿，我們不再有脫離背叛的選項。現在我們無法轉到其他陣營。⑳

這並非眞的是矛盾，而是眞實世界歷史的自然進展。

到處都有人表達同樣的疑懼。南方國家普遍譴責波斯灣戰爭，認爲這是沒有必要的展現武力，規避外交的選項；當時就有相當多的證據做這樣的解釋，後來更多。許多人意識到哈克所說的：美國「正想要展現實力，獲取勝利以懾服全世界」，建立「信譽」。訴諸優勢軍力，目的就是要「我們說什麼就是什麼」，當炸彈與飛彈像雨一般落在伊拉克時，布希就說出這句驕傲的話。布希爲了「穩定」，又轉而支持海珊的血腥暴力，美國強權的利益是附屬在「穩定」之上。南方國家的心情正如聖保羅市樞機主教保祿·艾維利斯塔·安斯（Paulo Evarista Arns）所說的：「阿拉伯國家的富人站在美國政府這一邊，數以百萬計的窮人則譴責美國的軍事侵略。」他又指出，整個第三世界「又恨又怕：什麼時候美國將決定入侵我們」，以及用什麼樣的藉口？㉑

轟炸塞爾維亞引起的反應也是相似的，有相當的證據顯示，本來是可以和平解決，避免造成這麼多的痛苦不幸。官方一再宣稱，這是爲了建立「信譽」，以及確保「穩定」。這件事情很難宣稱還有個附帶目標，是要避免監督人員撤走之後種族清理與殘酷暴行（塞爾維亞人反對），之後就立刻進行轟炸，這是一個「可預測」的結果，指揮官在轟炸開始時告知媒體，後來又一再說他不知道有這樣的戰爭目標。國務院、歐洲安全與合作組織（OSCE）、英國政府，與其他西方國家的資料來源有豐富的檔案記錄，基本上都可以強化這個結論。也許這就是爲什麼有這麼豐富的資料，卻又不斷被忽略的緣故。即使是最忠誠的夥計國家，也譴責這次轟炸是傳統砲艇外交的重現，以色列著名的軍事分析家阿莫斯・吉爾包（Amos Gilboa）批評這是「以道德正義來掩飾」的傳統手法，提出這樣批評的人不只吉爾包一個人。㉒

美國人受到很仔細的保護，不知道全世界對這種事情的意見與批評討論，但是這樣對我們沒有好處。

我們忽略這些清楚解釋規劃者思考的公共檔案，這對我們也很不利。規劃者非常清楚知道，這世界也許在經濟上是三強鼎立，北美、歐洲與亞洲三個地區大致上經濟實力相當，但是在使用暴力摧毀的能力上，則是美國獨大。這些事實對於規劃有很大的影響。

即使在九一一事件之前，美國的防衛支出也超過其後十五個國家的總和，而所謂「防衛」㉓，其實是「攻擊」。美國在先進的軍事技術上也遙遙領先。九一一之後，國防預算大幅增加，行政部門利用大衆恐懼與同仇敵愾的心理，強迫大衆接受許多措施，他們知道如果沒有利用「愛國心」，這些措施會引起普遍的反對。這些措施包括以各種方法強化國家權威，「保守份子」對此非常執著，其中包括大幅增加軍事支出，以擴大美國與世界其他國家的差距。包括將「軍備競賽」擴展到太空的計劃，這場「競賽」只有一個競爭對手，這也破壞一九六七年的外太空條約與其他國際責任。彈道飛彈防衛（Ballistic Missile Defense, BMO）只是其中一小部份，甚至這也被認爲是攻擊性武器，蘭德公司說：「不只是防衛功能，也有攻擊行動能力」，中國政府也認爲這是針對中國的武器。戰略分析家描述這計劃是美國建立全球「霸權」的方法，這是世界所需要的，他們說，許多傑出前輩分析家已有此調，他們只是呼應而已。

有許多高層次的公開文件解釋太空軍事化更廣泛的計劃，這成爲擴張國家武力很自然的下一步驟。陸軍與海軍的建立是爲了保護商業利益與投資，柯林頓的太空總署也是如此，美國的下一個疆域很自然是在太空，這也是追求相同的目標。但是這一次將會有所不同。英國海軍曾經受到德國的反擊，結果如何我們不必再討論。但是美國將會懾服列強，而且沒有人有反擊的能力。

以衆所皆知的技術性理由而論，壓倒性的優勢是必要的。甚至彈道飛彈防衛也必須設法讓對手的反衛星武器失效，因此美國必須達成「全盤主宰優勢」，確保這種簡單得多的技術也失去效用。鐵拳行動的必要性則是另一個理由。美國軍事規劃者評估情報單位與外部專家的意見，這些被稱之為「全球化」，其實都是誤導，這將會造成「富國」與「窮國」更加嚴重分化，這跟教條相違背，但是與事實相合。而且有必要去控制難駕馭的因素：方法就是激起恐懼，也許是實際使用從太空發射的高度破壞性的殺人機器，也許是核子動力，以及超敏感的自動控制系統，因此提升這行業所謂的「正常意外事件」：無可預測的錯誤，所有複雜的系統都無法應付。

大家都知道，這些計劃很顯然增加無法控制禍害的危險，但是在主流的體制與意識形態的架構中，這是完全合理的，因為他們認為霸權比生存更加重要。在冷戰期間以及更早之前，就有許多先例，今天的差別在於賭注更高。如果說關係到人類的存亡續絕，也不算是誇張。

如果目前的趨勢繼續發展，我認為是很有可能，但是讓這種事情發生，實在沒有道理。好消息是威權的統治制度很脆弱，他們自己也知道。現在已經有人善加利用機會，制定許多粗略的計劃，並且將群眾運動中立化，這些群眾運動在全世界以前所未有的方式形成，而且受到很大的支持鼓勵。沒有理由要放棄這些努力，任何理由都不許。我們有許多的選擇，只要有意願與決心，就可以達成。

註釋

① Charles Tilly, *Coercion, Capital, and European States*（Blackwell, 1990）.

② Maureen Dowd, *New York Times*, February 23, 1991.

③八個月之後，聯邦調查局只能說：「調查員認爲九月十一日的世貿中心與五角大廈攻擊事件，是阿富汗的蓋達領導人策劃的」，不過他們認爲，詳細計劃與資金可以追溯到德國與聯合大公國。聯邦調查局局長 Robert Mueller 說：「我們認爲主腦人物是在阿富汗，是蓋達組織的領導者。」這是他對九一一攻擊的根源，所發表最詳盡的公開評論。Walter Pincus, *Washington Post*, June 6, 2002。如果這只是八個月之後的推測，那麼當時是不可能知道的。十月五日，英國發佈宣稱是確實的證據，首相布萊爾宣稱，「絕對沒有問題」是賓拉登與塔利班所犯下的。投入的調查相當密集，但是得到的證據相當薄弱，媒體對此根本不屑一顧。***Wall Street Journal*** 描述這文件「比較像是起訴狀，而不是詳細的證據」（Mark Champion, ***Wall Street Journal***, October 5, p. 12）。但是這也沒有差別，另外有一則新聞引用美國資深官員的話：「罪行如何無所謂，這個計劃就是要消除賓拉登與他的組織」，以及任何可能擋到路的人。

④ Ricardo Stevens, NACLA *Report on the Americas*, November / December 2001。他指出：「這些受害者跟那些男孩女孩多麼像啊！跟那些無法在一九八九年十二月二十日出生的人多麼像啊！因爲在喬利洛，他們對我們施暴；他們跟母親、祖父與老祖母多麼像啊！這些都是無辜的無名死者，他們的恐怖行動叫做『正當理由』，這些恐怖份子叫做『解放者』。」喬利洛地區遭到美國入侵，編輯評論說：「因爲美國入侵造成平民傷亡的人數無從得知，但是可靠的估計高達數千人。」

⑤ Andy Thomas, *Effects of Chemical Warfare: A Selective Review and Bibliography of British State Papers*（Stockholm International Peace Research Institute〔SIPRI〕, Taylor & Francis, 1985）第二章。一九一九年的入侵，目標是「未開化的部落」（阿富汗人），但是也有俄國人，軍隊指揮官認爲相當成功。見 *Turning The Tide*, 126; *Deterring Democracy*, 181f. 以及 Thomas Whiteside, *New Yorker*, February 11, 1991。Robin Young, *The Times*（London）, January 3, 1997，描述這些是「新釋出的文件」。不過，邱吉爾的建議結果如何不得而知。一九九二年，首相梅爾宣佈「開放政府」的創議。第一步就是從 Public Records Office 開放這些事件的文件。George Robertson, *Freedom, the Individual, and the Law*（Penguin, seventh edition, 1993）, 198。

⑥ *New Republic*, 2, 1984; November 5, 2001.

⑦ Alexis de Tocqueville, *Democracy in America*（Everyman's Library, 1994）, Vol. I, 355.

⑧ Christina Lamb, London *Daily Telegraph*, December9, 2001. Doug Mckinlay, *Guardian*, January 3; Kim Sengupta, *Independent*, January 4, 2002.

⑨ Elisabeth Bumiller and Elizabeth Becker, *New York Times*, October 17, 2001。March 2002，世界糧食計劃報導，需要糧食援助的人口已經增加到九百萬人。Barbara Crossette, *New York Times*, March 26; Ahmed Rashid, *Wall Street Journal*, June 26, 2002。

⑩ John Burns, *New York Times*, September 16, 2001.

⑪ Samina Amin, *International Security* 26.3, Winter 2001-2. "UN Food Agency Warns of Mass Starvation in Afghanistan," AFP, September 28; Edith Lederer, "U.S. Bombing Disrupting Planting which Provides 80 percent of Annual Grain Harvest," Associated Press, October 18, 2001。八個月後，世界糧食計劃報導，「小麥存量將耗盡，沒有錢可以添購」，Rashid, *Wall Street Journal*。AFSC 會議有一天討論此事，國際糧食機構在維也納開會評估戰後的情況，結論是因爲戰爭的阻隔，「他們無法救援」的人數超過一百萬人，「將面臨因爲飢

餓與疾病而死亡」（Imre Karacs, *Independent on Sunday*, December 9, 2001）。

⑫ Tania Branigan, *Guardian*, October 30, 2001. Howard, *Foreign Affairs*, January / February 2002. Carla Del Ponte, chief UN war crimes prosecutor, urged that an international tribunal would be the best way to prosecute Osama bin Laden（AP, *Boston Globe*, December 20, 2001）.

⑬ 轟炸開始時，布希警告阿富汗，不交出賓拉登與他的黨羽，就會一直轟炸。幾個星期之後，英國國防部長海軍上將 Michael Boyce 爵士宣佈，轟炸將會繼續「直到該國人民自己承認，領導人換人」，顯然這是第一次宣佈新的戰爭目標。Patrick Tyler and Elisabeth Bumiller, October 12, quoting Bush; Michael Gordon, *New York Times*, October 28, 2001, quoting Boyce。

⑭ Barry Bearak, *New York Times*, October 25; John Thornhill and Farhan Bokhari, *Financial Times*, October 25, October 26; John Burns, *New York Times*, October 26; Indira Laskhmanan, *Boston Globe*, October 25, 26, 2001.

⑮ Anatol Lieven, *Guardian*, November 2, 2001.

⑯ Colin Nickerson and Indira Lakshmanan, *Boston Globe*,September 27, 2001.

⑰ *News* Islamabad, November 27; *Times of India*, November 26, 2001.

⑱ Boucher, *Mideast Mirror*（London）, March 15, 1991, For more on the topic, see my essay in Cynthia Peters, ed., *Collateral Damage*（South End Press, 1992）, and "Afterword." in *Deterring Democracy*（1992 extended edition）.

⑲ National Security Strategy of the United States（White House, March1990）. For excerpts see *Deterring Democracy*, chapter 1.

⑳ At G-15 Summit in Jamaica, February 1999, an important meeting virtually ignored in the U.S. Dina Izzat, *Al-Ahram Weekly*, February 11-17, 1999. See my *New Military Humanism*（Common Courage, 1999）, chapter 6, for some discussion.

㉑ Quoted by Thomas Fox, *Iraq* (Sheed & Ward, 1991) , ix; see my article in Peters, ed., *Collateral Damage*, for this and many other examples.

㉒ *New Military Humanism*, For more on official war aims, and a review of the rich pre-bombing documentary record from official Western sources, see also my *A New Generation Draws the Line* (Verso, 2000) .

㉓ Christopher Hellman, *Defense Monitor* (Washington) , August 2001. For more extensive discussion and sources on what follows, see by *Peering into the Abyss of the Future* (Lakdawala Memorial Lecture, New Delhi, November 3, 2001; Institute for Social Sciences, New Delhi) .

美國／以色列與巴勒斯坦（2001.5）

U.S. / Israel-Palestine

二〇〇〇年九月二十九日揭開了最新階段的以巴衝突，這一天是穆斯林的祈禱日，以色列總理巴拉克派遣一支龐大的軍警部隊出現在阿克薩（Al-Aqsa）清眞寺廣場。可以想見的是，數千人從清眞寺奪門逃竄，造成數名巴勒斯坦人死亡，二百人受傷。①無論巴拉克的意圖如何，這件事情肯定是餘波盪漾，尤其是夏隆與軍事隨員在前一天才到該地視察。

這事件建立起後續的模式。聯合國進行一次重要的調查發現②，「在這重要的幾天，沒有巴勒斯坦人開火的證據。」隨後幾個月，調查人員發現，「以色列國防軍躲在防禦工事以優勢武器進行攻擊，巴勒斯坦人示威並沒有造成任何人嚴重受傷，以色列士兵在這段期間似乎沒有受到生命威脅。」以色列國防軍卻殺死數百名巴勒斯坦人，並且實施比以前更殘酷的統治，平民被迫接受嚴厲的集體懲罰與羞辱，這已經是多年佔領下的標誌。③聯合國的報告發現：

> 以色列人的傷亡大都是在屯墾區的路上以及比較孤立的關卡發生意外……這是因為屯墾間接刺激所造成的必然結果。在這方面，必須考慮屯墾區的人以暴力對付巴勒斯坦平民，以色列國防軍在這種暴力行為上有共謀。

目前的行動，還有以前的作爲，國際人權組織已經有許多詳盡的檢討，也做了嚴厲的譴責。這些研究就跟聯合國的調查報告一樣，美國根本就置之不理。

美國對以巴問題與國際共識背道而馳

人權組織的報告獲得廣泛的注意，如果這些報告對於教條有用，在其他方面則不然；阿克薩的起義在這方面並沒有任何新的突破。我寫作本文時只是引用最近的案例，二〇〇一年四月「人權瞭望組織」出版一份詳盡的研究，主要是針對以色列在希伯倫地區的殘酷暴行，數萬巴勒斯坦人在此地等於受到監禁好幾個月，而數百名以色列移民則是任意虐待並羞辱他們，在軍事保護下摧毀他們的財產，多年來都是這種模式。這份研究立即透過外電傳播，但是美國第一家（也許是唯一一家）媒體提到的，只有《華盛頓郵報》在五天之後一篇文章的第十五段。④

這些事件的模式強調了一個重要的事實。使用「以巴衝突」（Israel-Palestine conflict）這個名詞是嚴重誤導，我一開始就指出：應該使用「美／以與巴勒斯坦衝突」（U.S./Israel-Palestine conflict）。同樣的理由，譴責「以色列殘酷暴行」也是誤導，尤其在美國更是不恰當，就像是東歐在俄國支持下的罪行，中美洲在美國支持下的罪行，還有許多實例都是不恰當的。

這些結論在阿克薩起義的第一天就已經清楚顯示。九月三十日，以色列國防軍殺死十二歲的穆罕默德・阿迪拉（Muhammad Al-Dirra），以報復內特扎利姆（Netzarim）附近小型以色列屯墾區的火箭攻擊（此事跟阿迪拉無關），這其實只是找藉口建立大型軍事基地與道路系統，以便將迦薩走廊切成兩半，建立起多處路障將迦薩市與南部（與埃及）分開。「人權瞭望組織」提出報告說：「以色列士兵躲在重重防護的地下碉堡裡，對著巴勒斯坦紅新月會（PRCS）救護車不斷開槍」，當時這些救護車正在救助受傷的男孩與其他傷患。以色列警戒部隊不斷開槍，至少持續四十五分鐘，這時候巴勒斯坦示威群衆與警察並沒有回擊。」救護車無法「疏散這麼多的巴勒斯坦受傷民衆，傷者都是被碉堡裡的以軍以及可能是內特扎利姆屯墾區內狙擊高塔的狙擊手所擊傷。」國際特赦組織發現以軍「顯然連前往搬運傷者的人也成爲射擊目標」，根據報導，巴勒斯坦紅新月會救護車的一名駕駛「被以軍射中胸部而死」，當時他正在運送傷者。⑤

這些事件都跟美國的支持、容忍與推託有關。

第二天，十月一日，「以色列特種部隊從一個嚴密保護有屋頂的位置四處射擊」，造成兩名巴勒斯坦人死亡，這些以軍顯然並沒有受到威脅。同一天，以色列升高暴力層次，「以軍一架武裝直昇機對著巴勒斯坦紅新月會內特扎利姆野戰醫院附近地區持續濫射，干擾醫院內手術進行，」至少四百個儀錶鏗鏘作響；在埃及迦薩的邊界，直昇機發射火箭彈，造成兩名巴勒斯坦人死亡，十多人受傷。次日，十月二日，直昇機發射火箭彈攻擊內特扎利姆地區的建築物與汽車，造成十名巴勒斯坦人死亡，三十五人受傷。⑥

以軍直昇機是美國的直昇機，由以色列人駕駛。美國的供應補給是很重要的，因爲國防部長曾經說過：「認爲我們可以在以色列製造直昇機或是這種大型武器系統，那是不切實際的想法。」⑦

十月三日，以色列最著名報社的國防記者報導以色列與柯林頓政府簽約，「是十年來以色列空軍最大一筆軍用直昇機採購案」，還有九月中已經簽約採購阿帕契攻擊直昇機的備用零件。也是在九月中，以色列媒體報導，美國陸戰隊與以軍在尼吉夫（Negev）實施聯合演習，目標是重新攻佔讓渡給巴勒斯坦自治政府的土地。美國海軍陸戰隊提供訓練、以色列仍然缺乏的武器，以及「美國人的戰鬥技巧」。⑧

十月四日，世界著名的軍事期刊報導說，華盛頓已經批准購買阿帕契直昇機的要求，還有更先進的攻擊裝備。同一天，美國媒體報導，阿帕契直昇機以火箭彈攻擊內特扎利姆的公寓。美國官員答覆歐洲記者的詢問說：「美國武器銷售並沒有規定不可以用來對付平民，我們不能臆測以色列指揮官召喚武裝直昇機做什麼用途。」白宮國家安全發言人克洛利（P. J. Crowley）補充說明：「我們無法爲雙方的決策傳遞判斷」，要求雙方節制一下。幾個星期之後，巴勒斯坦的地方領袖胡笙・阿巴葉（Hussein Abayat）被阿帕契直昇機所發射的飛彈炸死（兩名站在附近的婦女也死了），對本地領導人的暗殺行動也從此展開。⑨

在這種情況下運交新的軍用直昇機給以色列，而且授權如此使用，確實是很有新聞價值，但是並沒有新聞報導或是社論批評。美國唯一提到此事的媒體，是北卡羅來納州首府洛利的輿論。⑩國際特赦組織譴責美國銷售直昇機，這件事情也沒有人過問。幾個月之後仍然一樣，包括二〇〇一年二月運送價值五億美元的波音阿帕契長弓型直昇機，這是美國最先進的武器，這則新聞在美國當成商業新聞放在版面邊緣。以類似的形態，五月十七日有一則大新聞報導說，布希總統在不得已之下「更直接介入」以巴衝突，米歇爾（Mitchell）委員會所提出的報告要求以色列凍結屯墾區，布希政府未能支持此議，因爲夏隆總理「理論上反對這樣的提議」。同一天，在「世界要聞摘要」中有幾行報導，美國工兵開始在尼吉夫營建二億六千六百萬美元的以色列軍事基地（由美國支付），美國駐以色列大使馬丁・印地克（Martin Indyk）宣稱：「這象徵美國繼續堅守對以色列安全的承諾。」⑪

不過，美國嚴正警告巴勒斯坦人停止恐怖行動，這種新聞就大幅報導，因爲「我們不認爲暴力有效」（印地克大使）；⑫官方聲明強烈反對暴力，並且表示不贊同以色列的暗殺計劃。華盛頓的行動洩漏出眞正的態度；新聞報導說明了一切。

這些都不是獨有的現象。特別是關於以巴問題，這個模式已經三十幾年了，美國對這問題跟國際上的共識背道而馳。雖然主流評論沒有提到最明顯的事實，並且經常忽略或是在學術論文中虛僞陳述，不過這都沒有爭議。對於現在發生的事情如果要認眞理解，他們提供必需的背景。

「地方警察」聯盟：伊朗、沙烏地阿拉伯、以色列

一九六七年以色列軍事勝利之後，美國與以色列的關係大幅改善，背景是這個地區無可比擬的能源。第二次世界大戰之後，美國成爲全球壓倒性優勢的強權國家，因此美國進行全球體系的精細規劃，以符合美國的利益。包括有效地控制該地區的石油，以前是法國與英國分享。法國人退走之後，英國勢力也逐漸萎縮，英國外交部官員悲傷地說，英國的地位成爲「小夥伴」。雖然俄國人在此舉足輕重，不過在戰略規劃上，全球戰爭的可能性無疑是主要的因素。獨立國家民族主義的威脅是眼

前的問題，這個事實現在大都承認，即使是在官方的檔案裡。⑬

第一次世界大戰之後，英國在中東所建立的控制架構，基本上是由美國所接管。這個地區的國家是由英國所謂的「阿拉伯正廳」（Arab Façade）管理，這個機構積弱不振，英國對殖民地的「合併（absorption）以受保護領地、勢力範圍、緩衝國等作爲掩飾」，偏重於成本效益，而不是直接統治。必要時，英國可能使用武力。美國修正這個制度，再加上第二層的當地軍警以維持秩序，尼克森政府稱之爲「管區警察」，美國偏向於非阿拉伯國家，而警察總部就在華盛頓，美國與英國的武力當作後備力量。

在這整個期間，土耳其被認爲是美國武力在該地區的基地。一九五三年，伊朗的保守派民族主義政府想要取得控制，結果被英美軍事政變所鎮壓，從此伊朗也成爲另一個基地。一九四八年，美國參謀聯席會議對於以色列在軍事上的非凡能力印象深刻，認爲是土耳其之後該地區重要軍事力量的新國家。參謀聯席會議的結論是，以色列可以提供美國「在中東獲得戰略優勢」，足以抵銷英國在該地區勢力的消退。

一九五八年，中情局建議，對抗阿拉伯民族主義「合理的必然結果」，「就是支持以色列，這是中東地區唯一可以信賴的親西方的國家。」一九六七年之後，以色列爲美國做了一項很有價值的服務，這個理由才眞正執行。當時以色列打敗阿拉伯民族主義的象徵納瑟，美國對納瑟又怕又恨，認爲他是會使其他人感染的「病毒」，以規劃者傳統的術語又說他是「使得整桶蘋果壞掉的爛蘋果」，通常對於大衆則說這是「骨牌理論」。

到了一九七〇年代初期，在美國的庇護之下，由伊朗、沙烏地阿拉伯、以色列三個國家，組成一個「地方警察」的聯盟（土耳其早就算是，巴基斯坦曾經加入）。到目前爲止，沙烏地阿拉伯的石油儲藏量是世界最大的，因此沙國是這個聯盟的核心；任何不順從的嚴重行爲將會帶來嚴厲的懲罰。美國情治單位的專家，以及政治人物如參議院中東與石油的專家亨利・傑克遜（Henry Jackson），都曾經公開解釋這種安排。傑克遜指出，由於以色列與伊朗「實力強大以及受到西方國家的教誨」，這兩個國家還有沙烏地阿拉伯是「美國可靠的朋友」，「對於一些阿拉伯國家有些不負責與極端的行爲，產生約束與限制……如果讓這些國家胡作非爲，將會對我們在波斯灣的重要石油來源造成威脅」（主要的意義在於利益與對世界的控制；美國自己使用的並不仰賴中東的石油）。

美國在波斯灣地區的主宰於一九五八年已經遭到威脅，當時伊拉克武力推翻英國的代理政權。美英的內部記錄記載他們的憂慮與計劃，這是了解一九九一年波灣戰爭的重要背景。⑭納瑟統治下的埃及，被認爲是主要的威脅，直到一九六七年被以色列打敗，美國對以色列的援助快速增加，甚至到一九七〇年，以色列執行另一項重要的服務，阻止叙利亞支持巴勒斯坦人在約旦被屠殺。一九七九年伊朗國王下台，這是嚴重的打擊。卡特總統立刻派遣一名北約的將軍，打算煽動軍事政變。失敗之後，剩下的兩個支柱——沙烏地阿拉伯與以色列，與美國一起提供軍事援助想要推翻該政權；這是推翻平民政府的傳統手法，不久之前在印尼與智利還運用得很成功。以色列利用跟伊朗國王政權親密的關係，重新建立軍事接觸，並且運送美國武器，資金由沙烏地阿拉伯支付。任務目標立刻就公開解釋得很淸楚，⑮但是在美國大多數人沒有注意到，後來換上比較可以接受的新名詞「武器交換人質」交易，不過這已經不是最初的動機，因爲當初沒有人質。美國、以色列、沙烏地的計劃完全是對於伊朗國王下台很自然的反應，因爲控制系統的基本架構就是如此。華府的盟友海珊因爲不遵守命令而失去支持（海珊罪行太多，而且計劃發展毀滅性武器），美國轉而實行「雙重牽制政策」，目標是伊朗與伊拉克。

在這個背景之下，美國與以色列的關係經過多年的進展，以色列也成爲有價值的貢獻者，協助華府在中美洲與其他地方執行任務。⑯冷戰一直都是背景，主要是因爲一直有重大戰爭的威脅。但是一般而言，這是次要的因素，如同歷史與檔案記錄所顯示的。俄國的威懾力量消失，因此必須修訂重要的戰略，但是基本政策沒有太大的改變，美國與以色列的關係也是。已退休的蓋奇將軍，曾任以色列軍事情報局主管，後來出任猶太機構（Jewish Agency）的高級官員，以及本—古里安大學的校長，他也是極受尊重的戰略分析家與規劃者，他在一九九二年四月發表一份評估報告，我覺得相當切合實際。對於蘇聯的瓦解，他寫道：

以色列的主要工作完全沒有改變，而且還是很重要。以色列的地理位置在中東阿拉伯穆斯林的中間，命中注定要捍衛周圍國家的穩定。以色列的角色是保護現有的政權：避免與遏止極端化，以及阻止基本教義派的宗教狂熱行為。⑰

以色列在一九六七年的軍事勝利，華府雖然樂於見到，不過也成爲嚴重的威脅。當時的國防部長麥納瑪拉後來指出：「美國艦隊在地中海圍堵一艘俄國航空母艦，差點就發生戰爭；」他沒有詳細說明，不過可能是以色列在停火之後又征服戈蘭高地時，引起蘇聯提出嚴厲的警告，包括以熱線通話提出預警。強權國家知道軍事衝突太危險，因此提出外交解決之道，一九六七年十一月正式通過聯合國安理會二四二號決議案。該決議案要求以色列退出所佔領的土地，並且簽訂完整的和平條約，在所承認的國界內，承認每個國家有和平安全生存的權利。簡而言之，全面撤軍交換全面和平，也許互相交換土地將彎曲的國界調整拉直。⑱必須記住的是，聯合國二四二號決議案其實是嚴格的「拒絕承認主義」，在此使用這個名詞是中性的意義，指的是在前巴勒斯坦境內互相競爭的民族團體彼此拒絕承認對方的民族權利，而不是傳統種族主義者只用來形容拒絕承認猶太人而已。聯合國二四二號決議案要求現有的國家解決問題：並沒有提到巴勒斯坦人，只有轉彎抹角地提到「要公正地解決難民問題」。

聯合國第二四二號決議案仍然是以阿衝突國際外交的基礎，但是有兩大變化。第一個是國際共識有重大的轉變，一九七〇年代中期已經放棄決議案中的拒絕承認原則，呼籲在佔領區內建立巴勒斯坦國；美國仍然保留拒絕承認的立場，但是現在在國際上相當孤立。第二個改變是跟美國對於聯合國二四二號決議案的解釋有關。這個改變是從一九七一年二月開始，埃及新選出的總統沙達特接受美國的官方政策，事實上更進一步提出全面和平條約，交換條件是以色列只要撤出埃及的領土。當時的以色列駐美大使拉賓在回憶錄中提到，以色列政府非常歡迎這個真正的和平提議，這是邁向和平之路上「非常令人滿意的……里程碑」。雖然以色列官方樂於見到埃及表示出「準備與以色列簽訂和平條約」，但是以色列拒絕這個提議，表明「不會退到一九六七年六月五日以前的界線」，這條界線一直維持到現在。

美國面對一個困境：應該維持官方立場，聯合埃及與以色列對抗？或者是應該改變對聯合國二四二號決議案的解釋，選擇季辛吉的「靜態現狀」：不談判，只用武力？結果採行季辛吉的方式。從此美國對聯合國二四二號決議案的解釋，就是撤軍只能由美國與以色列來決定。官方繼續表明早期的解釋，直到柯林頓政府於一九九三年十二月在聯合國大會上指出，過去的聯合國決議案是「陳舊過時的」，按照一九九三年九月的以巴協定，我們又退回到以前。⑲

不過，聯合國二四二號決議案的官方支持是沒有意義的，因爲華府繼續提供軍事、外交與財務的支持，讓以色列逐步將佔領地整合。例如，卡特總統一再強調官方的立場，⑳同時增加美國對以色列的援助，幾乎佔美國對外援助的一半，這是大衛營協定的一部份。一九七一年的事件一般的評論都沒有。㉑

沙達特的提議於一九七一年被斷然拒絕之後，他提出警告說，如果他追求和平的努力一再被拒絕，那麼他只好訴諸戰爭。他的話無人理睬，相當受到藐視；他回想這段期間以色列與美國以勝利者與種族主義者的態度對他十分傲慢，後來在以色列還受到指責。工黨政府按照計劃移民西奈半島東北部，包括驅逐一萬名農民與貝都因人，建立全部是猶太人的亞米特（Yamit）城，這是夏隆將軍下令以極端殘酷的

武力強制執行（後來夏隆被軍事調查委員會申誡警告）。沙達特警告說，「亞米特就代表戰爭」，但是大衆置若罔聞。㉒

聯合國二四二號決議案與原則宣言

一九七三年的戰爭對以色列以及全世界而言，差點演變成一場大災難，也再一次上演核子衝突的威脅。甚至季辛吉也知道，光憑武力是不夠的。他很自然轉向備用的戰略：因爲無法忽略埃及，主要的阿拉伯威懾力量必須在這衝突中除去。卡特在大衛營所完成的結果，讓以色列免於「在黎巴嫩繼續以軍事行動對抗巴解組織，以及在西岸的屯墾活動」（以色列戰略分析家艾福納・亞尼夫〔Avner Yaniv〕）㉓，以色列從卡特政府與繼任者得到強大支持，立刻就進行。

沙達特於一九七七年成爲極受尊敬的「和平人物」，他英勇的態度比起一九七一年已經差多了；到了一九七七年，他也呼應國際的共識，要求尊重巴勒斯坦人的權利。重大的差別是，由於一九七三年的戰爭（這可以稱爲「季辛吉的戰爭」），一九七七年時美國已經不願意採行沙達特一九七一年的提議。這在已經被消毒處理過的歷史中都消失無蹤。

國際上達成的共識是放棄拒絕承認，因此美國越來越極端孤立。一九七六年一月，事情終於有個起頭，安理會達成決議案，阿拉伯的「對立國家」（埃及、約旦、敘利亞）表示支持，巴解組織也公開表示支持，要求按照聯合國二四二號決議案的兩國解決方案，但是現在又增加在佔領區的巴勒斯坦國。以色列拒絕參加這個會議，反而轟炸黎巴嫩，殺死五十名平民，除了對聯合國的報復行動，沒有任何藉口。歐洲、俄國（整個期間都是外交的主流）與非結盟國家都支持這個決議案，事實上幾乎是一致同意。美國否決該決議案，一九八〇年再度否決。㉔在聯合國大會上，美國經常如此悍然獨自否決決議案（還有以色列，偶爾加上一些夥計國家）。技術上，在聯合國大會沒有哪個國家有否決權，但是只要美國反對，即使是只有美國一國（通常是廣泛的議題），實際上也等於否決。事實上，這是雙重否決，因為這樣通常是媒體評論予以否決，甚至歷史的否決。美國也阻止一連串其他外交上的創議：包括歐洲、阿拉伯國家與巴解，媒體通常對這些事情提都不提。

記錄相當有啓發性，我從許多記錄中選擇一個例子。一九八六年十二月十日，《紐約時報》駐以色列特派員佛里德曼寫說，以色列的「現在就要和平」團體「從來沒有如此沮喪」，因為「阿拉伯人中沒有可以談判的對手」。幾個月之後，佛里德曼引用裴瑞斯的話，哀嘆「阿拉伯人之中缺乏像我們猶太人的和平運動人士，」

並且說談判可以不需要巴解組織參與，「因爲巴解是戰爭組織，而且都拒絕談判。」他說這句話時，以色列在三年前才拒絕阿拉法特互相承認的談判提議，這件事情《紐約時報》還拒絕報導。請注意：是拒絕。在佛里德曼發表有關「現在就要和平」組織感到沮喪的文章之前的六天，以色列一份發行量頗大的報紙《馬里夫》（*Ma'ariv*）有個標題寫道：「阿拉法特指出，他已經準備好進行談判。」這項提議是在裴瑞斯擔任總理的任內。裴瑞斯的媒體顧問確認有這項報導，並發表評論：「原則上我們反對與巴解組織有任何接觸，這是因爲我們的信念是：巴解組織不能成爲談判的對手。」約西・貝林（Yossi Beilin）是裴瑞斯工黨聯盟極端鴿派，他指出：「這項提議……遭到駁斥，因爲企圖建立直接接觸，目前我們沒有準備跟巴解組織做任何談判。」以色列其他官員的姿態更是惡劣。這些美國主流媒體都沒有報導，只有佛里德曼經常對中東唯一的和平力量表示嘆息，但是阿拉伯方面缺乏可以談判的對手。不久之後，他獲得普立茲獎，因爲對於中東「平衡與深入的報導」，這是很有代表性的例子，後來他被任命爲時報首席外交記者。㉕

華盛頓在國際孤立狀態下，成功阻止以外交解決問題，有個傳統名詞叫做「和平進程」，選擇這個名詞相信歐威爾也不會感到訝異。美國兩個政黨都搞和平進程。我們一直有個錯誤的觀念，以爲老布希政府對以色列採取嚴厲的路線。㉖事實上正好相反。有個實例是一九八九年十二月行政部門的立場（貝克計劃〔Baker Plan〕），對於一九八九年五月以色列裴瑞斯與夏米爾聯合政府的計劃，無條件給予背書支持。貝克計劃的結果是宣稱不可能再出現「另一個巴勒斯坦國家……」（約旦已經是一個巴勒斯坦國家），而且「配合（以色列）政府的基本原則，猶太（Judea）、撒馬利亞（Samaria）、迦薩（佔領地）的現況不會改變。」以色列將不會跟巴解組織談判。但是在以色列軍事統治下，允許「自由選舉」，不過巴勒斯坦領袖許多未經審判被關進監獄，或者被驅逐出去。這個計劃除了最後一個條款，在美國沒有人報導，被稱爲正面而且隨時可行的提議。貝克一再強調美國支持「全面從佔領地撤軍以換取和平關係」，另一方面卻暗中提供重大的援助計劃，讓這件事情不會發生。㉗

一九八八年第一次巴勒斯坦人起義的前幾個月，華府情急之下說阿拉法特不願意考慮外交解決，從此成爲國際揶揄的對象。雷根政府因此同意接受阿拉法特的提議，並且開始談判；官方的解釋是阿拉法特終於屈服華府對於和平與外交的堅定立場。華府實際上的反應在第一次會議時就很淸楚，不過在美國並沒有被報導。當時美國大使羅伯·裴雷特（Robert Pelletreau）通知阿拉法特，他必須放棄國際協商會議的念頭，這是無法接受的，因爲這是國際上的共識，並且要停止在佔領區的「暴動」，「我們認爲這是對以色列的恐怖行動」。簡而言之，巴解組織必須回到起義之前的狀況，這樣以色列才能在美國支持下在佔領區繼續擴張與鎮壓。以色列對此非常清楚。一九八九年二月，拉賓總理向「現在就要和平」的一位代表保證，談判只是「低層次的討論」，避免談到任何嚴肅的議題，並且給以色列「至少一年的時間」以武力來解決問題。拉賓解釋說：「佔領區的居民在沉重的軍事與經濟壓力下，到最後一定會屈服」，接受以色列的條件。美國的民眾所知道的又不一樣。㉘

上一次聯合國大會對於二四二號決議案做補充，肯定巴勒斯坦的民族權利，是在一九九〇年十二月的一四四—二號決議案。幾個星期後，美國出兵攻打伊拉克，喬治・布希以勝利者的姿態宣佈新世界的秩序，他說的是：「我們說什麼就是什麼（What We Say Goes）」，在中東確實如此。全世界都了解，也都退避三舍。美國最後處於自己單邊拒絕承認的立場，第一次是一九九一年年底在馬德里，然後是一九九三年起一連串的以巴協定。「和平進程」以這樣的基準，發展到美國與以色列所希望的「班圖」（Bantustan，譯註：班圖是南非的自治區，把黑人限制在特定區域內進行統治）的安排，在檔案記錄上很清楚。

一九九三年九月十三日，記錄確實很清楚，拉賓與阿拉法特在華府大張旗鼓正式接受「原則宣言」（Declaration of Principles）。「原則宣言」的要點沒有什麼模稜兩可的話，㉙此後很少有令人訝異的事情發生。

「原則宣言」表明「永久的狀況」，最後的解決之道只能根據聯合二四二號決議案。受到抑制的歷史記錄很清楚地表達這是什麼意思。首先，聯合國二四二號決議案運行的意義是美國的版本：部份撤軍，照美國與以色列的決定。第二，從一九七〇年代中期開始外交上主要的議題，就是外交解決是否應該如同美國所堅持的，只根據聯合國二四二號決議案；或者是聯合國二四二號補充決議案，這是美國決心封殺的，因爲該補充議案是全世界其他國家的立場，要求承認巴勒斯坦的民族權利。「原則宣言」明確地表達華府單邊拒絕承認的立場。許多人選擇受矇騙，但這是不聰明的選擇，尤其是對受害人而言。

阿拉法特再一次被迫「放棄恐怖行動」。唯一的目的就是羞辱，不是對阿拉法特個人，而是對巴勒斯坦人，因爲阿拉法特是民族主義的象徵。㉚

如同一九八八年十二月，國務卿舒茲告訴雷根的，阿拉法特已經屈服，只是還嘴巴硬。進一步宣告放棄抵抗的權利，這個重點被忽視，因爲在美國的教條架構中，根本沒有這樣的權利存在。一九八九年的美國與巴解組織協議中（沒有報導）已經說得很清楚；之前的一九八七年十二月，聯合國大會討論決議案，決定譴責國際恐怖主義，只有美國與以色列反對，因爲這決議案支持「聯合國憲章衍生出來的自決、自由與獨立的權利，這是人民無法被剝奪的權利……尤其是在殖民與種族主義政權統治下（指的是南非），以及外交佔領或是其他殖民統治形式（指的是以色列佔領區）的人民」。㉛華府有效地否決這項決議案，無論是媒體報導或是在歷史記載都很成功，對於黎巴嫩與佔領區產生明顯的效應，美國也延遲放棄對於種族隔離政策政權的支持。

阿拉法特爲了協定而讓步，美國與以色列可是什麼都沒退讓。「原則宣言」配合美國版的和平進程的所有基本觀點。任何人無法眞正指控以色列違反奧斯陸協議，只除了細節方面。㉜以色列沒有違反「原則宣言」（或是其後仔細建構的決議案）的字面上規定，因此在美國的支持與協助下，繼續移民與併吞佔領區。以色列沒有隱瞞意圖，拉賓與裴瑞斯公開宣佈，並且繼任者也都執行這些意圖。㉝

以色列擴張佔領區的計劃違反國際公約

美國與以色列移民計劃的確實規模並不完全淸楚，因爲會玩一些花樣手段來掩飾。移民的領袖宣稱，從奧斯陸協議之後，移民的人數增加一倍達到二十一萬人（阿拉伯的東耶路撒冷的十八萬人不算在內，這是以色列違反安理會命令所進行的強佔，不過有美國默許撐腰）。他們還說，百分之十的移民戶籍仍在以色列，因此也不計算在內。二〇〇〇年，屯墾區的建設據報導是台拉維夫的三倍之多，是耶路撒冷的十倍以上，而且以人口比率來看，大體上也比「綠線」（以色列邊界）內的高出甚多。人口成長與公共支出也高出甚多：佔領區內的建設有百分之六十是國家的經費，相對於以色列境內只有百分之二十五，政府也實施各種誘因鼓勵移民。㉞

拉賓與裴瑞斯的方法，繼任者與美國都繼續採行，那就是在「凍結移民」的政策之下，移民會受到「自然成長」的限制。但是，以色列媒體報導說，「有凍結也有實際」，又說右派「很高興採行拉賓的方法」，感謝巴拉克「大大提升威權的建立」，就在拉賓接受「原則宣言」後不久。以色列最著名的外交記者阿奇瓦・艾爾達（Akiva Eldar）報導，「根據官方統計，完全遵照（以色列與美國）的方法，表示以色列會宣佈全面凍結，再加上拆除五百棟公寓。現在，有九千八百四十四棟新的（而且還沒人住）公寓已經完工或是正在興建……以色列根本就是欺騙美國，而美國人默不作聲」，並且美國人還交付現金給以色列。他又說宗教極端主義者（大都是美國人）對於希伯倫的計劃，包括在有考古價值的地點大興土木，完全不理會考古委員會的強烈反對。三十八位以色列資深的考古學家要求巴拉克取消建築計劃（結果還是繼續進行）。委員會主席譴責這計劃是「嚴重違反法律以及在我們土地上的古代遺址進行考古挖掘與研究的慣例」，破壞「祖先與大衛王的希伯倫，以及以色列土地上與以色列過去人民的歷史與考古的基礎建設。」當然，以色列繼續驅逐與虐待佔多數人的巴勒斯坦人。㉟

二〇〇〇年年底，巴拉克的任期即將結束，建設部長宣佈在佔領區興建一萬個單位住宅，三分之二是城市移民；住宅部長宣佈二〇〇一年資助二千五百萬美元的基礎建設費，四月也宣佈同樣金額以興建二十五條「穿越道路」，這個密集的公路系統目的就在於將移民與以色列合併在一起，讓巴勒斯坦人孤立而且不顯眼。「巴拉克政府留給夏隆政府令人訝異的傳奇」，媒體在政權轉移後幾個月報導說：「自從奧斯陸協議之前一九九二年夏隆擔任建設與移民部長以來，在佔領區新建的房屋數目達到最高。」巴拉克擔任部長時，數字顯示，從一九九三年到二〇〇〇年，新建的比率穩定增加，達到一九九三年的五倍，是一九九四年的三・五倍，在夏隆與裴瑞斯政府時期增加更多。㊱二〇〇〇年七月，在以色列的哈爾賀馬（Har Homa）簽約興建五百二十二棟新住宅，這個計劃是在耶路撒冷東南方一塊阿拉伯人土地上徵收用地，自從一九六七年以色列接管這塊土地，阿拉伯人因爲「城鎮計劃」已經失去百分之九十的土地（這其實是以猶太人取代阿拉伯人的委婉說辭，令人聯想到美國的「都市計劃」）。

哈爾賀馬計劃是在賈巴阿布葛聶（Jabal Abu Ghneim）完成包圍大耶路撒冷地區的規劃。這個計劃是在裴瑞斯工黨政府執政最後幾個月所發起的，在納坦雅胡的利庫黨（Likud）執政時期，國內與國際強烈抗議，仍然持續進行，在巴拉克時期更是積極地進行（沒有人抗議）。不過，對於以色列極右派而言，工黨的哈爾賀馬計劃比起其E-1計劃意義不大，但是E-1計劃比較沒有公開宣傳。E-1計劃包含新建房屋與道路，以擴展大耶路撒冷到東方的馬列阿都敏（Ma'aleh Adumim），這樣就可以將西岸分成兩半。國會議員麥可・克雷納（Michael Kleiner）是擴張主義者「以色列陣線土地」（Land of Israel Front，希伯來文Hazit Eretz Yisrael）的領袖，對於這項計劃的宣佈感到非常欣慰，他指出這項計劃是「前裴瑞斯政府的住宅部長班傑明・本—埃利澤（Benjamin Ben-Eliezer，現於夏隆—裴瑞斯政府擔任國防部長）在拉賓授權下，是「最重要的」需求，比哈爾賀馬更重要。㊲

在夏隆—裴瑞斯政府，隱瞞計劃進行的事實以及反駁國際的抗議，這些工作都交給外交部長裴瑞斯。政府擴大移民的計劃，新聞報導的標題是「裴瑞斯駁斥國際上對於移民的反對」。裴瑞斯一再使用「自然成長」以平息抗議，這是鴿派傳統上的貢獻。㊳

一九九六年，裴瑞斯政府最後幾個月，住宅部長本—埃利澤描述其基本原則，當時他宣佈計劃哈爾賀馬計劃以及近一步實施拉賓—裴瑞斯的計劃，將大耶路撒冷向四面八方擴張，包括（向東）馬列阿都敏、（向北）吉瓦列夫（Givat Ze'ev）、（向南）貝塔（Beitar）。本—埃利澤解釋說：「工黨默默地做任何事情，提供裴瑞斯總理完整的保護」，使用「自然成長」這種名詞，而不是「新移民」。工黨鴿派約西・貝林譴責後來的納坦雅胡政府修辭上太過於刺激。他寫道：「奧斯陸協議之後，拉賓政府在猶太與撒瑪利亞（西岸）增加百分之五十的移民」，但是「我們默默地、聰明地做」，而你卻愚蠢地「每天早上宣佈你的意圖，讓巴勒斯坦人感到害怕；將耶路撒冷建設成爲以色列統一的首都，這是所有的以色列人都同意的，你也將這件事情變成全世界辯論的議題。」

貝林的說辭只有部份是正確的；「默默地、聰明地」擴展耶路撒冷。[39]風格的不同可以追溯到兩個政治團體的選民。工黨是教育程度較高的專業人士與西方化的菁英，比較理解的西方國家的規範，並且了解支持者喜歡「看不到」他們所做的事情。利庫黨粗糙的方法基本上結果是一樣的，不過令西方國家的人權主義者感到尷尬，有時候會導致衝突與惱怒。

馬列阿都敏在美國被描述爲「耶路撒冷的鄰近地區」。因此，柯林頓最後提議說「屬於猶太人的就應該是以色列的」。國外媒體指出：「不用說，這將使得以色列併吞在東耶路撒冷佔領地所建立的屯墾區」，事實上向四面八方擴展。但是，這是不相干的。佛里德曼解釋說：「柯林頓的創意妥協的優點，至少我們現在知道，唯一實際的最後條件是什麼。」總統已經說了，還有什麼好說的？㊵

那些還頑固不滿足的人將會發現，在以色列的計劃中，馬列阿都敏使用五萬德南（dunam，譯註：一德南等於一千平方公尺）的十六分之一，這是標準的百分比，目的在允許「自然成長」。「以色列佔領區人權資訊中心」（B'Tselem）敘述馬列阿都敏的故事。㊶一九七〇年代中期，工黨政府建立該城，馬列阿都敏的城市網站報導：「在政府投注大量資源的協助下」迅速發展。官方的耶路撒冷大都會計劃，預計從一九九四年到二〇一〇年擴大百分之二百八十五，成長到六萬居民。土地則是從幾個巴勒斯坦人村莊徵用取得，包括阿布迪斯（Abu Dis），根據鴿派的計劃，這個村莊是要成為巴勒斯坦人的「聖城」（Al-Quds，也就是耶路撒冷），這是善用語言學的花招；但是奪走這塊土地之後，反而成為以色列人的「耶路撒冷」，佔有西岸一大塊土地。政府發現，猶太移民「普遍非法興建」。「解決方法」很簡單，就跟其他屯墾區一樣：「追認其許可權，而不是拆除其建物。」如果是阿拉伯人的違建，通常是粗暴地拆除，因為阿拉伯人的建築物對他們的生存造成迫切的危機。

為了讓馬列阿都敏能夠進一步擴張，從一九九三年開始驅逐貝都因人，手法尤其殘酷。他們設法「防止他們可怕的命運」，「向高等法院陳情」逆來順受地遵照政府，希望依照他們的傳統生活下去，希望以色列軍隊在驅逐時寬鬆一些，表現「慈悲行動」。一九九九年十一月，高等法院駁回另一宗巴勒斯坦人反對馬列阿都敏進一步擴張的陳情案，認爲全部是猶太人的城市「帶來經濟與文化的發展，可能對於鄰近巴勒斯坦人村莊的居民帶來好處」。

「以色列佔領區人權資訊中心」的結論是，結果整個佔領區「無助的當地居民完全屈服在佔領軍以武力所制定的法規，這些法規的目的是爲了其政治利益」，在奧斯陸和平進展期間也不放鬆。

馬列阿都敏市政當局解釋說，「建立這個城鎮的政治目的，是沿著耶路撒冷到耶利哥（Jericho）這條路線，在以色列的首都以東地區成立屯墾區」，將拉姆安拉與巴勒斯坦北邊飛地跟伯利恆（Bethlehem）與南邊飛地隔離開來。美國與以色列每個和平計畫都包括這種情況，再加上將「耶路撒冷」往南往北擴張。和以往一樣，二〇〇一年一月柯林頓與巴拉克最後的提議，包括北邊凸出的部份，這樣可以有效地分割北邊部份。前耶路撒冷是巴勒斯坦人的生活中心，現在三個飛地都與耶路撒冷隔離開來。㊷密集的基礎建設在這些飛地邊緣，包括「龐大的道路系統，大約有四百公里長，經過巴勒斯坦人口密集區，讓移民與保護移民的軍隊可以快速而安全地穿越西岸」。㊸以色列徵收了十六萬德南的土地，建設道路系統以阻止巴勒斯坦人村莊的擴張與發展，並且妨礙商業與人民的流通。雖然阿拉伯人可以使用官方所謂的「巴勒斯坦人道路」，不過許多道路非常危險；例如伯利恆到拉姆安拉這條路線（如果柯林頓與巴拉克的方法付諸實行，這條道路也許要完全封閉）。此外，這些道路帶來猶太移民，他們享有游泳池與有充足水源灌溉的花園（巴勒斯坦村莊與城鎮水資源稀少，乾季時往往沒水）。如果一位移民經過這些道路，所有的巴勒斯坦人都要停下來，「造成時間延誤，引起怨恨」。以色列定期關閉道路，更加造成束縛限制，「往往禁止或是扣留車輛，甚至於救護車都不能通過。」㊹以色列媒體報導過許多殘酷與故意羞辱的案例，佔領軍的行動根本沒有人可以限制。

每個步驟都有美國透過各種管道給予支持與補貼，再加上重要的軍事與外交支持。在目前的衝突狀況下，美國也努力避免逐漸升高的國家恐怖行動被發現，以免產生約束的效應。二○○一年三月二十七日，安理會要求國際觀察員進行觀察，該決議案被美國否決。以色列的媒體引述歐洲的消息來源指出，該提議被華盛頓的「四不」所「破壞」，「令提出此議案的四個歐洲國家——愛爾蘭、英國、挪威與法國的代表相當震驚」。美國拒絕提到「包圍」、以土地交換和平的原則、移民屯墾，或是國際法與日內瓦公約。阿拉伯人與其盟邦已經放棄他們自己的決議案，希望歐洲可以「跟美國人協調出方法」。美國外交官解釋說：「美國認爲聯合國不應該討論移民屯墾」，而「日內瓦公約的問題」應該透過聯合國參與，不要有「先入爲主的觀念」，來解決以色列與巴勒斯坦人的問題。㊺

日內瓦公約的內容尤其重要。㊻二次大戰之後，公約內容用來限制納粹黨的活動，包括禁止征服者將人民移入佔領區，以及其他傷害平民的措施。㊼監督公約的責任交給紅十字會，結果認定以色列的移民屯墾違反第四公約。國際紅十字會的立場得到安理會與大會的支持。以色列佔領區適用公約條款，這也得到美國的確認，由駐聯合國大使喬治・布希（一九七一年九月），以及安理會一致通過的四六五號決議案（一九八〇年），這項決議案譴責以色列移民是「明目張膽的違反」公約。即使是柯林頓也不願意公開表明違反國際人權法規的重要條款；以色列公然再度違反日內瓦公約，二〇〇〇年十月，安理會要求以色列「完全信守日內瓦第四公約的責任」，美國因此棄權（一三二二號決議案，十四比〇通過）。

在公約之下，任何締約國（High Contracting Parties），包括歐洲列強與美國，都有責任「尊重公約並且確保公約在任何狀況下得到尊重」。國際紅十字會認爲，各國「應該盡一切力量以確保公約所強調的人權原則能夠普世應用。」因此華盛頓應該負起責任阻止移民與徵用土地，再加上集體懲罰與其他方式的羞辱、鎮壓與暴力。

國際紅十字會已經認定（二〇〇一年二月），以色列的關閉封鎖已經違反公約的責任，更別說非法大量使用武力，以色列、美國與各地每個重要的人權團體不斷譴責，聯合國在歐盟國家的支持下，再度無異議通過決議案，只有美國反對。㊽

美國接著違反締約國的責任。不只是沒有採取行動以確保公約獲得尊重，這是美國應盡的責任，甚至主動違反公約。美國與以色列在佔領區所有的重大活動，都是違反國際公約。柯林頓與巴拉克的讓步行爲，被定義爲唯一的「務實」計劃，並且稱讚其內容寬宏大量與慷慨的精神，其實根本不存在，這就像是俄國人從阿富汗撤軍，或是德國人被趕出佔領的法國，也都說是「慷慨的讓步」。甚至連討論都沒有必要，因爲這跟基本的道德立場是矛盾的。

這也就是爲什麼華府老是說日內瓦公約綁手綁腳，而媒體也充分配合，甚至告訴讀者「有爭議的領土」是被巴勒斯坦人所佔領的土地。

美國與以色列逐步建立起一個新殖民體系

在以色列有很大的力量一直贊成在佔領區內成立巴勒斯坦國，其中較重要的是以色列的實業家，他們甚至在奧斯陸協議之前就呼籲成立一個巴勒斯坦國。以色列實業家協會總裁多夫・勞特曼（Dov Lautman）建議採取 NAFTA 正在協調的模式——「從殖民主義轉移到新殖民主義」，工黨報紙的工人記者評論說，「這種情況類似法國與許多非洲前殖民地的關係。」以色列在佔領地的作業協調者解釋說，他的工作的目標是「將佔領地的經濟與以色列的經濟整合」。[49]建立一個「班圖」形態的獨立小國，可以讓以色列的公司將裝配廠設在巴勒斯坦這邊，利用廉價的勞力賺錢，不必考慮環境或其他限制，也不必理會那些「美麗的靈魂」嘲笑，那些人可能會注意你如何對待工人，以及要求工作環境與最低工資。

以 NAFTA 模式，一個獨立的國家將會提供有用的武器對抗以色列的工人階級，提供方法限制工人的工資與福利，逐漸損害工會；跟美國有點像，製造業在海外發展出大量的產能，可以用來對付罷工，並且威脅要「轉移」到墨西哥以破壞工會組織，這是 NAFTA 一個明顯的結果，讓以色列的製造業印象深刻。[50]「發展城市」與阿拉伯區域的以色列窮苦工人特別受到影響，一九九〇年代的新自由派突擊，以色列的港口工人對抗港口私有化，勞資雙方代表進行談判的協議也被廢除，他們所爭取到的權利因此沒有保障。雇主團體企圖分散貨船到埃及與賽浦路斯，以瓦解罷工，但是運輸成本太大。迦薩有個港口很理想。當地政府是標準的新殖民主義形態，在當地政府的合作之下，港口作業可以轉移到那裡，罷工被瓦解，以色列的港口轉移到無責任的私人手中。51

以色列越來越像美國，社會非常不平等，貧富差距大，工資停滯，工作環境惡化，並且侵蝕以前運作良好的社會制度。就跟美國一樣，經濟主要是依靠強大的國家部門，有時候是隱藏在國防工業之下。美國設法讓擔任警戒部隊的國家看起來跟美國一樣，這也不足爲奇。

反對領土擴張，還有民族主義的理由。由於猶太人與阿拉伯人生育率有差異（猶太人之中，世俗的與宗教人士也有差異），「人口統計危機」越來越令人擔心。人口統計計劃指出，不久之後，以色列籍的阿拉伯人與極端宗教主義者的猶太人（其中許多屬於非錫安教派者），將會成爲人口統計的多數族群。二〇〇一年三月，針對這問題舉行一次會議，吸引媒體相當關注。著名的分析家蓋奇呼籲建立臨時性的獨裁政府，執行嚴格的內部措施，處理「人口的危機」，他認爲這是「以色列面臨最嚴重的威脅」。基於相同的理由，他強烈呼籲要全面撤出佔領區，這與柯林頓－巴拉克或其他計劃有很大的不同。52

以色列著名鴿派非常淸楚奧斯陸和平進程的基本意義。巴拉克政府內部安全部長、歷史學家許洛默・班拉米（Shlomo Ben-Ami）在學術研究中指出：「事實上，奧斯陸協議是建立在新殖民主義的基礎上，讓一方的生活永遠依賴另一方。」基於這些目標，柯林頓、拉賓與裴瑞斯的協定，目的就是要強制巴勒斯坦人「幾乎完全依賴以色列」，創造「一個擴大的殖民狀況」，並且期望成爲「永遠依賴的狀況」。班拉米繼續成爲談判的主要人物，以及巴拉克提議的草擬人。[53]

三十年來，美國與以色列逐步建立起一個永久依賴的新殖民體系。「奧斯陸和平進程」簽訂之後，這個計劃以新的形式呈現，再加上「原則宣言」也提到，還有臨時協議也說得很仔細。這個計劃已經在屯墾區實施，不論誰主政，建築計劃也照推不誤，通常工黨鴿派執政時最有效率，因爲他們比較不會受到批評。這計劃與執行始終依靠美國軍事、外交與財務上的支持；知識份子表示支持的意見，也給予很大的幫助。

註釋

① Graham Usher, "The al-Aqsa Intifada," *Middle East International*, 13 October 2000.

② John Dugard（South Africa）, Kamal Hossain（Bangladesh）, and Richard Falk（USA）, *Question of the Violation of Human Rights in the Occupied Arab Territories, including Palestine*, UN Economic and Social Council, Commission on Human Rights, E / CN.4 / 2002 / 121, 16 March 2001。以色列拒絕合作，但是諮詢過許多以色列的資訊來源。關於 Al-Aqsa *Intifada* 早期的報告，見 Human Rights Watch, *Israel, the Occupied West Bank and Gaza Strip, and the Palestinian Authority Territories*, vol. 1.3（E）, October 2000; Amnesty International, "Israel and the Occupied Territories: Excessive Use of Lethal Force," October 19, 2000。見 Adam Leigh, "Human Rights Groups Condemn the Use of 'Excessive and Deadly Force'," *Independent*（London）, 18 October 2000。

③ For many examples, see *Faterful Triangle*（*FT*; particularly chapter 4, section 5）, *World Orders, Old and New*（1996, Epilogue）. Also introductory notes.

④ HRW. *Center of the Storm*, April 11, 2001. Daniel Williams, *Washington Post*, April 16, 2001. For earlier examples at Hebron, see references of preceding note. Even brief personal experience is shocking.

⑤ HRW, *Center of the Storm*. In an eyewitness report from Netzarim, the outstanding Israeli journalist Amira Hass describes the failure to report gunfire from the settlement and IDF submachinegun fire from "distant surveillance towers... against thousands of unarmed demonstrators" to prevent them from approaching fortified positions where soldiers were not in danger. Hass, "Media Omissions, Army Lies," *Le Monde Diplomatique*, November 2000.

⑥ HRW. *Center of the Storm. Report on Israeli Settlement*（Washington DC）, November-December 2000, noting the confirmation by IDF deputy chief of staff Moshe Ya'alon.

⑦ General Amos Yaron, deputy director, *Globes*（journal of Israel's Business Arena）, December 21.2000. If a Serbian General had Yaron's record, he would be on trial at the Hague, as is evident even from the muted Kahan Commission report on the Sabra-Shatila massacre. See *FT*.

⑧ Amnon Barzilai, *Ha'aretz*, October 3, 2000; also Avi Hoffmann, *Jerusalem Post*, September 8.Uri Blau, *Kol Ha'in*, 26 January 2001, with a photograph of "Marine forces in an exercise in the Negev."

⑨關於十一月九日在 Beit Sahur 的謀殺，Robin Hughes, *Jane's Defence Weekly, October 4*; Charles Sennott, *Boston Globe*, October 4; Dave McIntyre（Washington）, Deutsche Presse-Agentur, October 3, 2000. Gideon Levy,

Ha'aretz, December 24, and Graham Usher, *Middle East Report*, Winter 2002。二〇〇二年二月，以色列媒體報導有四十八件暗殺，有二十六個人因爲「附帶的損失」而犧牲。以軍宣稱有二十一人，十八個人附帶犧牲。有許多案例，包括劇烈升高暴力循環的案件，以軍使用美國的直昇機與飛彈。有人向高等法院提出禁止蓄意謀殺的請訴，結果被駁回不指控。Gideon Levy, *Ha'aretz*, February 3; April 2002.英格蘭與威爾斯人權委員會任務報告的結論是，「可能有更嚴重明顯的違反人權與人道主義規範的事件，不只是故意的冷血殺人，而是由國家主使有計劃地謀殺。」

⑩ Ann Thompson Cary, "Arming Israel...," *News and Observer*（Raleigh NC）, October 12, 2000. Data-base searches here and below by David Peterson.

⑪"Amnesty International USA Calls for Cessation of All Attack Helicopter Transfers to Israel," AI release, October 19, 2000. *Aviation Week & Space Technology*, February 26, *Jane's Defence Weekly*, February 28, 2001, and other military journals. *International Defense Review*, April 1, 2001. Reuters, AFP, February 19; Associated Press ,February 20, financial pages; *Wall Street Journal*, February 20, 2001, a sentence in section B, p.10, in business announcements. *America*, March 5, 2001. See also Robert Fisk, "Death in Bethlehem, Made in America," *Sunday Independent*, April 15, 2001. Jane Perlez, "U.S. Gingerly Discusses Taking More Active Role, *New York Times*, May 17; William Orme, World Briefing, May 17, 2001.

⑫ Laurie Copans, *Boston Globe*, March 3, 2001.

⑬ See chapter 6, note 19; *Deterring Democracy*, chapter 1. For sources not given below, see *World Orders*.

⑭ For a review of these records, see *Deterring Democracy*, chapter 6.

⑮ See chapter 4.

⑯ See Israel Shahak, *Israel's Global Role*（Association of Arab-American University Graduates（AAUG）,1982）;

Benjamin Beit-Hallahmi, *The Israeli Connection*（Pantheon 1987）; Jane Hunter, *Israel's Foreign Policy*（South End Press,1987）. More generally, Jonathan Marshall, Peter Dale Scott, and Jane Hunter, *The Iran-Contra Connection: Secret Teams and Covert Operations in the Reagan Era*（South End Press, 1987）.

⑰ *Yediot Ahronot*, April 1992, cited by Israel Shahak, *Middle East International*, March 19,1993.

⑱二四二號決議案的用字遣詞故意不精準，希望以色列與阿拉伯國家至少會正式同意。「撤退」一般人都知道（美國也是一樣），指的是撤到一九六七年六月前的邊界，除了少部份雙方互相調整。不過到了一九七一年，這項美國的政策已無法執行。

⑲柯林頓政府也呼籲廢止巴勒斯坦民族權力機構，說該委員會是「有偏見、多餘的、沒有必要的」，拒絕譴責以色列的移民屯墾行為，因為「這對該問題的辯論與合法性沒有幫助」。一九四八年十二月十一日的聯合國一九四決議案，確定巴勒斯坦難民返回家園的權利，美國長久以來都予以支持，柯林頓也推翻。Jules Kagian, *Middle East International*, December 17, 1993; Middle East Justice Network, February-March 1994. 見 *World Orders* 第三章。

⑳ See Jimmy Carter, reviewing official declarations through 1991, *Washington Post*, November 26, 2000.

㉑ See chapter 1.

㉒ See *FT*, 105f.

㉓ Yaniv, *Dilemmas of Security*（Oxford 1987）, 70.

㉔ See chapter 1 on Israel's interpretation and reactions.

㉕ For extensive review, see *Necessary Illusions*, Appendix 5.2.

㉖ Tthe basis is U.S. annoyance at the brazen manner of settlement under Yitzhak Shamir. When the style returned to the norm, with no significant change in substance, cordiality returned.

㉗卡特引述貝克的話，*Washington Post*, November 26, 2000。注意貝克用的是 territory，不是 the territory 或 the territories。一九七一年之後的美國外交辭令中，將聯合國二四二號決議案的英文版省略定冠詞（但是官方的法文版沒有省略），用意在於表示聯合國二四二號決議案只是部份撤退，這違反國際上的解釋，包括美國在一九七一年以前的認知。對於這件事情有許多法律上的爭論；不過爭議沒有重點，因爲聲明的意義，是由最有力量的人決定，即使跟字面上的意思相反，也只能接受。這種事情有許多案例，許多例子牽涉到和約，見 *New Military Humanism*, 114-28。

㉘ See chapter 5.

㉙ For what it is worth, I don't say this in retrospect. See my article in *Z Magazine*, October 1993（dated September 2）, discussing the draft of the DOP. See *World Orders*, chapter 3 on the document.

㉚這些人顯然覺得這遊戲很好玩，所以一再重複。例如，二〇〇二年四月，阿拉法特被幽禁在拉姆安拉，四周被以色列坦克包圍，堅決聲明放棄恐怖主義，每個人都了解這是沒有意義的表態，目的在於羞辱巴勒斯坦人。相反地，布希總統稱讚夏隆是「和平的人」，夏隆得到稱讚是因爲安排從土牢釋放阿拉法特，以交換美國與英國所管理的刺殺以色列內閣閣員 Rehavam Ze'evi 的刺客。以色列利用美國直昇機，無緣無故以飛彈攻擊刺殺政治領袖，以色列升高暴力衝突，Ze'evi 被殺是預期的反應。穆沙拉夫被殺，美國媒體沒有報導（除了以軍刺客攻擊公寓，在現場的美國公民有投書評論之外），但是 Ze'evi 被殺當作報復，反應就很不一樣了。殺害穆沙拉夫的人應該受到懲罰，那是不可思議的。詳細比較這兩個案子，見 Mouin Rabbani, Znet（www.zmag.org）, June 19, 2002。

㉛ See chapter 5.

㉜以色列談判人員（在美國支持下）非常狡猾地設計協議內容，包含核子與衝突的條款，避免平等互惠的條件等等。這樣一來，支持佔領的人就可以說，以色列沒有違反協議。相對地，巴勒斯坦人的讓步比較廣

泛。關於奧斯陸第二次協議的草案，見 *World Orders*（1996 edition, Epilogue）。

㉝ Ibid.

㉞ Shlomo Tsezna, "the building in the territories was frozen, and continues at full speed," *Ma'ariv*, August 18, 2000; Akiva Eldar, *Ha'aretz*, May 1, 2001. See also *Economist*, April 26, 2001, and innumerable reports in the foreign and particularly the mainstream Israeli press, many reviewed in *World Orders* and the updated 1999 edition of *FT*.

㉟ Tsezna, *Ma'ariv*, August 18, 2000; Eldar, *Ha'aretz*, May 1 2001.

㊱ *Report on Israeli Settlement*, November-December 2000. Shlomo Tsezna, *Ma'ariv*, February 27, 2001。夏隆經常被譴責為戰犯，裴瑞斯也是。他的成就包括一九八〇年代中期在黎巴嫩的血腥鐵拳行動，以及一九九六年在柯林頓支持下入侵黎巴嫩，直到轟炸聯合國在 Qana 所設的難民營，造成一百多名平民死亡，引起國際強烈抗議，柯林頓才撤回支持，並且指示以色列停止入侵，以色列才撤出。

㊲ Baruch Kra, *Ha'aretz*, February 6, 2000, translated in *Report on Israeli Settlement*, March-April 2000. On all of these matters, see again *World Orders*. On Har Homa, see my article in Haim Gordon, ed., *Looking Back at the June 1967 War*（Praeger, 1999）, papers from a 1997 conference at Ben Gurion university, Beersheva; excerpts in the extended 1999 edition of *FT*.

㊳ Ziv Maor and Aluf Benn, *Ha'aretz*, April 10, 2001.

㊴二〇〇二年五月，以色列人權組織 B'Tselem 報導說，移民控制西岸百分之四十六。Nagav Shragai, *Ha'aretz*, May 13; Dan Izenberg, *Jerusalem Post*, May 14, 2002；美國全國性媒體沒有報導。*Economist*（June 22, 2002）引用 B'Tselem 與其他資料，估計以色列控制西岸百分之八十，有百分之二十「非法宣稱為國有土地」，也禁止巴勒斯坦人進入，另外有百分之二十由以色列國防軍所控制。這些土地取得政策讓巴勒斯坦村民「分散孤立於猶太移民中」，B'Tselem 說，巴勒斯坦人被分散開來，就是要達到這種結果。一位巴勒斯坦

分析家指出：「巴勒斯坦社區已經成爲以色列西岸的屯墾區。」這計劃在夏隆政府時期擴大實施，這些都在美國默許支持與間接資助下進行。

㊵ Janc Perlez, *New York Times*, December 26, 2000. Perlez, *New York Times*, January 8; Judy Dempsey, *Financial Times*, January 9; Friedman, January 2, 2001.

㊶ Nadav Shragai, *Ha'aretz*, February 16, 2000, Yuval Ginbar, *On the Way to Annexation: Human Rights Violations Resulting from the Establishment and Expansion of the Ma'aleh Adumim Settlement*（B'Tselem, July 1999）. *Report on Israeli Settlement*, January-February 2000.

㊷關於劃分小行政區的詳細情形，以及美國與以色列如何執行，見 Sara Roy, in Roane Carey, ed., *The New Intifada*, and *Current History*, January 2002。二〇〇一年一月，在 Taba 非正式的談判有相當進展。詳情可見歐盟特使 Miguel Moratinos 所提交的文件檔案，這是雙方都接受的有效協議，以色列著名的外交記者 Akiva Eldar 也仔細探討過（*Ha'aretz*, February 15, 18, 2002）。巴拉克總理停止這次談判，他也「指示他的談判主要人物 Gilad Sher 告訴巴勒斯坦人，外交部長 Shlomo Ben-Ami 當時提交的地圖，將屯墾區（包括 Ma'aleh Adumim-Givat tract）減少到只有西岸的百分之五，是不具效力的。」有效地將西岸一分爲二，這是主要的爭議點，跟大衛營當時一樣。巴勒斯坦人提出精確的地圖（這跟宣傳所說的完全相反），以色列保留西岸百分之三的土地，以及「在巴勒斯坦邊界交換面積與價值相等的土地，而且鄰近以色列。」以色列拒絕，只提供一塊小得多而且沒有跟西奈邊界連接的土地做爲交換。還有其他意見相左之處，但是大家都認爲，如果沒有取消的話，這次談判有可能達成協議。

㊸ Dugard et al., *Questions of the Violution of Human Rights*.

㊹ Ibid.

㊺ Amira Hass, "Four U.S. rejections scuttled Security Council resolution," *Ha'aretz*, April 13, 2001。華府經常反

人權（暫時撇開敵人那邊），所以聯合國人權委員會西方國家的三個席位，選擇瑞典、法國與澳洲，而不選美國。許多其他的前提也都被接受：Barbara Crossette, Christopher Marquis, *New York Times*, May 4, 2001。引述國務卿鮑威爾的話，關於巴勒斯坦問題的投票，引起有些國家生氣尋求報復：David Sanger, *New York Times*, May 9, 2001。鮑威爾可能指的是安理會的否決，或者是歐盟所支持的四月十八日決議案。二〇〇一年十二月十四日，安理會決議派遣監察員監督減少暴力事件，美國再度否決。十天前，美國杯葛日內瓦國際會議，該會議重申第四日內瓦公約適用於佔領區，所以美國與以色列大多數的行為屬於戰爭罪行，許多還是「嚴重違反」，是嚴重的戰爭罪行。這些包括屯墾，以及「非法放縱……故意殺人、虐待、非法放逐、故意剝奪公平正常的審判權力、嚴重破壞與侵占財產」。簽約國會議，*Report on Israeli Settlement*, January-February 2002。

㊻ For review, see Human Rights Watch, *Center of the Storm*, Alsr Francis Boyle, "Law and Disorder in the Middle East," *The Link* 35.1, January-March 2002, and Allegra Pacheco's article in Carey, ed., *The New Intifada*.

㊼ There are reservations concerning military necessity that are inapplicable in the present case.

㊽ Agence France Presse, "UN Human Rights Commission Condemns Israel on Three Counts," April 18, 2001. The vote was 50-1; Costa Rica abstained and one country was absent. There were a few scattered mentions in the U.S. press（April 19）, none in the national press.

㊾ Asher Davidi, *Davar*, February 17, 1993; translated by Zachary lockman in *Middle East Report*（MERIP）, September-October 1993.

㊿ See Kate Bronfenbrenner, *Uneasy Terrain: The Impact of Capital Mobility on Workers, Wages, and Union Organizing*（Corneil, September 6, 2000）, under contract with the U.S. Trade Defict Review Commision, updating a 1997 study, also undertraken under NAFTA rules. Such studies are routinely ignored in public commentary, but not by workers（or, presumably, employers）.

⑸ See economic correspondent Efraim Davidi, "Globalization and Economy in the Middle East," *Palestine-Israel Journal* VII.1 and 2, 2000.

⑸ Ya'ir Sheleg, *Ha'aretz* March 24, 2001, on the conference and reactions. Shlomo Gazit, Amir Rappoport *Yediot Ali-ronot*, March 26, 2001; also Reuven Weiss, reviewing Gazit's distinguished background.

⑸ Ben-Ami, *A Place for All*（Hebrew）（Hakibbutz Hameuchad, 1998）. Cited by Eframin Davidi, "Globalization and Economy".

國家圖書館出版品預行編目資料

海盜與皇帝／杭士基（Noam Chomsky）著；李振昌譯.－
二版.－新北市新店區：立緒文化，2015
面；　公分
譯自：Pirates and Emperors, Old and New :
International Terrorism in the Real World
ISBN 978-986-6513-35-0（平裝）
1.恐怖主義　2.國際關係　3.美國外交

548.8652　　103024056

海盜與皇帝：美國是國際最大的恐怖份子

Pirates and Emperors, Old and New

出版——立緒文化事業有限公司
作者——杭士基（Noam Chomsky）
譯者——李振昌

發行人——郝碧蓮
顧　問——鍾惠民

地址——新北市新店區中央六街 62 號 1 樓
電話——(02)22192173
傳真——(02)22194998
E-Mail: service@ncp.com.tw
http://www.ncp.com.tw
劃撥帳號——1839142-0 號
帳戶——立緒文化事業有限公司
行政院新聞局局版臺業字第 6426 號

總經銷——大和書報圖書股份有限公司
電話——(02)8990-2588　傳真——(02)2290-1658
地址——新北市新莊區五工五路 2 號
排版——伊甸社會福利基金會附設電腦排版
印刷——祥新印刷股份有限公司

法律顧問——敦旭法律事務所吳展旭律師

分類號碼——548.8652
ISBN 978-986-6513-35-0
出版日期——中華民國 93 年 9 月初版　一刷(1～3,000)
中華民國 104 年 1 月二版　一刷(1～1,000)

Pirates and Emperors, Old and New: International Terrorism in the Real World

Chapters 1-3 first published 1986 by Claremont Research & Publications.
Chapter 4 first published 1991 by Black Rose Books.
Chapter 5 first published 1991 by Polity/Blackwell.
Chapter 7 first published 2001 by Verso.
This edition first published by Pluto Press, 2002.
Complex Chinese edition arranged through Bardon-Chinese Media.

定價◎350 元

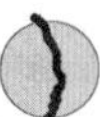

立緒文化事業有限公司　信用卡申購單

■信用卡資料

信用卡別（請勾選下列任何一種）

□VISA　□MASTER CARD　□JCB　□聯合信用卡

卡號：＿＿＿＿＿＿＿＿＿＿＿＿＿＿＿＿

信用卡有效期限：＿＿＿年＿＿＿月

身份證字號：＿＿＿＿＿＿＿＿＿＿＿＿＿＿＿＿

訂購總金額：＿＿＿＿＿＿＿＿＿＿＿＿＿＿＿＿

持卡人簽名：＿＿＿＿＿＿＿＿＿＿＿＿＿＿＿＿（與信用卡簽名同）

訂購日期：＿＿＿＿年＿＿＿＿月＿＿＿＿日

所持信用卡銀行：＿＿＿＿＿＿＿＿＿＿＿＿＿＿＿＿

授權號碼：＿＿＿＿＿＿＿＿＿＿（請勿填寫）

■訂購人姓名：＿＿＿＿＿＿＿＿＿＿＿＿性別：□男□女

出生日期：＿＿＿＿年＿＿＿＿月＿＿＿＿日

學歷：□大學以上□大專□高中職□國中

電話：＿＿＿＿＿＿＿＿＿＿＿＿　職業：＿＿＿＿＿＿＿＿＿＿＿

寄書地址：□□□

＿＿＿＿＿＿＿＿＿＿＿＿＿＿＿＿＿＿＿＿＿＿＿＿＿＿＿＿＿＿

■開立三聯式發票：□需要　□不需要（以下免填）

發票抬頭：＿＿＿＿＿＿＿＿＿＿＿＿＿＿＿＿

統一編號：＿＿＿＿＿＿＿＿＿＿＿＿＿＿＿＿

發票地址：＿＿＿＿＿＿＿＿＿＿＿＿＿＿＿＿

■訂購書目：

書名：＿＿＿＿＿＿、＿＿＿本。書名＿＿＿＿＿＿、＿＿＿本。

書名：＿＿＿＿＿＿、＿＿＿本。書名＿＿＿＿＿＿、＿＿＿本。

書名：＿＿＿＿＿＿、＿＿＿本。書名＿＿＿＿＿＿、＿＿＿本。

共＿＿＿＿＿本，總金額＿＿＿＿＿＿＿＿＿＿元。

◉請詳細填寫後，影印放大傳真或郵寄至本公司，傳真電話：（02）2219-4998
信用卡訂購最低消費金額為一千元，不滿一千元者不予受理，如有不便之處，敬請見諒。

文化與社會

薩依德精選 Edward W. Said

當代最傑出的文化評論家
西方學術界卓然特立的知識份子典型
以東方學論述開啓二十世紀末葉後殖民思潮

文化與抵抗

沒有種族能獨占美、智與力，
在勝利的集合點上，
所有種族都會有一席之地。

聯合報讀書人最佳書獎
讀書人版、誠品好讀書評推薦
ISBN: 986-7416-04-X
定價：300元

鄉關何處

薩依德的流離告白

美國紐約客雜誌年度最佳書獎
2000年紐約書獎
安尼斯菲爾德一伍夫書獎。

聯合報讀書人最佳書獎、中時開卷版、誠品好讀、自由時報副刊書評推薦
ISBN: 957-0411-04-X
定價：350元

遮蔽的伊斯蘭

西方媒體眼中的穆斯林世界

任何人若想要知道西方與去殖民化世界之關係，就不能不讀本書。
──《紐約時報書評》

聯合報讀書人最佳書獎、讀書人版、開卷版、誠品好讀書評推薦
ISBN: 957-0411-55-4
定價：320元

文化與帝國主義

這本百科全書式的作品，極實際地觸及歐洲現代史的每件重大帝國冒險行動，以史無前例的細膩探討19世紀法國、英國殖民系統的謀略，橫跨小說、詩歌、歌劇至當代大眾媒體的文化生產領域。
──London Review of Books

聯合報讀書人最佳書獎
中時開卷版書評推薦
ISBN: 957-0411-09-0
定價：460元

東方主義

後殖民主義是20、21世紀之交影，
全球的社會人文領域裡，
最普遍與最深遠的一股思潮
本書是知識份子與一般讀者必讀的經典。

聯合報讀書人最佳書獎、中時開卷版、誠品好讀書評推薦
ISBN: 957-8453-72-8
定價：450元

大師作品

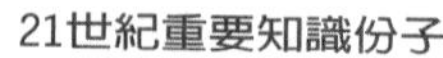

21世紀重要知識份子

杭士基 Noam Chomsky

我有一艘小船，所以被稱為海盜；
你有一支海軍，所以被稱為皇帝。

海盜與皇帝

中時開卷版、誠品好讀書評推薦
ISBN: 978-986-6513-35-0
定價：350元

世界上有許多恐怖主義國家，
但是美國特殊之處在於，
官方正式地從事國際恐怖主義，
規模之大讓對手相形見絀。

大緒文化 閱讀卡

姓　名：

地　址：□□□

電　話：(　　)　　　　　　傳眞：(　　)

E-mail：

您購買的書名：

購書書店：＿＿＿＿市（縣）＿＿＿＿書店

■您習慣以何種方式購書？

□逛書店 □劃撥郵購 □電話訂購 □傳真訂購 □銷售人員推薦
□團體訂購 □網路訂購 □讀書會 □演講活動 □其他＿＿＿＿

■您從何處得知本書消息？

□書店 □報章雜誌 □廣播節目 □電視節目 □銷售人員推薦
□師友介紹 □廣告信函 □書訊 □網路 □其他＿＿＿＿

■您的基本資料：

性別：□男 □女　婚姻：□已婚 □未婚　年齡：民國＿＿＿年次

職業：□製造業 □銷售業 □金融業 □資訊業 □學生
□大眾傳播 □自由業 □服務業 □軍警 □公 □教 □家管
□其他＿＿＿＿

教育程度：□高中以下 □專科 □大學 □研究所及以上

建議事項：

愛戀智慧 閱讀大師

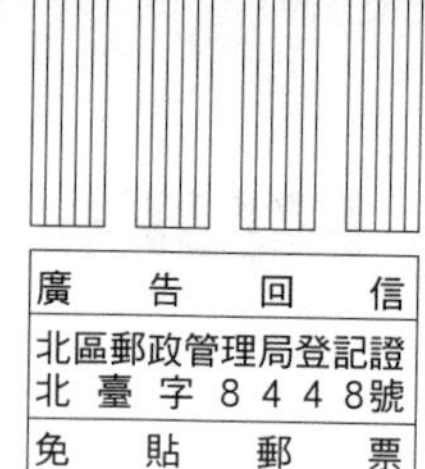

立緒文化事業有限公司 收

新北市 2 3 1

新店區中央六街62號一樓

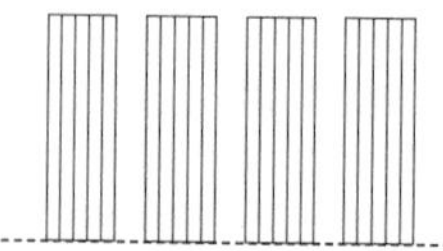

請沿虛線摺下裝訂，謝謝！

感謝您購買立緒文化的書籍

為提供讀者更好的服務，現在填妥各項資訊，寄回閱讀卡（免貼郵票），或者歡迎上網至http://www.ncp.com.tw，加入立緒文化會員，可享購書優惠折扣和每月新書訊息。